U0528649

拜占庭复兴的守护者

罗曼努斯一世皇帝

[英] 史蒂文·朗西曼 著

李达 译

民主与建设出版社
·北京·

目 录

前　言	罗曼努斯一世时期历史的史料	1
第一章	10世纪初的拜占庭生活	9
第二章	皇帝"智者"利奥的遗产	35
第三章	摄政时期：亚历山大、尼古拉斯与佐伊	45
第四章	罗曼努斯一世及其内政	63
第五章	与保加利亚的战争	79
第六章	拜占庭与草原民族	99
第七章	东部边境	117
第八章	亚美尼亚与高加索	147
第九章	拜占庭帝国的意大利领土	169
第十章	南斯拉夫与伊利里库姆	193
第十一章	土地法令和其他立法	215
第十二章	利卡潘努斯家族失势	221
第十三章	罗曼努斯一世及其统治的历史地位	231
附录一	罗曼努斯和西美昂会面的日期	239
附录二	阿索特访问君士坦丁堡的年份	243
附录三	固定利率与零售利润率	247

附录四　统治世系	249
注　释	251
参考文献	283
出版后记	290

前　言

罗曼努斯一世时期历史的史料

罗曼努斯·利卡潘努斯，即罗曼努斯一世皇帝，其执政时期的原始资料可以按照语言分为四类：（1）希腊语和斯拉夫语资料，后者翻译自或几乎完全出自前者；（2）拉丁语资料；（3）亚美尼亚语和高加索语系资料；（4）阿拉伯语资料。

（1）希腊语和斯拉夫语资料最为重要，当然，希腊语的编年史必然是拜占庭历史每一个时期最基本的权威资料。罗曼努斯一世执政时期在年代学方面尤为重要，因为皇帝的朋友、神秘的财政官（Logothete）所记录的编年史，成为其他所有记述这一时期的编年史作者的基础资料。在具体讨论之前，有必要再提起克伦巴赫尔（Krumbacher）的那句常被引用的话："在拜占庭，这样的作品向来不被视为有重大文学意义的精美纪念碑，而被视为实用主义的小册子，所有拥有者和抄写者都可以拿它们随意摘录、增补、修改。"[1] 现存一系列简略的编年史，其史学价值难以衡量。前文所说的"财政官"基本可以肯定名叫西蒙，或许就是圣徒传记作家西蒙·梅塔夫拉斯特斯（Symeon Metaphrastes）。他的历史著作从创世写起，到948年罗曼努斯逝世时为止，这部史书的主要特点就是对这位皇帝怀有强烈的敬爱之情，而这种感情也延续到了皇帝失势之后。该编年史的原本已经不存，但目前的四份抄本文字相差无几，或许较为准确地呈现了原文。其中大概最接近原文的就是斯拉夫语版本，近期已由斯列兹涅夫斯基（Sreznevski）整理出版，该版题有财政官西蒙·梅塔夫拉斯特斯之名，这个题名很有可能并非后世增添，而整部作品很有可能如实翻译了原文（至948年，不包括其续作）。几个希腊语版本则名为《格奥尔吉奥斯·莫纳修斯（或哈马托罗斯）续篇》（*Georgius Monachus [or Hamartolus] Continuatus*）[2]、《语法学家利奥》（*Leo Grammaticus*，据说完成于1013年）、《梅利泰内的狄奥多西奥斯》（*Theodosius of Melitene*）。[3] 波恩系列之中被称为《廷臣西蒙》（*Symeon Magister*）的编年史，其名称并不准确，应当是此后的抄本，价值也更低。《狄奥法内斯续篇》（*Continuation of Theophanes*）末卷（第六卷，记述从利奥六世到罗曼努斯二世执政时期）再度利用了这位财政官的作品，该卷的作者或许就是罗曼努斯一世的私人秘书狄奥多尔·达弗诺帕特斯（Theodore Daphnopates）。这部作品或许写于尼基弗鲁斯·福卡斯执政时期，然而其复写了相同的史实，而且同样奇特地同情利卡潘努斯家族。这部作品的内容相比此前的编年史更为丰富，其中包括一些在当时必然是常识的不那么重要的事情、[4] 对当时英雄的一些评述[5] 以及对道德和命运的慨叹。记叙这一时期历史的后世编年史家主要有12世纪初的凯德莱努斯（Cedrenus），此人关于这一时期的记载抄录了斯基里泽斯（Scylitzes）的编年史，而斯基里泽斯则用某些来源不明的史料提供了更多的信息。[6][①] 有

---

① 朗西曼爵士写完这本书时斯基里泽斯的编年史尚未整理完成，目前英译版已整理完出版。（本书脚注均为译者注，下文不再一一说明。）

佐纳拉斯（Zonaras），其作品是对此前编年史家作品的摘录，很少批判，但有讽刺评论；不过，佐纳拉斯和凯德莱努斯的态度都是既敌视利卡潘努斯家族，又敌视君士坦丁七世。最后还有马纳瑟斯（Manasses），此人的编年史也基本上是文摘性质，不过似乎是最畅销的编年史，其中对10世纪初的记载相当简略。[7]

希腊语资料之中，除了编年史，其他方面的记述并没带来大难题。最重要的资料来源包括两位皇帝，"智者"利奥六世和"生于紫室者"君士坦丁七世，前者完成了《新律》（Novellae）和《战术》（Tactica，军事方面的巨著），后者则写下了《论帝国礼仪》（De Ceremoniis）、《论帝国管理》（De Administrando Imperio）、《论军区》（De Thematibus）。[8]其中，《论帝国管理》堪称整个中世纪早期历史中最重要的著作之一。我们还能参考一系列很有价值的信件，如罗曼努斯本人的一些书信、君士坦丁堡牧首枢密尼古拉斯（Nicholas Mysticus）所写的一系列信件，其中给保加利亚统治者西美昂及教宗的信件是研究这一时期历史的关键参考资料。此外还有一些价值较高的圣人传记，特别是对立的牧首尤西米奥斯（Euthymius）的传记，尽管记载破碎，依然是利奥六世执政时期和摄政时期早期的重要资料。其他希腊语资料大多不需要特别提及，除了史诗小说《迪吉尼斯·阿克里塔斯》（Digenis Akritas），这篇一两代人之后写下的小说描绘了一幅这一时期东部边境地区的浪漫而未必失实的生活景象。

唯一重要的斯拉夫语资料（除了财政官西蒙编年史的译本）只有被错误地命名为"内斯托尔"（Nestor）的编年史。[9]这份资料部分内容出自希腊语编年史，部分出自目前已经散佚的罗斯人资料——比如来自基辅的记述。目前有一些希腊语著作的保加利亚语译本（译于 10 世纪）存世。此外还有两篇较短的原始作品，一篇是扎比尔（Chrabr）关于斯拉夫语字母表的论述；另一篇是督主教约翰给《六日谈》（Shestodniev）所作的序言，其中对西美昂时代的保加利亚文明的描绘堪称无价。

（2）拉丁语资料的作者绝大多数并无重要作用，无论是记述意大利、伊利里库姆还是匈牙利历史的编年史家均如此，他们对拜占庭帝国核心历史的记载极其稀少。一个例外是克雷莫纳主教柳特普兰德（Liudprand），他写下了两篇价值无可估量的作品，其一是《报复书》（Antapodosis），记述他所处时代上溯到 950 年的历史，另一篇作品则是他几年后出使君士坦丁堡的报告。他曾两度访问君士坦丁堡，而他的父亲和继父在此之前还曾在那里当大使，因此他有收集一手资料的绝佳机会。然而他容易轻信，爱传流言蜚语，而且有相当多偏见，[10] 在哪里他都能看到桃色事件。因此，尽管他的作品最有趣，也是最有价值的资料之一，采用时仍需谨慎。

（3）亚美尼亚语和高加索语系资料仅仅讨论亚美尼亚和高加索的情况，不过亚美尼亚的问题向来对拜占庭帝国而言颇为重要，而现在尤其如此，因此必须研读亚美尼亚方面的资料。这些资料都粗疏、直率而有失公允，必须谨慎辨析。其中最重要的就是公教长约翰（John the Catholicus）的作品，该书记述了他那个时代（他是当时的重要人物）的历史，然而其行文冗长，而且年代混乱。即使如此，这篇作品也不应被无视，而我们也不难体谅其中的爱国情怀和自我美化。

（4）阿拉伯语资料对研究这一时期亚洲和意大利边境以及高加索和草原诸部落的历史而言极其关键。特别是马库迪（Maçoudi），他对阿拉伯世界以及周边各地区的记述极有价值。这些记载作为年代记价值很高，不过它们倾向于忽视基督徒的胜利（不过在和约的细节上更诚实）。同时代的马库迪和亚历山大的尤提西奥斯（Eutychius）也记述了帝国内部的历史，但他们依靠流言收集资料，在这方面他们相当不可靠。

这些就是这一时期的主要原始资料。更详细地讨论这些资料的可信度会耗费太多的篇幅，当代研究者已经在论文和评述中做了许多工作，参见参考书目。余下的部分，历史研究者们只能靠自己的经验和直觉来估量了。

有关这一话题的当代著作不需要太多评论。目前只有两部作品详细讨论了这一时期，即希尔施（Hirsch）的《君士坦丁七世》和朗博（Rambaud）关于这位皇帝引人入胜但略有疏忽的专著。然而两人讨论的更多是君士坦丁七世的著作，而不是君士坦丁或者罗曼努斯一世执政的历史。更早的历史学家，比如吉本和芬利（Finlay），则简短而蔑视地将罗曼努斯一笔带过。不过此后学界逐渐意识到了他的重要性（如奥曼［Oman］教授的研究，以及布塞尔［Bussell］先生的进一步探索）。《剑桥中世纪史》讲这一时期仅仅用了四页篇幅（第四卷第三章，第 59—63 页），然而难以置信，其中充满了不应当的错误；[11] 不过讨论各地区，比如东部边境、亚美尼亚和南俄草原（第四卷第四至第六章）、意大利（第三卷第七章）的情况时，该书质量更高。即使如此，作为一部权威的著作，可惜它不够好。我在第一章提到拜占庭史的研究者更倾向于讨论"纵向"而非"横向"的历史，不过，尽管我认为后者确实更实用，一些"纵向"的研究作品依然有相当高的价值，比如盖伊（Gay）对拜占庭治下意大利的研究，以及瓦西列夫（Vasiliev）

对阿拉伯战争的研究。兹拉塔尔斯基（Zlatarsky）的保加利亚史以及讨论保加利亚与拜占庭外交联络的文章给我提供了极大的帮助，即使我时常不同意他的结论。此外还有一系列出色的专著讨论具体的各个方面。我们特别应该感谢已故的伯里教授留下的一系列学术专著以及为吉本做的补遗，这或许是对拜占庭史研究最长久的现代贡献。

我在本书各处尽力参考原始资料以支撑我的论述。然而当原始资料不清晰或有矛盾时，我尽可能参考阐明意思的当代作品。在一些地方，当原始资料过于分散而难以获得时，我也会参考当代研究者的整理与解读。在阿拉伯语资料关于高加索和南俄草原的记述方面，我引述了道松（d'Ohsson）的《高加索的民族》（*Les Peuples du Caucase*），这部年代较近的作品尽管是小说的形式，却可信地概述了关于10世纪这些地区情况的阿拉伯语资料。希腊语编年史资料相差不大时，我参考最全也最易获得的《狄奥法内斯续篇》。我在书后附加了参考书目和一些评论，以及注释中所用参考文献的缩写列表。

最后，我要感谢已故的伯里教授对我个人的帮助，是他引领我走上拜占庭学之路，指引我走出了第一步。同样要感谢诺曼·贝恩斯（Norman Baynes）先生，以及索非亚的兹拉塔尔斯基教授。我还要感谢 R. F. 福布斯（R. F. Forbes）小姐在本书校对上提供的帮助。

我有意忽略了关于这一时期艺术的记录。拜占庭艺术史并不能严格按照皇帝执政时期划分。事实上，罗曼努斯一世的执政时期处于一个艺术创作兴盛的时代，然而确认艺术作品的确切年份往往极为困难，而艺术上的分析也必须涉及整个马其顿王朝的艺术史发展，其篇幅将远超这本书应有的体量。幸运的是，拜占庭艺术的魅力已经吸引了后世越来越多人的注意与欣赏，近期已有许多不错的作品问世。因此我将仅在参考书目之中列举最有价值和最为相关的作品。

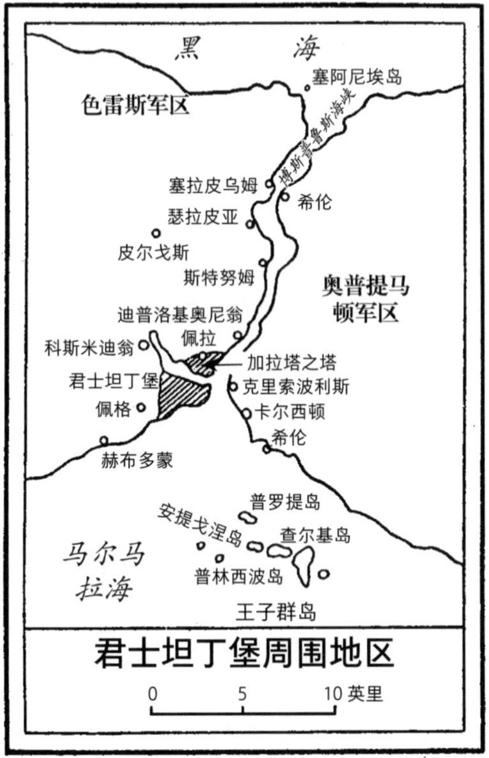

君士坦丁堡平面图

佩拉
加拉塔之塔
圣索菲亚大教堂
皇宫
灯塔
布科莱昂港口（船用门）
卫城区
中央大街
圣使徒教堂
君士坦丁广场
竞技场
孔奥多西奥斯港
米雷莱翁
博诺斯门
佩特里翁
斯塔迪翁的圣约翰教堂
布雷契尼
克西洛克孔门
查理修里斯门
第五军用大门
罗曼努斯门
第四军用大门
雷吉姆门
第三军用大门
佩格门
第二军用大门
第一军用大门
金门

马尔马拉海

0　　1　　2英里

君士坦丁堡周围地区

黑海
塞阿尼埃岛
希伦
色雷斯军区
塞拉皮乌姆
瑟拉皮亚
皮尔戈斯
斯特努姆
迪普洛基奥尼翁
佩拉
奥普提马顿军区
加拉塔之塔
克里索波利斯
卡尔西顿
希伦
科斯米迪翁
君士坦丁堡
佩格
赫布多蒙
普罗提岛
安提戈涅岛
普林西波岛
查尔基岛
王子群岛

马尔马拉海

0　　5　　10英里

第一章

10 世纪初的拜占庭生活

必须承认，在历史记述之中，真实与偏见的战斗，往往是偏见胜出。偏见高举"忠诚"——忠诚于国家，忠诚于宗教，忠诚于父祖的标准与传统——的大旗，得以鼓动人心。忠诚深深扎根于人们心中；当记述历史时，即使作者本意并非如此，偏见依然如影随形，遮蔽着现实的本来面目。

许多重要的历史时期都在偏见的操纵之下被扭曲，而扭曲最严重的就是所谓罗马帝国的晚期，即拜占庭帝国时代。自从我们粗鄙的十字军先祖首次抵达君士坦丁堡，怀着蔑视的厌恶，开始接触这个所有人都能读写、使用餐叉、偏好外交而非战争的社会，轻蔑地忽视拜占庭人，并将其名当成颓废的同义词，就成了流行的做法。在 18 世纪，精致不再等同于颓废，但拜占庭特质依然和颓废挂钩。孟德斯鸠，以及更具才华的同时代人吉本，在为此寻找新的理由。他们把中世纪欧洲典型的迷信以及残忍阴谋套在拜占庭身上，给"拜占庭"创造了新的词义。吉本的沉重阴影长久地压在后人身上，他那有气势的警句和有趣的讥讽，甚至让 19 世纪那些文雅的"爱希腊者"也心生畏惧，而被迫接受一种反对拜占庭的氛围。所有历史学家众口一词，认定这个千年帝国短命、邪恶而不断衰败。

如今，得益于人们对拜占庭艺术的初次欣赏以及客观理智的学术的发展，拜占庭史研究正在向更忠实合理的水平靠拢。但拜占庭史的叙述依然间断破碎，即使在最壮丽的篇章中也依然存在一些断层，而写作本书正是试图去弥补其中一个断层。

在研究拜占庭历史时，必须着重注意一点：拜占庭帝国或许是世界上已知的类似规模的国家之中组织集权程度最高的国家。如今的一种风尚是批判旧史学家，批判他们强调君主的即位与死亡，将历史变为个人的戏剧。如今的历史研究变成了一门古板客观的科学，而传记则与之格格不入。这种变化在所难免，而且有益，不过，其价值并非纯粹无掺杂。毕竟历史不过是由传记组成的马赛克画，有一些大石片会影响整体的布局。在拜占庭城中，帝国政府的中心就是皇帝本人，而皇帝的生平与个性有最重要的意义。其他的因素也在起作用，为皇帝提供素材以及手头工具，但帝国的命运还是取决于他，取决于他是干练还是无能，是强势还是软弱。因此，一位皇帝的统治时期标志着一个纪元，和任何一段较短的历史时期一样，可以被视作一个历史单元。而这样的处理办法还有其他的优势。为了研究如此短的一段时期，历史学家被迫运用所谓"横向"视角。此前对拜占庭帝国的研究中，许多史学著作都是探究某个方面，"纵向"延伸，比如讨论东部边境，或者拜占庭帝国在意大利的统治；然而若是要了解拜占庭的整体情况与重大意义，必须把各个行省发生的事件与同时代拜占庭中央政府的情况关联起来，同样也要从中央政府向地方反推。"纵向"的历史观无法纳入如此宽广的视角，因而其价值难免要减半。而若是通盘考虑某位皇帝执政时期这个合理的时间段，连贯考察这一时期从那不勒斯到高加索的各个行省的情况，把目光聚焦到君士坦丁堡和帝国宫廷之上，则可获得好得多的对拜占庭史的洞见。

学界还没有学到这一经验。在君士坦丁堡的一系列统治者之中，许多人的形象依然模糊，因此他们的统治时期蒙上了迷雾。即使在10世纪，拜占庭帝国盛极一时，一位统治了25年的皇帝依然神秘，以至于吉本称他"在纵情享乐之时，忽视了国家和家族的安全"；[1] 芬利则评价他"性格柔弱，出身、才能、功绩都不显赫"；[2] 然而当代史学家却认为他是"勤勉而高效的管理者……出色地掌控着那些服务于帝国却又令帝国害怕的猜忌者和胆大妄为者"。[3] 这位皇帝，罗曼努斯·利卡潘努斯，即罗曼努斯一世，不可能是这些特质的简单集合，然而只有解开这些谜团，才能理解当时的历史。

罗曼努斯·利卡潘努斯在919年12月加冕，但他和每一个篡位者一样，在正式执政前有一段序幕时期，而这一序幕时期因为太短而被忽视。想要了解他的统治，我们必须首先回溯他面对的大多数困难的根源，从912年5月的一天开始。那一天，利奥六世的统治结束，羸弱的男孩君士坦丁动荡的未成年统治时期开始。即使如此，在戏剧开幕之前，我们要先画好背景，布置装饰，并列举将要出场的人物。

利奥六世留给继承者的帝国，尽管领土相比旧罗马帝国（其名被前者沿用）已经大为缩小，却依然多元而强大，其疆域两个世纪以来变化不大。帝国的行政管理体系因客观地理情况分为两个部分：亚洲诸省和欧洲诸省。其中亚洲部分面积更大，帝国认为其更为重要。帝国任何一个时期的边境线的准确方位如今我们都无法确知，仅能粗略估计。在 912 年的小亚细亚，边境线大约从流入黑海的乔鲁赫河（Tsorokh）河口（特拉布宗以东约 100 英里①）处开始，延伸到幼发拉底河上游的克尔布特（Kharput）附近；从梅利泰内以北脱离幼发拉底河后，几乎与河道平行向西延伸约 50 英里，不包括马拉什（Marash），直到托罗斯山脉；沿着山脉，穿过奇里乞亚山口之后，最终在奇里乞亚的塞琉西亚略往东的地方，沿拉姆斯河（Lamus）延伸到地中海而结束。在利奥执政时，塞琉西亚由于过于孤立而无法升格为军区，因此通往巴拉塔（Barata）的两个关隘，可能至少有一个被穆斯林控制。[4] 在数年前，巴西尔一世执政期间，他曾从穆斯林手中收复塞浦路斯，不过时间相当短暂。在国境线之外的东北方向，分布着亚美尼亚与高加索的各公国，其名义上都是帝国的附庸国。但绝大多数亚美尼亚公国也同样臣服于哈里发，此时穆斯林在这一地区的影响力正在增强。

　　在欧洲，帝国北部边境之外就是国土广大的保加利亚，帝国的领土被它压缩成了狭窄的带状，宽约 50 英里，沿着爱琴海和亚得里亚海海岸延伸。黑海沿岸的边境线位于布尔加斯湾南端，当地的主要城市德维尔托斯（Develtus）和安西亚洛斯（Anchialus）已经被保加尔人控制多年，不过在更北方，位于半岛上的港口墨森布里亚（Mesembria）依然由帝国控制。[5] 边境线向西延伸到帝国城市哈德良堡以北不远处，沿着罗多彼山脉（Rhodope）延

---

①　1 英里约为 1.6 千米。

伸到塞萨洛尼基的周边地区；塞萨洛尼基东北不远处的贝罗亚（Berrhoea）在约翰·卡梅尼亚特斯（John Cameniates）的时代依然由拜占庭控制，然而到巴西尔二世执政时却由保加尔人控制，它无疑是在927年的和约之中被割让的。[6] 至于穿过希腊地区分水岭的帝国边境线则很难确定位置。君士坦丁七世关于军区的评论给我们留下了这样的印象——帝国几乎没有掌控希腊的内陆，而在912—927年的战争中，连福基斯（Phocis）这样靠南的地区也是边境。[7] 亚得里亚海畔，阿尔巴尼亚的群山庇护了两个狭窄的军区：尼科波利斯（Nicopolis）和底拉西乌姆（Dyrrhachium）。而北面的斯库塔里湖附近，保加利亚的西部边界末端处，则有塞尔维亚-克罗地亚诸部。再向北，帝国的领土所剩无几，达尔马提亚军区仅仅控制着七个说拉丁语的城镇，包括港口拉古萨（包括卡塔罗，或许是其附庸）、斯帕拉托（Spalato）、特罗（Trau）、扎拉、阿尔巴（Arba）、维格利亚（Veglia）、奥泽罗（Osero），它们周边是怀有敌意的斯拉夫人控制的内陆地区，它们也把更多的殷勤和贡赋交给斯拉夫人，而非皇帝。塞尔维亚和克罗地亚两个王国名义上是帝国的附庸国，然而除了塞尔维亚，这种附庸关系几乎没有合法证明。在更北方，亚得里亚海的最内侧，威尼斯共和国也算帝国的附庸，而它自己也一直正式承认这一附庸关系；然而这一关系虽塑造了威尼斯的文化，却对威尼斯政治影响甚微。

在南意大利，帝国控制的领土大约在一条线以南，这条线从亚得里亚海的泰尔莫利（Termoli）延伸到第勒尼安海的泰拉奇纳（Terracina）。在此边界线内有卡普阿-贝内文托和萨勒诺这些伦巴第公国，以及航海共和国阿马尔菲、那不勒斯、加埃塔。这些国家仍然被尼基弗鲁斯·福卡斯——他为巴西尔一世收复了南意大利——近期的威名所慑,但不会一直对君士坦丁堡保持顺从。只有说希腊语的西西里军区(卡拉布里亚)和说拉丁语的朗格巴迪亚(Longobardia)军区(阿普利亚)是由拜占庭官员直接管理。撒丁岛通常也被视作帝国的附庸,不过该岛的历史记述颇为模糊。西西里岛随着陶尔米纳在 902 年陷落而最终落入阿拉伯人之手,余下的几个希腊堡垒完全可以忽视,也无法再和拜占庭联络了。[8]

伊奥尼亚海和爱琴海的岛屿几乎全部在拜占庭帝国的掌控之下,但克里特岛是令人讨厌的例外,它如一根长期存在的刺扎在帝国的身体里,它被在爱琴海沿岸掠夺的穆斯林海盗作为基地已有一个多世纪了。

最后,还有孤悬于北方的克里米亚行省,那里虽半独立,却被帝国小心地保有,主要城市克尔松商业价值很大,也是侦察草原各部活动的重要情报站。[9]

这片庞大领土由君士坦丁堡的帝国宫廷负责管理(其具体细节多有变化),且受到皇帝即瓦西琉斯(Basileus)独断而无可置疑的掌控。古罗马的寡头政治融入这种专制政治的漫长过程,并非本书讨论的内容。自奥古斯都的时代起,英白拉多(Imperator)与元老院的二元政治便基本有名无实了;而到了 10 世纪,拜占庭所谓的元老院已经不再是政治势力,完全没有实权,仅仅是皇帝举措的体面旁观者。[10] 拜占庭帝国的瓦西琉斯作为罗马帝国的英白拉多的法定继承者,是帝国的最高军事指挥官。他们也继承了一个由罗马帝国早期几位皇帝精心塑造的、更重要的传统,即英白拉多是所有法律的来源。与此相反的是,皇帝由元老院选举的理论还未消散,因而元老院是间接的最高权威;然而皇帝可以轻松绕开这一限制,在皇位空缺之前照例任命自己的共治者(他们向来拥有这一权力),这样共治皇帝接手执政就无人可以挑战了。瓦西琉斯的地位,以及政府的中央集权,随着6世纪与7世纪的改革而加强,令民事当局服从军方领导,而这意味着恢复旧体制再无可能。利奥六世执政期间,皇帝可以宣称其绝对权威是既定的事实。旧时的二元政治不复存在,取而代之的是高度军政府化的复杂官僚体系,各级官员仅仅臣服于皇帝一人。而得益于君士坦丁大帝以及后继者们的精心安排,皇帝的权威同样是凌驾于庞大的教会体系之上的最高权威。

也就是说,皇帝就是帝国的中枢,至高无上的独裁者,民事当局、陆海军的首脑,也是教会的领导者,他仅仅对上帝效忠,是上帝在尘世的代表。正因如此,皇帝的时间表都是排满的。拜占庭人热衷于华丽典礼,几乎每一天都有一场奢华的欢宴或庆典,而皇帝则是其中的主角。但这些盛大排场并非仅有美学价值,它们还给上帝在凡间的代表围上荣耀的光环,蒙上神圣不可侵犯的薄雾,将皇帝从一个凡人转变为一种存在(Presence),或者说帝国本身的象征。拜占庭人清楚,专制君主不能和他的普通臣民一样,否则后者会自以为与皇帝不相上下,而那些野心家甚至会企图取而代之。从在紫色寝宫之中出生,到在圣索菲亚大教堂举行葬礼,他都应该被视作神,而非凡人。因此皇帝拥有以机械装置升起的宝座,两边是怒吼的金狮,身穿不断更换的大量珠宝镶嵌的服饰。人们必须在他的面前跪拜,必须一一遵守数以千计的繁文缛节。这一政策在约80年前的皇帝狄奥菲罗斯治下被赋予新的生机,在30年的王朝动荡之后,他上位了,鼓动并利用了民意,即使在圣像破坏的争端达到顶峰时，也能让他们接纳并尊重任何应当建立稳固地位的王朝。如今这一政策遇到了考验。第一次考验似乎颇为不顺：狄奥菲罗斯的儿子米海尔，尽管撑过了未成年时期，却在成年之后被谋杀。不过应当指出，米海尔是恶名昭彰的酒色之徒，在皇位之上毫无尊严可言，而篡位的巴西尔或许不择手段，但当时至少是合法的共治皇帝。在巴西尔执政时期，一切安稳，他的儿子也无忧地接过了皇位，新王朝继承了皇帝神圣不可侵犯的原则。然而在利奥六世逝世后，新的危机再度出现。我们将在下文详细叙述。

　　出席典礼必然占据了皇帝大量的时间，但在此之外他还要把整个帝国政府的管理事务抓在手中。他负责任免文武官员，时常要与他们谈话，并监督他们的行动，还要征求亲友的非正式建议。重要政府部门的主官以及高级军官只向他一人汇报，他没有大维齐尔这类大臣可以分担管理任务，因此他需要负责极多的工作。即使如此，也不能忽视教会，否则牧首将可能掌握相当大的权力。作为帝国军队的最高指挥官，他往往要亲率部队出征，不过在这一时期这种情况并不常见，巴西尔一世东部亲征后近一个世纪之中，没有一位皇帝亲自到战场指挥作战。至于这一现象的原因则无法下断言，或许是这几位皇帝个人性格使然，也有可能是政务缠身——如此推测的唯一原因是，正是在后来几位武功卓著的皇帝亲征并缺席帝国政府管理之后，帝国开始出现衰颓的迹象。

　　就此看来，皇帝能够留给自己支配的消遣时间所剩无几。出席赛车竞技活动是履行公务，无论他是否喜欢，而他个人的娱乐必须压缩。米海尔三世在皇位之上肆意享乐而能让帝国免于混乱，仅仅是因为他一生都依赖能力出色的摄政者，先是他的母亲，之后是他的舅父巴尔达斯，最后是巴西尔。利奥六世在执政期间挤出时间写作，但他大多数作品都是半官方的典籍编纂，有秘书协助，皇帝写作也相对轻松。而利奥若是能更密切地关注他的大臣，他这个皇帝还能做得更好。

除了至高无上的权威大皇帝（Senior Emperor），还有共治皇帝。共治皇帝的出现源自一个惯例，即皇帝为他选定的继承人加冕，保证皇位继承。共治皇帝未必就是皇帝的儿子，米海尔三世就曾给自己的宠臣巴西尔加冕。起初共治皇帝似乎应当只有一人，也就是只给继承者一人加冕。但巴西尔一世为了巩固自己的新兴王朝，为自己的三个儿子加冕，在他逝世时（长子已经去世），利奥和亚历山大都继承了皇位，但年长的利奥掌控了最高权力。在利奥逝世之后，他的儿子君士坦丁尽管已经加冕，却尚未成年，亚历山大就此成为大皇帝。然而我们无从得知，若是君士坦丁已经成年，亚历山大会因为加冕更早而依然拥有更高地位，还是君士坦丁作为父亲的皇子得到所有的继承权。法律意义上亚历山大或许应当胜出，但公众的意见就不那么好推测了。对帝国而言，幸运的是这样的情况从未出现过。共治皇帝或许除了陪同大皇帝或暂代大皇帝出席典礼，就再无其他公务，但除了事实上的摄政情况，并没有出现共治皇帝参与管理任何帝国事务的记载。

皇后，即"奥古斯塔"，是更加重要的人物。当然，也可以存在共治皇后，但她们比身为共治皇帝的丈夫还要默默无闻。[11]然而地位更高的奥古斯塔，几乎和皇帝的权力相当。奥古斯塔通常只是皇帝的妻子或母亲，但她并非通过与奥古斯都结婚而得到这一头衔，而是必须专门加冕。利奥六世在第二次成为鳏夫时，就将自己的女儿加冕为奥古斯塔，暂时填补空缺。按理说，应当一直有一位奥古斯塔存在，毕竟没有她，许多宫廷典礼就无法举行。奥古斯塔被自己的内廷围绕，她在其中有不可置疑的权威；她对自己的大量收入有绝对的控制权。她并未将自己一生都关在闺房之中，而是会陪伴皇帝参加许多正式接见会，出席竞技活动，也时常会自己出行，或参加典礼，或执行公务，或者游乐。成为皇太后而儿子年幼时，她于情于理都应当主持摄政，[12] 而作为摄政者，她要监管帝国政府运行，亲自与大臣商议要事。皇太后伊琳妮甚至废黜了一位皇帝，自己占据了皇帝的名位，尽管军方对此举不满（但很大程度上是因为伊琳妮的和平主义政策），但平民似乎并没有特别愤怒；而此后她被推翻，也是因为一次诡秘的深宫政变。可以说，奥古斯塔拥有不可替代的重要地位，纵观拜占庭帝国历史，大权在握的女君主不计其数，而大男子主义的西欧人无法理解这种怪象，把这当成恶习。

　　皇室之中的其他成员就无须关注了，他们仅有的权力有多大，取决于他们对皇位之上的亲属能施加多少影响。然而他们可以担任公职，由此参与帝国的管理。

　　皇帝和皇后身边是宫廷和政府的一群高官，他们是君主的亲信顾问，也是管理帝国政府各部门的首脑。这些高级官员肩负限定的重任，按最严格的位次（precedence）排列，他们的任免均由皇帝亲自决定。很难给这套官僚体系中的每一个人分派各自的职权，[13] 这些职权在不同的时代可能变化极大。所有的高级官员除了实际官职，也有自己的头衔；[14] 而和今天的英格兰一样，位次主要依据头衔决定，但一些职务搭配了一定等级的高官阶。在 10 世纪初，权势最大的大臣应当是内廷总管（Paracoemomene），其名义上只是皇帝个人的大总管，实际上是皇帝的首席顾问，受托负责许多至关重要的帝国事务，在没有适宜人选时该职似乎会空缺。自米海尔三世的时代起，这一职务就由皇帝最宠信的亲信顾问担任；到了10世纪晚期，内廷总管巴西尔的权力和财富可与皇帝相媲美。[15]

这个官僚体系中的官职向所有人开放，出身的影响相当有限。在拜占庭，和世界其他地方一样，有权有势的亲属帮助官员升迁；但值得注意的是，10世纪的高级官员极少出身于此时开始突出的土地贵族，绝大多数都是靠自己的功绩升迁的。一旦身居高位，他们便拉帮结派，通过姻亲结盟，然而他们的下一代却很少享有大权。这种开放性是拜占庭帝国管理的重大力量源泉，其主要成因是在政府中任用宦官——这个理想的阶层没有婚姻家庭生活，留不下后代，也不可能渴望成为皇帝。确实，对有野心的人来说，成为阉人是更为明智的选择，少数想要登上皇位的人除外。不过，对那些野心极大的人而言，皇位也并非不可企及。

贵族则不太好，主要局限在军界，军中最高职位、各省和总督区的长官，更适合出身显赫者。贵族体系此时尚未成熟，任何新贵都可以加入其中。贵族的一个显著特征就是拥有大地产，富裕者发现土地是最安全的投资方式，为此他们尽可能快地收购他们富裕的邻居的全部土地——这让帝国政府徒然忧虑，政府既不希望小自耕农消失，也不希望他们被世袭的强势大地主取代，却无力阻止。不过到目前为止，除了亚洲那些相对安定的军区，少有大家族见于历史记载。但他们的人数正在迅速增加，而他们对军队的偏好，给他们带来了凶险的力量。

然而即使在军中，穷苦者也同样可以靠军功登上顶峰。拜占庭社会的一个整体特点就是没有那么势利。的确，后世的编年史家为了贬损皇后狄奥法诺，称她为旅馆老板的女儿；但拜占庭社会没有人认为这样的过往经历有损皇后的尊严，因而这个社会必然高度民主；而旅馆老板的女儿能够成为皇后，也说明社会分层有相当的弹性。人们并非讥讽她的出身不高，而是讥讽她缺乏教养。拜占庭人在文化上颇为自豪，所有自尊的帝国公民都能够认出引自《荷马史诗》或《圣经》的语句，也了解早期教父的作品和古典时代的著作。恺撒巴尔达斯近年创建的大学在勤奋的佛提乌（Photius）推动下迅速发展，将学术研究氛围辐射到整个君士坦丁堡，而宫廷也因资助文艺事业而自豪。

由于各边境常年有活跃之敌，帝国省区的治理必须建立在军事的基础之上。帝国在利奥六世逝世时被分为 27 个军区，其中 15 个在亚洲，12 个在欧洲，[16] 每个军区都有自己的部队，其指挥官军区将军（Stratege）也是民政管理首脑。各军区管理方式多样，基于各地的历史情况与当前的需要；而除了管理自己的军区，将军们也要履行外部职责。不同军区之间的生活自然相差甚大。欧洲军区要面对保加尔人接连不断的侵扰与斯拉夫人无休无止的骚乱，城镇之外几乎无安定的生活。亚洲军区的边境则更加动荡，遭受无休无止的侵袭，长期屈服于不受控制的边境领主（无论是基督徒还是穆斯林）的专横统治。但小亚细亚距离边境较远的地区依然是世界上最为肥沃的土地之一，在山谷之中辛勤劳作的农民事实上是帝国的重要基石，帝国最好的那部分士兵便来自这一阶层，他们给希腊人与亚美尼亚人打造了发挥才智的坚固基础。然而此时境况已经日渐转坏。农民基本已经被限制在田地之中，徒劳地试图远离城镇生活的种种诱惑；而使用隶农的权贵大地产则正在吞并乡村。[17]

城镇吸纳着帝国最有进取心的那些人，而真正重要的城市，只有君士坦丁堡,"那座城"(ê Polis),整个地中海世界的大都会。这一时期城中人口约有80万,[18]不过这一数字应当在稳步增长。和所有中世纪的城市一样,君士坦丁堡也有肮脏的边角街巷,挤满了乌合之众,他们似乎无事可做,而是如寄生者一般靠施舍和救济过活,他们偷鸡摸狗,观看竞技比赛,组成了不时改变帝国命运的人群。另一个极端则是贵族和大商人尽自己财力所能来仿照皇宫修造的豪宅。而真正的皇宫由一系列大厅、回廊、奢华的侧室组成,在其中的大理石、马赛克画、绸缎挂饰之间,瓷砖和地毯之上,皇帝和他的随从过着讲究礼仪的生活。城中还有君士坦丁堡牧首宫及周边建筑,有不计其数的教堂和修道院,有君士坦丁堡大学、作为帝国诉讼中心的法庭,有公共浴室、公共旅舍,以及由帝国出资管理的大竞技场及其庞大的组织,为帝国公民提供娱乐。但城中大部分地区被住宅和商业中产者的店铺所占据。

君士坦丁堡是中世纪初期的商贸中心。来自巴格达和叙利亚的商队穿越小亚细亚的群山,在这里与来自匈牙利和巴尔干的商队会面。用小船载运货物往来于罗斯森林和波罗的海之间的罗斯商人,也以此为目的地。在金角湾的港口中,聚集着希腊舰船,一些人与克尔松或阿布哈兹和特拉布宗的商人交易来自草原、高加索、远东的货物,还有一些人旅行往来于埃及、意大利、西班牙。这里是整个文明世界的市集与交易所。大部分运输贸易由希腊商船队负担,不过在城中逗留或居住的外来商人向来规模甚大;而针对相对野蛮的外来者,比如罗斯人,城中也形成了特殊的安保安排。除了商人,还有繁忙的拜占庭手工业者,他们主要生产艺术品和奢侈品,销往每一个自豪于自身文明的地方,比如丝绸锦缎，在欧洲众人注目；还有珐琅与贵金属制品，无论异族还是拜占庭人，一样会渴求珍视。此外，这里还有地方贸易，以及类似的大城市所需的各种商铺和零售店，还有一大批希腊人颇为尊敬的借贷者和银行家。

商行之中，最庞大的还是帝国宫廷。帝国宫廷不但严格垄断经营获利丰厚的矿业与铸币业，还几乎完全掌控了丝绸产业——丝绸织物主要由后宫生产，由帝国宫廷售卖给丝织品商会分销。更值得一提的是，帝国宫廷还参与食品买卖，官员们购买大量谷物之后廉价售卖给相关商会。在批发交易之外，帝国宫廷还有自营的零售商店，就在城市的商业区对面。[19]但城中每一个商会都受几乎同样严格的管控；专卖商品的交易网络，当时流行的经济理论与宗教理论所指导的商业保护措施与详尽法规，这些在此之后几乎无与伦比。薪酬、商品价格、工作时间，这一切都是固定的，甚至还有为大斋期颁布的特别法律。利奥六世授意编纂了一部法则手册，全面复杂地记录了这些规则，供首都政务官（Prefect）参考。[20]可以看出，政府全神贯注于保障首都的生活必需品充足与稳定的供应，在这种焦虑中，出口贸易则被有意忽视了。

帝国政府之中负责直接管理君士坦丁堡的是首都政务官，这是帝国最高的职位之一，位次等级仅次于亚洲军区的将军。他的职责繁杂，需要大批下属的办事员和书记官协助。他管理首都的登记申报，提名估税官，任命各商会会长，审理法律纠纷，管理贸易，也负责执行皇帝的商业立法。他还要监管城市治安，也就是保证首都的秩序与稳定，批准或禁止新店铺开业，稳定物价和度量衡，监视出口，保证礼拜日的正常规矩，并负责防火与灭火。[21]可以说，此职的任务极为艰巨，必须由能力出众而受人尊敬的人来担任；它也是少数几个不能由宦官担任的职务（此外还有司法官［Quaestor］和各禁军统帅［Domestic］①等）之一。不过奇怪的是，现存资料中很少提到首都政务官的名字，或许他们因忙于公务，难以分心参与政治阴谋——拜占庭帝国的官员和古雅典城邦的女人一样，没有人议论才好。

首都的城市规划可说的很少。[22] 在高大的城墙后面，城市的发展并无条理可言，而城中的山丘加剧了混乱。宫殿和棚屋甚至比邻而建，城内各区域也没有特别准确的社会职能。城市的东段是要塞区，其中包括圣索菲亚大教堂和牧首宫，以及与大竞技场直接相连的庞大宫殿区域。商铺和市集绝大多数情况下按照经营的产业分布，沿着城市的"主街"伸展，这条主干道从城市的中心延伸到宫门。郊区大多不重要，唯一的例外是克里索波利斯（Chrysopolis）和卡尔西顿，这两个位于博斯普鲁斯海峡对岸的地方是亚洲各大道的终点。

帝国之中再无任何城市可以与帝国的首都媲美。而帝国的欧洲地区最重要的城市，或者说在收复安条克之前的帝国第二大城市，正是塞萨洛尼基。这里是西保加利亚的主要出海口，也是一条重要贸易路线的终点，这条路线始于摩拉维亚，从贝尔格莱德进入巴尔干半岛，而后沿瓦尔达尔河入海。从9世纪的最后十年开始，这里几乎承载了保加尔人的所有贸易。约翰·卡梅尼亚特斯描绘了904年该城被穆斯林洗劫[23]之前的兴盛繁荣，这座巨大的商业城市有相当规模的文化生活，城中许多老教堂矗立至今，见证了该城曾经的繁荣。穆斯林的洗劫造成了严重的破坏，但是

---

① 禁军统帅是不同职能的各禁军指挥官的统称，本书中该词主要指宫廷禁军统帅。

该城的地理位置绝佳，因而得以迅速恢复。纵观历史，塞萨洛尼基总是东欧最重要也是最繁荣的城市之一。其他的港口城市之中，仅次于塞萨洛尼基的或许是特拉布宗，该城是亚美尼亚和伊比利亚（位于格鲁吉亚）的港口；还有士麦那，作为曾经兴盛的贸易路线的终点，也向来活跃。墨森布里亚（位于保加利亚东部）、底拉西乌姆（位于阿尔巴尼亚）、奇里乞亚的塞琉西亚以及意大利的巴里，尽管都是重要的港口，但都距离边境太近，商贸难免受影响。内陆城市，比如安卡拉和以哥念，仅仅是市集城市而已；不过有一些城市，比如尼西亚和雅典，因为历史上的兴盛，保留了一些威望，或许还有一定的特权；还有一些城市则成为本地手工业生产的中心，比如底比斯。[24] 再之后，还有一些重要的堡垒城市，比如欧洲的哈德良堡，以及亚洲的科隆尼亚和凯撒里亚，扼守着边境的主干道。但即使是最小的城镇，在希腊人和无处不在的亚美尼亚人的经营之下，必然会有商贸的活跃。

贸易影响了帝国的大部分居民，但宗教则影响了所有人。在这个时代，宗教在与哲学和科学的竞争之中处于绝对优势，对错综复杂的神学问题的盲从和狂热是希腊人和周边民族的典型特质，而宗教也借此获得了历史上无与伦比的重要地位。城市中挤满了教堂，各地都供奉圣物和圣像，典礼也接连不断地举行。四面八方有很多修道院，那是休息的避风港，是通往天堂的门径。修道院之外的教会组织与帝国的世俗管理体系基本类似，各个省区的都主教和主教就如同军区将军和军区副将（turmarch），牧首则如同皇帝一般统管一切。不过确实有一个重要的差别存在：尽管在教会等级中至高无上，牧首本人却要臣服于皇帝——因为代表上帝统治尘世的是皇帝，而不是牧首，这与西欧教会中格里高利七世的说法（教宗高于皇帝）截然相反。名义上牧首由教会内部选举，不过实际上皇帝不但可以任命牧首，而且可以靠组织宗教会议的方式轻易罢黜牧首。然而牧首却不断挑战皇帝的统治，当皇帝的指令和牧首的意志相悖时，获胜的未必是皇帝，毕竟大众的宗教情怀甚至重于他们对皇帝的尊敬，而牧首往往可以转而求助于他们。如果牧首个人足够坚定，他就能取得胜利。因此明智的皇帝更倾向于提拔不谙世事的圣人或者恭顺的亲儿子来担任牧首，而且怪异的是，只要牧首的举止合乎得体高贵的仪规，这种无所顾忌的任命竟不会激起强烈反对，甚至最为虔诚的皇帝也会如此安排。地方也存在同样的摩擦，都主教时常和当地的军区将军争执，而牧首干预时会偏袒自己人。[25] 教会极为富裕，牧首拥有大笔收入，而即使在最贫困的地区，都主教也堪称当地的富裕或者最富裕的要人。[26]

拜占庭文明中的修道院则更有特色。经历了俗世的争执与纷扰之后，身退归隐，为终将到来的死后世界做准备，算是愉快的事。对政府而言，这些修道院带来了不可估量的政治便利，将政敌送进修道院软禁，显得可敬又仁慈——既保证他们在现世受监禁，也保证他们在死后得到救赎；而那些声名显赫却野心受挫或害怕被羞辱的危险分子，也可以在此寻求安全、不被侵犯的庇护。修道院之中，有失势的政客、不受欢迎的皇子，也有从不问世事的学者和隐士；同样，在修女院之中，那些守寡或者政治斗争失败的失势皇后，也要和厌倦的家庭妇女，以及因出不起嫁妆而未婚的姑娘一同生活。这样的退隐往往不可逆转，不过若受害者是被迫发下修道誓言的，公众认为他们受了屈，那么他们还是可以返回俗世的，尽管只有地位最高的那些人才能如此；偶有奥古斯都和奥古斯塔能够离开修道院，返回宫中。作为一个社会阶层，修士颇受欢迎和尊敬，其中许多人被当作先知来请教，当权者可以借与他们的交往来获得大众支持。这种虔诚风尚让修道院格外强势而富裕，皇帝和权贵乐于给修道院丰厚的捐赠，而社会各阶层的虔诚者，还会向修道院赠礼，或者亲自带着俗世的物资前去探望，又或者在死后将遗产捐赠给修道院。结果就是，各大修道院成了帝国最大的土地所有者，也是最富裕的财主。此外，修道院还可以获得没有近亲继承人的死者的三分之一的财产，而修士的劳作、商业活动或者出售圣物之类的小规模活动还会进一步积累财富。[27] 修道院归为七种不同的形式：拥有皇帝颁布的特许状，完全自由与自治而免于效忠他人的修道院（比如阿索斯圣山的各修道院，最早的特许状颁布于 10 世纪）；在皇室直辖领土上，由皇室直接控制的皇室修道院；与皇室修道院类似，由牧首、都主教、主教直接控制的修道院；由另一修道院创立的子修道院；最后还有私人控制、私人捐助和管理并负一定责任的私人修道院——若是修道院在出资者去世后仍未建完，院方也可以和出资者的子女一样索要一份遗产。[28]

在修道院之外，还有拉乌拉修道团体（laura），其中一群修士分散着各自生活——可以说是多个隐修士的集合；此外还有完全独居的隐修士，在卡拉布里亚和希腊地区格外常见。这些人中有许多此后升为圣人，其影响力能够左右地方的政策。

教会之中的晋升颇为民主，地位最低的司祭也可以被任命为主教、大修道院院长乃至牧首。教会的高级神职人员往往是功绩杰出的教士，不过皇帝也会有意把皇子或者其他无足轻重者塞进教会。[29]

再怎么强调宗教对拜占庭帝国的支配地位都不算过分。从最好的方面看，许多拜占庭人坚韧地遵循他们良心的指令；而从最坏的方面看，牧首被免职及其敌人取胜往往会引发骚乱。政治斗争就是宗教斗争，撕裂帝国的政治分裂往往以宗教分歧为基础：破坏圣像派与尊崇圣像派争斗，尼古拉斯派与尤西米奥斯派争斗，整个帝国都成了战场。即使是不虔诚与不相干的人也不能避免，他们会自觉沉迷于伪宗教秘密仪式和黑弥撒（Black Mass）。迷信几乎有同样的力量。人们急切地注意征兆，咨询、尊敬并听从预言者；所有人都相信世人皆有"化身"，即没有生命的对应物或象征物，比如雕像或者石柱，并相信每个人的生命和命运与其化身有密不可分的联系。

拜占庭的生活之中，妇女的地位则没有那么容易估量。传统上往往认定后宫就是一座监牢，其中的拜占庭妇女无法出头——正好相当于俄罗斯的"特雷姆"（terem）；大多数史学家认定特雷姆源自拜占庭的后宫，却忘了罗斯此前被蒙古人统治了两个半世纪。可以确定的是，在富家大宅之中，妇女分隔居住，由阉人侍奉，而在教堂之中她们也有自己的祈祷区域；然而她们明显拥有相当的权力，而且这种权力不仅仅限于对宠妻丈夫的枕边风。前文我已经讨论了皇后，她的地位并不卑屈，也不受严格限制。地位不够高的妇女之中，寡妇丹妮莉丝（Danielis）是一例，作为巴西尔一世的资助者，她或许是当时帝国最大的地主和奴隶主，过着格外独立的生活，沉迷于每个一时的兴致和幻想。[30] 而帝国最贫穷阶层的妇女住在小屋里，做着苦工，和世界各地的妇女差不多。不过在小市民之中，也有普塞洛斯（Psellus）的母亲这样的妇女，普塞洛斯为她写下赞歌，称她掌控并管理着整个家庭，德行与智慧公认胜过她的丈夫；[31] 而且这样的情况也称不上罕见。整体而言，拜占庭对妇女的态度与西欧不同，不过妇女的地位当然不会比西欧更低。在西欧，人们认定妇女是脆弱的，她们的地位被骑士所凸显，她们的特权也来自她们的脆弱；然而在拜占庭帝国，妇女和男性在智识上对等。女孩子往往能和自己的兄长一样接受同样的教育，而拜占庭历史上也有好几位出色的女作家。这一点让家庭生活十分亲密，编年史家也迷人地描述了"生于紫室者"君士坦丁七世对他有修养的女儿们的慈爱，特别是他的私人秘书阿加莎公主。[32] 此外，在小说《迪吉尼斯·阿克里塔斯》中，杜卡斯兄弟对妹妹（主人公的母亲）怀着爱的骄傲之情似乎只能用诗歌来正名。不过杜卡斯家族的另一位女性，主人公的新娘，此前被她的父亲监禁，这一情况几乎和同时代的伊斯兰世界一般；但鉴于东部边境的混乱情况，以及主人公母亲轰动的奇遇，她父亲这样的防范倒也不算奇怪。[33] 然而对妇女而言，开创自己的事业并不容易——除了娼妓，这个阶层在拜占庭帝国和在世界其他地方一样兴盛。在教会之中，妇女最多能达到修女院院长的地位——当然，大家族控制的修女院院长确实重要。她们唯一能从事的世俗公共职务只有独裁者和摄政者给她们的任命，以及皇后宫中的各种官职。后者之中官阶最高的环带女贵族（Zoste Patricia）是帝国等级体系之中最高的官阶之一，可以被视作皇室成员。事实上，环带女贵族往往就是皇后的母亲。[34]

不论妇女在拜占庭帝国的影响力如何，可以确定的是她们无法与宦官相比，对他们的重要性，我认为，后世从未有恰当的认知。在西欧，除了阉伶，阉人从未也不会担任重要职务；在东方的哈里发国、波斯、中国，他们主要是做家仆，可以把女眷放心地托付给他们,不过偶尔也会有能干的宦官升上高位,特别是这一时期的哈里发国。只有在拜占庭帝国,他们才会成为帝国政府的实际组成部分。他们的兴起几乎和君士坦丁堡的创始同时发生,6世纪时最伟大的拜占庭将军之一就是宦官。10世纪时,宦官的地位甚至高于健全者,也就是说,身为宦官的显贵,地位要比军区将军和其他武官要高,而普通贵族的地位比这些宦官显贵还要低。[35]整个10世纪,教会和帝国政府中最显赫的人物之中有不少宦官,事实上,阉割非但不是一个人后半生的耻辱,父母们还会阉割自己的儿子,保证他们未来能升迁,甚至皇帝本人更年幼的儿子也会被阉割。[36]阉人不能担任的职务只有首都政务官、司法官、四个帝国军团的统帅以及皇帝。而他们不可能成为皇帝这一限制,正是他们获得如此权力的奥秘所在。皇帝清楚自己身边的宦官不可能篡位——他甚至可以借阉割这样的简单手段解决要求皇位的对手,又能让他安全担任政府职务。更重要的是,宦官留不下后代,没有家庭生活,他们这种武器可以使封建关系后继无人。在西欧,以及日本这个一度类似于拜占庭帝国形式的国家,重要职务的世袭程度越来越高,只有之后的权力转移下放,或者宫相一类的人被赶出君主的合法世系时,情况才会出现变化。但拜占庭帝国的皇帝不必担心这个问题,他们让宦官担任帝国的重要职务。在军中,大贵族可以把军界的高位代代相传,但帝国的核心是君士坦丁堡和其中的朝廷,只要这里保持纯粹,其他问题就可以解决。直到11世纪晚期,王朝绝嗣而外敌环伺之时,军界才掌控了政府,而帝国也不得不品尝封建家族统治的滋味:如同毒药一般。宦官或许会为他们的兄弟和侄辈谋划,但旁系亲属总归无法和直系亲属相比,这样的阴谋断断续续,往往不会很难对付。因此，宦官体系对拜占庭帝国而言极为重要，它使皇帝得以在牢固掌控帝国的同时依才授职。阉割确实耻辱，令人厌恶，然而也确实有用。

如此多的阉人对拜占庭社会的影响，不必详细叙述，此书终归不适合讨论阉割后的心理变化，不过还是应当做一些评论。传统上往往认定宦官的存在会产生全面的负面影响，在其他问题上保持理智的历史学者[37]也会以吉本式的口吻，认定一个充满阉人和妇女的社会必然充斥着阴谋和怯懦。读到这样的文字时，我们应当意识到，在10世纪前半叶，拜占庭帝国政府采用大胆而直接的政策——这种政策很大程度上因为这些"阳刚"的特质而失败——的时期，掌控帝国政府的是皇太后"黑眼"佐伊和她的宦官大臣、内廷总管君士坦丁。史学家做出这种归纳只会让自己蒙羞。一个人如果认定男人、女人、阉人就是三种生硬不变的类型，那么此人将无权解读历史。

最后，我们还应当讨论组成帝国的各民族。世上没有其他国家和拜占庭帝国一样，有如此多不同的民族聚集，又说着同样的语言，信仰同样的宗教，并臣服于同一个政府。在拜占庭军队之中，几乎每一个部族都有自己的代表：亚美尼亚人、高加索人、可萨人、罗斯人、匈牙利人、南斯拉夫人、保加尔人、达尔马提亚人和意大利人，都有人在帝国军队中服役。此外还有马尔代特人这样来自叙利亚的陌生部族，长期定居于帝国境内却又保持着民族的纯粹。上流社会的血统早已混杂，一些家族的民族来源可以确定，但家族之间的通婚很快改变了血统的纯洁性。君士坦丁堡的居民大多是希腊人，或者小亚细亚的原住民，[38]但其中许多人，特别是富裕者，是斯拉夫人，而更多的是亚美尼亚人——所谓的马其顿皇室也自称有亚美尼亚王室血统——此外偶尔还有改宗基督教的穆斯林加入帝国的贵族体系。各地方省区的民族成分更为复杂，既有当地的原住民，也有历次蛮族入侵带来的部族，还有拜占庭帝国惯有的整个族群大迁移——或是把一群可能惹麻烦的人从一地迁走，或是把一群人当作平和的调和剂迁移到已经出乱子的地区——所引入的外来人口。这种和平混居很有益。强势的帝国不可能不将他们融合，但不断的人口迁移也带来了新的思想、新的血液、新的活力，而这种现象在帝国各地的普遍存在，也保证了帝国各地不至于失去平衡。即使是所有亚美尼亚人，作为人数最多的外来民族，以继承自波斯萨珊王朝的传统深深影响了帝国首都的艺术风格，更影响了各省区的艺术，也未能将帝国变成亚洲国家。罗马帝国的概念太强大了。

朗博对拜占庭帝国的总结是目前最到位的，他认为拜占庭帝国作为普世帝国，带着君士坦丁所创造和保留的世界性特点，[39]但在我看来，这会导致严重的误解，即否认帝国的民族性，认为希腊语有种虚假的民族语言的模样。认定帝国为民族国家，同时又坚持帝国的普世特质，看上去会自相矛盾；当然，如果民族国家就意味着国民拥有同样的民族来源，那么拜占庭帝国自然不符合这一条件。不过这并非必要条件，就像如今的美利坚合众国一样；拜占庭帝国继承了罗马的世界帝国的传统，将其与东正教传统融合，通过半神半人的皇帝来体现，使用通用希腊语来表达，这确实让拜占庭帝国拥有超越了族源差异的民族统一性——其远胜过宗教改革时代之前西欧存在的民族统一性。拜占庭帝国的所有公民，无论是有希腊人、亚美尼亚人还是有斯拉夫人的血脉，都会自豪而荣耀地自称"罗马人"，属于普世而永存的罗马帝国，共同信仰正统基督教，蔑视异族和异端。这种民族性甚至会把国民塑造为同样的固定模式；我们也可以讨论拜占庭人的性格特质，就像讨论罗马人或者英国人的特质一样。

我们不需要展开叙述这些性格特质。拜占庭人喜欢艺术、文化、奢华，已被充分证实。更著名的是他们盲从般的虔诚和迷惑性的精明狡猾。拜占庭人的一个特点是热衷神学辩论和政治，而在专制君主的统治之下，政治活动就只能靠阴谋来体现了。此外，由于皇位继承制度之中缺乏固定的世袭法则，加之小家族一直保留着成为皇室的机会，因此能够在皇位上自然逝去的皇帝少之又少，这令人惊恐。[40]拜占庭人的商业天才带给了君士坦丁堡庞大的财富，这份天才一直延续到如今的希腊人和亚美尼亚人，然而帝国无数杰出政治家展现的组织能力却似乎已经失传。拜占庭人一再证明了他们坚韧复原的活力——他们并不费力地在灾难中恢复，或者是战胜灾难，或者是适应新的环境。相比之下，难以衡量的是拜占庭生活之中的残酷气氛。多年以来，把"拜占庭"等同于颓废残忍的代名词，一直是流行的说法。拜占庭人确实可谓酷刑方面的专家，确实在对待敌人俘虏时极度无情，确实会因为宗教争论激发的疯狂而放弃所有的人道主义，上层社会也确实有许多激情犯罪；然而另一方面，我们也必须意识到，肉刑尽管是拜占庭文化之中让后世读者不适的一个特征，但相比罗马帝国和西欧法律规定将犯同等罪行者处死，总归是更为人道的。政治罪犯惯常不会遭受酷刑，而是被送进修道院中软禁，不过偶尔会加上鞭笞，而对帝国的臣民施加真正的残暴行为所激起的民怨往往足以推翻施暴者。[41]整体上看，拜占庭帝国还是优于同时代的西欧。

以上就是对10世纪初拜占庭社会的大致描述。这个社会狂热而存在偏见,但又敏感而有才智,自居为古典时代典雅品质的合法继承者,自觉于在黑暗无知的世界中保留基督教的正统信念。在这样的舞台之上,这样的背景之前,这样的光影之下,戏剧将要上演,而其错综复杂的剧情,将决定无数人的命运。

第二章

皇帝"智者"利奥的遗产

912年的大斋期中,皇帝"智者"利奥行将就木,在身体受到痛苦折磨之外,他还为帝国和他的儿子担忧。他的执政时期称不上多成功,国内国外均有未能解决的问题,而他的一生则充满了纷扰与悲哀,他的死亡意味着动荡将至。前一位皇帝马其顿人巴西尔带来的复兴之势,此时停顿不前,在前途难测的情况中受到考验。

在此前的两个世纪,帝国的外部问题基本没有变化。东部边境总有穆斯林的袭击,战略要地亚美尼亚一直要密切关注。意大利同样遭受了穆斯林的袭击,而伦巴第王公或者西方帝国皇帝一直可能会造成麻烦。在此前的一个世纪,爱琴海沿岸也需要特别的防备,因为穆斯林占据了克里特岛,将那里变成了海盗基地。在北方,需要守卫克尔松;在巴尔干,有蛮族侵袭的长久威胁。这些长期问题不一定会让利奥的遗产成为重大的累赘。除此之外,另有失败与灾难,特别是在海上。906年拜占庭海军在大元帅(Grand Admiral)希梅里奥斯(Himerius)的指挥下取得大胜;然而此前,基督教背教者的黎波里的利奥已经在902年洗劫了德米特里阿斯，还在 904 年洗劫了繁荣的塞萨洛尼基，而 911 年，这个背教者在萨摩斯岛近海歼灭了希梅里奥斯远征克里特岛的大队伍。在西方，西西里岛已经彻底沦陷，不过这算是符合巴西尔一世的政策，因为他认定收复南意大利比掌控西西里岛更重要。在东方，有来自塔尔苏斯的阿拉伯人一系列凶狠的袭掠。然而在更北方，利奥在幼发拉底河上游加强并巩固了巴西尔的征服政策，还和亚美尼亚巴格拉提德王朝结盟。更重要的是，哈里发国已明显衰颓，哈里发本人（穆克塔迪尔）此时尚未成年，身边的维齐尔、将军、突厥卫士，每个人都在图谋不轨；诸省区叛乱之势汹涌，统治地方的家族王朝开始形成。然而亚美尼亚却出现了危机，在利奥弥留之际，强势的阿塞拜疆与北波斯埃米尔率领阿拉伯大军计划征服整个国家。[1] 最后，巴尔干半岛并没有什么重大的蛮族入侵活动，[2] 其原因却是在这个方向出现了前所未有的新问题，也是拜占庭帝国这两个世纪以来面对的最大的外部问题：就在拜占庭帝国的北部边境，伸展着一个强势而野心勃勃的准文明帝国——保加利亚帝国。

斯拉夫人在 6 世纪时已经渡过多瑙河，尽管他们在名义上臣服于拜占庭帝国，但帝国只能从各个孤立的堡垒来控制巴尔干。在 7 世纪，一个新的部族从比萨拉比亚地区南下进入巴尔干，一路占据了过去的下默西亚省。这个部族就是保加尔人，一个突厥系的游牧部族，各部落组织成一个军事体系，由他们的大公即大汗领导。在 8 世纪与 9 世纪，这个部族多方面发展。在外部，保加尔人的帝国扩张了领土，从罗多彼山脉延伸到马其顿地区。在内部，大汗忙于确立自己对各部落首领的权威，将他的国家组织成中央集权的专制国家。保加尔人正在迅速和斯拉夫人融合，学习斯拉夫人的语言，整个民族的文明水平在快速发展。9世纪时这些成就达到了顶峰。在早年间，克鲁姆可汗与拜占庭帝国发生激烈战争，尽管他曾被帝国几次击败，但他最终打垮了帝国的旧日威望，成为帝国的威胁。他占据了帝国在巴尔干山脉以北的最后几座堡垒，突袭到帝国首都的城墙下，还在战斗中杀死了一位皇帝。君士坦丁堡政府因此担忧不安，不过克鲁姆毕竟只是蛮族掠夺者。然而，下一代人就不会这么轻易地离开了。

9世纪的保加利亚发生了一件大事，保加尔人在约865年皈依了基督教。这主要是拜占庭政府的工作成果，拜占庭甚至为了保证他们皈依而发动了战争。尽管传教士的胜利在各方面可谓荣耀，皈依却并非全然自愿。拜占庭帝国强迫了保加尔人，毕竟西方帝国的皇帝渴求对付摩拉维亚的支持力量，正在计划将保加利亚纳入拉丁教会。在这次皈依之中，获利最大的就是鲍里斯大公。[3] 通过接受君主高于教会的东方宗教，他对臣民更加专制，而采用斯拉夫语礼拜仪式的新宗教也让两个民族进一步交融；至于发动叛乱表达不满的贵族，鲍里斯恣意地大规模清洗，让他们沉默了两代之久。此外，与拉丁教会的谈判让他学会了如何把自己的灵魂拿去拍卖；罗马与君士坦丁堡方面互相竞价，做出让步，争夺他的宗教倒向。君士坦丁堡成功了，不过受益者应该是鲍里斯。[4]

拜占庭帝国尽可能地摆脱了这个艰难处境。保加尔人的大公成了皇帝的教子，保加利亚大主教受牧首管辖，并在希腊教会中排第二位。和宗教一样，跟风的保加尔人急忙来到君士坦丁堡接受教育，带着惊叹与热情学习帝国首都的精巧。一切看上去都美好友善。和平维持到鲍里斯执政时期之后，这给未来留下了一个虚幻的美丽前景。

这一阶段，正是一个民族最依赖领袖特质的时代，而伟大的君王也能创造伟大的民族。鲍里斯就是这样的君王，而更伟大的领袖现在将要到来。鲍里斯在889年逊位，支持长子弗拉基米尔继位。但弗拉基米尔表现得无能又反基督教，四年后，鲍里斯出山废黜了弗拉基米尔，而立次子西美昂继位。[5]而后他自信地再度隐居。西美昂早已打算进入教会，他在君士坦丁堡接受教育，不仅学习了教宗事迹，也学习了德摩斯梯尼和亚里士多德的思想，还进一步学习了拜占庭政府的统治方法及其教训。因为他所接受的教育，他也被称为"半希腊人"[6]；继位之后，他就处处展现他的偏好，在各地支持文艺并赞助倡导文化的教士，下令把神圣的作品以及世俗传奇故事翻译为斯拉夫语，并将新首都普雷斯拉夫装饰得富丽堂皇，让它成为本族人注目的焦点。[7]不那么显著的是，他也必然改进了自己国家的组织系统。在他激动人心而劳累的漫长一生中，他似乎从未被叛乱或者动荡所扰乱（不过这或许主要是因为他个人的强势。组织体系在他逝世之后便瓦解了）。此外，他也展现出战争的才能。

在执政早期，他便尝到了血腥的滋味。896年，贸易争端引发了战争。拜占庭宫廷之中的假公济私者，将保加利亚商人的贸易地点从君士坦丁堡迁往塞萨洛尼基，这搅乱了整个保加利亚的商业。西美昂关心自己国家的利益，他向皇帝提出抗议，而发现抗议被无视后，他就诉诸武力。皇帝利奥反击之，召来在比萨拉比亚地区定居的凶悍的芬人部族马扎尔人，进攻保加尔人的后方。这个策略起初成功了，西美昂似乎要臣服；但是，与此同时，西美昂以牙还牙，召唤了远方更加凶悍的佩切涅格人进攻马扎尔人。之后，当马扎尔人忙于应敌时，他转而进攻没有防备的拜占庭军队，897年在保加洛菲冈（Bulgarophygum）之战中将他们击溃，就此赢得了战争。[8] 在接下来的和平时期，尽管保加尔商人似乎依然要转往塞萨洛尼基，[9] 也没有证据显示西美昂吞并了任何领土，但确定无疑的是，西美昂能够从帝国朝廷索取一年一度的贡金。保加尔人得以扬威。[10] 这一战进一步的后果，即改变中欧命运的部族迁移问题，在此并不需要展开讨论，不过西美昂确实因为这次部族迁移而失去了继承自先祖的地域，即广大而控制薄弱的多瑙河以北地区（瓦拉几亚和特兰西瓦尼亚）。这并不算重大损失，却让他愈发急切地将注意力转向南方。

双方自此保持和平；随着保加利亚的经济与文化愈发繁荣，西美昂的野心也与日俱增。在拜占庭，粗心的政客或许没有注意到威胁，然而西美昂正在发展宏大的计划。他的目标正是登上皇位，在第二罗马的废墟上建立起新的保加尔-拜占庭帝国。这个计划（在自他之后的每一个巴尔干君主的梦想中纠缠）看上去颇为可行，似乎只需要一个时机完成致命一击，便能够实现。如今，在第一次胜利15年之后，时机终于到来。帝国核心已经生病，遭受着教会分裂和宫廷倾轧的折磨，这是困扰"智者"利奥一生的厄运所带来的结果。

若是利奥能够在国家与教会完全安宁的内部环境中，将遗产留给他的儿子，则保加利亚的麻烦也不会太难对付。然而难以预测又不可估量的灾难，让他和他的继承人陷入了复杂的艰难处境，且激起了皇帝和牧首之间潜在的敌意。要讨论这个问题，我们必须回溯马其顿王朝的创立者，皇帝巴西尔一世。当巴西尔作为米海尔三世的宠臣首次入宫时，巴西尔的长子君士坦丁已经出生，但不择手段的巴西尔几乎立刻就和粗朴的发妻离婚，和皇帝的情人欧多西亚·英格丽娜（Eudocia Ingerina）结婚。欧多西亚生下了三个儿子，大儿子利奥是在米海尔在世时所生，而亚历山大和斯蒂芬则是在巴西尔谋杀米海尔并即位之后诞生的。因此，利奥的地位自一开始便难以处理，没有人能确定他的父亲是谁，究竟是承认了他合法地位的巴西尔一世，还是所有人都难免怀疑的米海尔三世。直到今天我们也说不清楚；可以确定的是，巴西尔和利奥之间的关系向来带着冷淡、猜忌的敌意。起初这无关紧要，巴西尔早已立自己宠爱的君士坦丁为继承人。然而880年，君士坦丁去世，利奥就此成了皇位继承人。

巴西尔的首个举措便是给自己的继承人利奥选新娘；约在885年[11]，利奥迎娶了他母亲的亲属狄奥法诺。婚姻起初便不美满，狄奥法诺和欧多西亚·英格丽娜不同，性情虔诚而节制；而利奥热烈多情，他就开始把目光落到别处。巴西尔一世在888年亡故，把皇位留给了利奥与亚历山大——然而两兄弟之间毫无情谊可言，因此在利奥执政时期，亚历山大没有分得半点权力与威望。失去了老皇帝的支持，狄奥法诺遭到了可悲的忽视。她只给利奥生下了一个女儿欧多西亚，而女儿还不足以挽回利奥的心。与此同时，利奥公开勾搭年轻的有夫之妇、声名不佳的佐伊，她是狄奥多尔·古佐尼亚特斯（Theodore Guzuniates）的妻子、重臣斯蒂利安努斯·扎乌泽斯（Stylianus Zaützes）的女儿。这段私情如此不顾体面，乃至利奥带着佐伊出行，而斯蒂利安努斯则得到了特设的新头衔：皇父（Basileopator）。小公主欧多西亚在892年早夭，而皇后狄奥法诺在更为孤独的悲惨处境之中忍受了一年，也随她而去。不久之后，佐伊的丈夫也去世了。利奥陷入狂喜之中。为了展现虔诚悔过的姿态，他下令封死去的狄奥法诺为圣徒；

但随后的一幕震惊了世人：女圣徒的鳏夫很快与他的情人结婚，并给她戴上了皇后的冠冕。牧首对此事的态度足够强硬，停了主持婚礼的司祭的圣职。然而神意更有力地惩罚了这对有罪的新夫妻。佐伊在漫长的等待之后只享受了短暂的胜利，在结婚仅20个月后便亡故了，只留下一个婚前所生之女安娜。临终时，悔恨的她下令在自己棺材上刻下"可悲的巴比伦之女"。

利奥在《新律》中强烈反对婚外情和三婚，[12] 借此自称教会的正统卫道者。他已经在前一个律令上言行不一了，如今他又要违反后一个律令。他犹豫过，但形势紧迫。他本人体弱，而且没有儿子，他唯一在世的弟弟亚历山大既没有儿子又沉湎酒色。为了王朝与帝国，无疑应该容许网开一面。与此同时，他将女儿安娜加冕为奥古斯塔，因为没有这个头衔，很多典礼无法举行；或许他也是为了一旦出现最坏的情况，可以指定她继承皇位。不过到了898年，他便在商谈安娜和普罗旺斯的路易（西部帝国最可能的继承人）成婚的事宜。到899年他自认为可以再度成婚，而公众似乎也大多默许，他便和来自弗里吉亚的年轻女孩欧多西亚·拜亚娜（Eudocia Baiana）成婚。

然而欧多西亚在一年内难产亡故，婴儿巴西尔也没能存活。利奥更加窘困了。第三次婚姻已经得到了宽恕，然而四婚是不可理喻的。利奥必须接受残酷的命运，这是对年轻时的罪恶之爱的严厉惩罚。他的女儿安娜留在了他身边，她与西方帝国王公的婚姻也没能成功；可不久之后她也消失在历史中，无疑是去世了。[13] 事态暂时缓和，之后一个新问题突然出现，加剧了事态恶化：皇帝再度坠入爱河。这一次他的情人是另一个佐伊，她因为眼睛黑而得名"黑眼"（Carbopsina），她出身高贵，是著名编年史家狄奥法内斯的侄辈，她野心勃勃而高傲，决意登上皇后的宝座。起初利奥不敢迎娶她，但还是将她作为被承认的情人带进宫中，而两人的明显目的就是成婚。此时他有希望得到教会支持：902年他把自己的密友枢密尼古拉斯安排到了牧首之位上。905年末，问题变得极其尖锐。在紫色的寝宫中，佐伊生下一个男孩，名为"生于紫室者"君士坦丁。利奥终于有了儿子。现在，这个孩子的父母前所未有地需要成婚，以求抹去他的私生子烙印，让他的继位畅通无阻。但牧首在这个问题上公开表态了。他长久以来反对私通，而906年1月，他宣称他可以为这个孩子主持洗礼，但明确的前提条件是佐伊必须永久离开宫廷。

若是利奥接受了最后通牒，君士坦丁也许能够继位，但此后肯定只有经牧首容许才能继续占有皇位。他也许根本无法活过动乱不安的幼年，即使执政，教会的势力也会膨胀，成为皇帝与整个国家的可怕威胁。然而，利奥和佐伊都没打算接受。孩子还是受洗了，但受洗仅仅三天之后，一个自以为是的司祭便主持了皇帝和他情人的婚礼，佐伊就此加冕为奥古斯塔。

教会震怒了。几个月来尼古拉斯对皇帝又是恳求又是谴责，最终禁止他进入圣索菲亚大教堂。这是公开宣战，然而利奥找到了取胜的手段。他以和解的姿态向罗马教宗申诉，教宗毕竟是教会公认的地位最高者；而且他也清楚，教宗此时仍因佛提乌的冒犯而苦恼，急于重新宣示权威。此外他也和其他东方牧首联络，而他们也同样妒忌君士坦丁堡牧首的威势，无疑会站在他这边。不过尼古拉斯依然不让步。最终在906年的圣诞节，他当着皇帝的面关上了大教堂的大门。利奥再也无法容忍了，当罗马教廷表示支持的信件送达之后，他回应了尼古拉斯对他的冒犯，在一个节日期间逮捕了尼古拉斯，在飞雪的 2 月将尼古拉斯流放到加拉克雷尼（Galacreni）。尼古拉斯的主要追随者被一同罢黜。利奥巧妙地安排了一个高尚的人继任牧首，即性格温和的牧首秘书尤西米奥斯（Euthymius the Syncellus）修士，他愿意为了和平而表示宽恕，据说还得到了神启的支持。此时，再找到一批不那么顽固的教士填上圣职空缺，同样轻而易举。表面上的和睦得以恢复，利奥也能够自由地与他所爱的皇后在大教堂中祷告。然而这仅仅是表面上如此，尼古拉斯依然有他的支持者，而他的苦难也让他收获了更多支持。[14]

利奥赢下了第一战，而战争却远未结束，它牵涉太深，没法轻易平息。首要问题是皇位继承，利奥在这个问题上达成了目标。他的儿子君士坦丁成为公认的继承人，并在 911 年加冕为共治皇帝，继位得到了保障。君士坦丁成了皇帝，他的父亲是瓦西琉斯，母亲是奥古斯塔；无论这对夫妻的结合是如何无德，无论正确与否，其总归是合法化了。事实上，这合法性如此稳固地植根于国民的心中，乃至不仅亚历山大从不敢在君士坦丁童年时伤害他，而且利卡潘努斯家族一手遮天 25 年也没有将他赶下皇位。人们对这位生于紫室者有某种难以解释的感情，这种感情绝对不是由他的个人特质所引起的，它让人们以拜占庭历史上前所未闻的忠诚效忠于他和他的王朝。利奥凭借对婚姻的坚持，最终确立了合法继承人，创造了拜占庭帝国最伟大的王朝。尽管这个王朝经历了漫长的摄政时期，出现了"生于紫室者"佐伊之类的荒谬执政者，但没有人能取代马其顿皇室，直到皇室随着最后一位成员，衰老的女皇狄奥多拉一同消逝。然而双方的战争又引起了另一个问题：教会与国家之间关系的整个问题。利奥是专制的皇帝，早在执政之初，他恼火于权势极大又不肯顺从的佛提乌，将这位高傲的牧首罢黜，让自己的弟弟斯蒂芬继任。利奥的安排因为斯蒂芬过早离世而失败；斯蒂芬的继任者安东尼·考利亚斯（Anthony Cauleas）表现出足够的独立性，反对利奥的第二次婚姻，不过他的反对被否决了。然而利奥碰到了真正旗鼓相当的对手尼古拉斯。利奥凭借皇帝绝对权威的分量夺取了胜利，然而他导致了教会的分裂，而国家也随之一同分裂了。他的支持者，比如尤西米奥斯，认为在法律意义上皇帝是最高权威，宗教领袖可以非正式地反对皇帝，但皇帝的公开决定就是法律。他的反对者尼古拉斯及其追随者，则和他的政敌结盟，他们认为上帝的律法高于帝国的法律，认为牧首和教会是上帝的代表，也是皇帝良知的看守人。尼古拉斯派此时暂时失势，不过绝对没有消亡。"生于紫室者"君士坦丁将继承皇位，但人们不太确定，这位小皇帝会掌握多少权力——牧首是否会自立为上帝的代理人，让皇帝成为管理俗世的下属，是否会成为一个年代更早的东方"希尔德布兰德"（格里高利七世）。利奥的儿子依然年幼，利奥的弟弟皇帝亚历山大是他的政敌以及反对者的盟友。最终的结果将会如何，世人很可能心生疑问。

保加利亚国王在边境上虎视眈眈；帝国内部已然分裂。在病床上挣扎的利奥，看到皇后和皇子的未来一片黑暗。他说，13个月之后，邪恶的时代将会来临。他只准确地预言了亚历山大的执政时长，然而余下的预言却犯了错误。大斋期、复活节都过去了，在5月11日星期二，他撒手人寰，拜占庭帝国的邪恶时光就此开始。

第三章

摄政时期：亚历山大、尼古拉斯与佐伊

亚历山大皇帝立刻取代了兄长的位置。在30多年前，还是儿童的他已被加冕为共治皇帝，此后他在无力的默默无闻之中等待机会。拜占庭世界对他的了解仅有他热衷声色犬马，而且激烈反对他的兄长。事实上，他因为参与几次阴谋而遭到了惩罚，曾有一次被迫与妻子离婚，还似乎在904年一度失去了共治皇帝的头衔。[1]即使如此，如今由他来掌管政府已是无可置疑的事情了。目前他还是共治的大皇帝，而同为皇帝的侄子君士坦丁只是六岁的孩子。小君士坦丁的支持者只能顺从天意，等候时机，往最好的方面想，直到轮到这个无嗣的酒色之徒死去。

亚历山大的执政时期成了帝国的严峻考验。他推行政策的动机只有一个：推翻他兄长所做的一切。除此之外的事他并不关心。他首先对世俗统治体系开刀，把皇太后佐伊赶出皇宫，并一同清除了她的支持者，比如内廷总管君士坦丁；皇太后的亲戚、海军大元帅希梅里奥斯则屈辱入狱，遭受了六个月的痛苦后死去。[2]他安排自己的宠臣进入朝廷。下一步他处理教会，因为共同反对利奥，他和尼古拉斯结了盟。尼古拉斯本人在给教宗的辩解书中声称，他是被病床上悔改的利奥重新任命的。[3]这让故事更好看，也更可信，但事实没有那么美好。马格瑙拉宫召开的一次会议上，尼古拉斯的支持者云集，亚历山大也亲自出席。温和的尤西米奥斯被罢黜，遭受了一番羞辱（不过让正直的虔诚者欣慰的是，那个拔掉尤西米奥斯胡须的教士回家发现住宅已被焚毁，女儿因此瘫痪），被送往阿伽松（Agathon）修道院囚禁。尤西米奥斯的朋友和追随者随即失势，尼古拉斯在教会中获胜，[4]然而尤西米奥斯派因此拥有了一位杰出的殉道者。

在发泄了对兄长的怨恨之后，亚历山大平静下来，开始享乐。他把妻子和岳母送出皇宫，给更可爱的侍妾腾出位置。[5]他格外关心自己的两个斯拉夫裔宠臣加布里埃罗普鲁斯和巴西里泽斯，让他们发了财。他甚至一度想把巴西里泽斯推上皇位，并无疑计划阉割自己的侄子；然而佐伊的支持者说服了他，让他相信如此激怒民意既危险又不必要，而这个孩子体弱多病，等其早夭是更明智的办法。与此同时，亚历山大和他的宠臣酗酒狂欢，做各种极不虔诚的事。他以为大竞技场的一头青铜野猪代表着他，是他的"化身"，不仅给它装上了牙，还从教堂偷来挂饰和烛台，摆在它周围，郑重膜拜。而君士坦丁堡市民因为如同利剑的彗星的突然出现而感到担忧，他们相信这预示着不可避免的灾难。[6]

亚历山大完全不操心对外政策。在大部分情况下，他毫无作为。然而，在一次酒后，保加利亚的西美昂派来的使节抵达了，祝贺新皇帝并索取岁贡。亚历山大用一番侮辱与威胁来对待使节，没有支付岁贡，将其赶回了保加利亚。西美昂并未不满。失去一笔钱财确实让人恼怒，但他就此获得了开战的绝佳借口，而且他知道了，此时拜占庭帝国是由一个蠢材管理。他仔细而从容地部署军队，准备向帝国首都进军。[7]希腊编年史家声称亚历山大在皇位之上没有做过任何值得一提的事。[8]事实并非如此，他使宗教纷争恶化成了更严重的狂乱，又在帝国最不能承受的时刻挑起了与保加尔人的战争。

不过，利奥预言的13个月很快要过去了。6月4日星期五，在一番暴饮暴食之后，亚历山大前去参加自己最爱的球赛。在游戏时他突然昏厥倒地，而且很明显无法恢复了。这个消息在城中引发了震动。皇太后佐伊在亚历山大断气之前闯回皇宫。牧首尼古拉斯担心地位不保，到处寻找新人选以推上皇位。他最终选择了宫廷禁军统帅（Domestic of the Schools）[9]①君士坦丁·杜卡斯，此人来自与马其顿皇室对立的家族；而且他开始和色雷斯的驻军指挥部秘密通信。然而濒死的亚历山大短暂恢复了清醒，他足够有良心，承认自己的侄子为继承人，为他安排了一个摄政会议，到最后决定夺走自己皇嫂的权力。之后，他在星期日逝世。[10]

"生于紫室者"君士坦丁，一个七岁大的羸弱孩童，就此成了单独的皇帝，以及家族最后一个在世男丁。没有谁认为这个王朝还能延续，各方面都在抢夺权力——要充分确立权力，使之在这个加冕的小皇帝可能去世之后延续。亚历山大安排的摄政者总共有七人，声名显赫的政治家与名声不佳的宠臣怪异地组合在一起。其中包括牧首尼古拉斯、廷臣斯蒂芬、廷臣约翰·埃拉达斯（John Eladas）、教长约翰·拉扎内斯（John Lazanes）、尤西米奥斯（并非原牧首）、巴西里泽斯、加布里埃罗普鲁斯。[11]此处提到

---

① Schools源自拉丁语Scholae Palatinae，意思是官廷卫队。官廷禁军统帅后来演变为帝国军队总指挥。

的尤西米奥斯仅仅留下了一个名字，后世的编年史家甚至忘了提及他。[12] 巴西里泽斯、加布里埃罗普鲁斯，以及教长约翰·拉扎内斯——他是个健壮而放荡的司祭——是亚历山大的宠臣，在亚历山大死后便无足轻重。两位廷臣则更为显赫，编年史家也尊重二人。约翰·埃拉达斯的过往未见记载，但成为摄政会议的一员时他无疑已有相当的地位和一定的能力。斯蒂芬是皇后狄奥多拉的妹妹卡洛玛丽亚（Calomaria）之子，在利奥执政之初作为佛提乌的政敌崭露头角，因此或许持有敌视教会的态度。[13] 可以确定的是，他和约翰·埃拉达斯是摄政会议的支配人物牧首尼古拉斯的反对者。

尼古拉斯比较容易掌控摄政会议。他身为牧首有威望，又出于他的道德心而违抗皇帝，这让他的地位远远高过摄政会议的其他成员。更重要的是，尽管即将步入老年，他的精力却未衰退，而且高傲的他也不会甘居人下。他人脉极广，在一切可以想象的国家事务上都展现了群体和个人的影响；而他在密谋时不择手段地注意每个可能的渠道，又和他严苛的宗教道德要求不相称。他激情澎湃又野心勃勃，然而也许他并非是为自己争取利益，而更多地是为他的牧首职位争取利益；他在职期间所做的一切在他自己看来都可谓正当，而且他会为加强牧首的权力而斗争到底。这样的性格让许多人憎恶，但得到了所有人的尊重。然而他也有平和的一面。对彻底失败的敌人，他会表现得宽厚乃至可敬，而他有时在信件中会展现相当的体谅与同情。此外，尽管他犯下了许多错误，但他对国家和信仰有着真诚的爱。如今，作为摄政会议的领袖，他抵达了野心的巅峰，掌控了帝国政府。

尼古拉斯掌控最高权力之后，他的党羽似乎取胜了。然而亚历山大的死大大提升了尤西米奥斯派的地位，给尼古拉斯造成了棘手的难题。尼古拉斯掌权了，但其身份是君士坦丁的摄政者；而君士坦丁，据尼古拉斯派的说法，是个非婚生子，且是由非法牧首加冕的。因此，尼古拉斯不但要压制尤西米奥斯派，还要阻止他那些太讲逻辑的支持者。他对前者直接出手，对后者则施以巧妙的诡计。

尤西米奥斯派绝非无足轻重。亚历山大让他们圣洁的牧首殉道，特别是紧随其后的亚历山大的渎神狂欢，只会让他们的敌人蒙羞。而尽管尤西米奥斯本人因太过温和、年迈、多病而难以领导他们，但现在他们有令人敬佩的领袖皇太后佐伊。在整个帝国之中，能挑战尼古拉斯的只有她一人。无论是否合法，她已经加冕为奥古斯塔，她又是皇帝的母亲，按照惯例应当在摄政会议中享有优先权。如今她再度返回皇宫，陪伴在儿子身边，在那里，她带着自己美貌与过往的种种传说，等待着时机。

尼古拉斯立刻出手了。在他的派系看来，她是不道德的女人，而在他自己看来，她是最大的对手。她被逮捕并送进修女院，被剃掉头发，改名修女安娜，在闲时忏悔。在困苦之中，她的身体衰弱了；而尼古拉斯则得了个令人愉快的机会，展现了年长者的仁慈，允许她免除斋戒。[14]

这次迅速出击让尤西米奥斯派陷入瘫痪，而尼古拉斯则能够谋划更危险的阴谋。亚历山大弥留之际，信使就开始往返于牧首宫与城外的驻军指挥部之间；在城外，君士坦丁·杜卡斯和他的部队一起等着和保加尔人作战。编年史家的记载声称尼古拉斯在确定成为摄政者之前仅仅派人鼓动过杜卡斯，不过尼古拉斯可能有更深层的谋划。他确实是摄政者，但在法律上他无法承认这个赢弱的小皇帝，而小皇帝的母亲还是他的死敌。若是能够自己推举一个坚定的候选人登上皇位，取代那个怀着敌意又奄奄一息的孩童，他的地位就会非常强势，而且会远比现在稳固，毕竟新皇帝为了报答，会同意向牧首让步，这将保证牧首的胜利。君士坦丁·杜卡斯就是合适的人选，他有贵族关系，还有军方支持，成功的机会很大。更重要的是，他也急于报复皇帝利奥对他父亲的虐待，因而乐于推翻利奥的继承人和支持者。他将会成为第二个亚历山大，而且远比那个亚历山大可敬，还会欠牧首的人情。而就算失败，只要不泄密，牧首就不会有损失。往来送信的教士稀奇地得到顺利提拔。

对尼古拉斯而言不幸的是，君士坦丁·杜卡斯的政变失败了，约翰·埃拉达斯凭警惕与能力挫败了他。君士坦丁率领少量同伙趁夜溜进城中，在他岳父的住宅与党羽会合。他们试图突入大竞技场，却被卫士击退，转而攻击皇宫的青铜门。事先收到情报的约翰·埃拉达斯紧急集合了一批民兵，双方在青铜门遭遇。在遭遇战中，杜卡斯的几名追随者，包括他的儿子格里高利被杀死，而他本人则在试图逃跑时落马被杀。首领死了，政变落空，主要参与者或者竭力逃出城，或者竭力逃到最近的教堂中避难。

摄政会议决议，以震惊君士坦丁堡市民的严酷刑罚惩处政变参与者。尼古拉斯借此办法表明他与所有同谋者并无牵连，而他的同僚清楚叛乱很容易再度发生，也乐于杀鸡儆猴。参与政变的军官与士兵被斩首或被处以桩刑，余下的参与者或者受髡刑后流放，或者被鞭笞，在圣索菲亚大教堂避难的人都被拖出来剃度，送进修道院。杜卡斯唯一幸存的儿子被阉割，他的寡妻也被剃度，被送回她在帕夫拉戈尼亚的庄园中，过着阴郁的生活。惩罚也许还要进一步扩大,然而在博斯普鲁斯海峡亚洲一侧排开的尸首激怒了公众,而皇太后的支持者利用了这一点。[15]

就在这个不幸的时刻,保加利亚人①因之前亚历山大酒醉后的胡话而发泄不满,挥师进入帝国境内。8月,一路上畅通无阻——在如此的混乱之中无人能组织防务——的西美昂率领大军出现在君士坦丁堡城外。该城的城墙让他不敢贸然攻城,但他还是停驻下来等待,将部队展开达4英里,从金角湾一直延伸到马尔马拉海。[16]

尼古拉斯以明确的预想策略,即一个求和的策略,来应对保加尔人带来的难题。在整个战争期间他和保加尔人的宫廷密切联络,并热切地劝诫双方缓和关系。直到后来老迈之时他才明白君主西美昂的真正性格,他曾经以为基督教信仰能软化西美昂,最终他在两封满怀怨恨的信中放弃劝说这个无可救药的野蛮人。他的求和策略的动机显而易见。保加利亚教会此时仍然在君士坦丁堡牧首区的控制之下,而尼古拉斯向来小心保护牧首的权威。开战则意味着总有一天两个教会将决裂,保加利亚教会至少会宣称独立,甚至还可能转而投靠罗马教廷。尼古拉斯自以为可以只靠和平来避免这样的灾难,但没有看到,为了避免来自罗马人的威胁,牧首必须放弃对保加利亚教会的部分控制,并用西里尔主义及其国家教会的观点劝诱保加尔人。但尼古拉斯决计不会因此背叛上帝交托给他的责任。

西美昂无法夺取君士坦丁堡,便派出使节提议和谈。摄政会议欣然接受,并将西美昂的两个儿子迎进城中盛宴接待;而尼古

---

① 在本书所涉历史时期,保加利亚人等同于保加尔人,作者混用了两词。

拉斯出城面见西美昂，让尼古拉斯满意的是，自己得到了至高的尊重。然而西美昂并不会盲目地与脆弱而领导无方的拜占庭帝国真正言和，在收取了大批礼物，甚至收到皇帝对他女儿的求亲之请后，便带着一系列的空洞许诺返回了自己的国家。[17]

他刚刚离开，摄政会议便瓦解了。皇太后佐伊不打算以修女安娜的身份度过余生；公众被尼古拉斯对尤西米奥斯、杜卡斯以及他们的支持者的残忍处置所震惊；摄政会议之中，两位廷臣约翰·埃拉达斯和斯蒂芬都厌烦了尼古拉斯的控制；而宫中的小皇帝呼喊着要见母亲，这情景叫人动容。阴谋的具体情况不得而知，似乎是两位廷臣在紧要关头突然行动，将佐伊召回皇宫。一抵达皇宫，她就全面掌控了政府大权，由约翰·埃拉达斯辅政。政变就此完成，尼古拉斯的党羽被皇太后与先皇的亲友所替代，如内廷总管君士坦丁复职，贡吉留斯（Gongylius）兄弟上任，多美尼库斯（Domenicus）则成为随从卫队长[18]（Hetaeriarch，不过他在不久之后因为内廷总管的猜忌而被约翰·加里达斯［John Garidas］取代）。亚历山大的三个宠臣，教长约翰·拉扎内斯、巴西里泽斯、加布里埃罗普鲁斯被罢免，默默死去。尼古拉斯则是更大的问题。佐伊邀请尤西米奥斯返回担任牧首，然而这位疲倦的老人拒绝了。此前任牧首与从政的经历实在让他丧气，如今他更想过退隐的生活。皇太后别无选择，只得忍受尼古拉斯。她勉强为之，愤怒地警告他，去管好他自己的事——教会。[19]

新政府的出现当然是一个更好的变化，然而两位廷臣几乎没有从中获益。约翰·埃拉达斯很快便染病去世，而斯蒂芬则似乎完全没有得到皇太后的信任。埃拉达斯去世之后，主臣大权落入内廷总管君士坦丁之手。尽管他是个宦官，但甚至在利奥六世在世时宫中就有传言,他和皇后过从甚密。他的影响力此时自然无人可比,不过佐伊自己掌握着主动权,决定将要实行的政策。佐伊很快发现有必要和尼古拉斯达成某种妥协,甚至要将他的口才与老练用在外交事务上——不过他不得不表达皇太后而非自己的观点。教会表面上恢复了和平。尼古拉斯甚至和尤西米奥斯(于917年初逝世)有一两次友善的会谈。而他尽管和内廷总管长期敌对,不过内廷总管的姐妹去世时,他还是屈尊写了一封吸引人的吊唁信。[20]

政府的改善很快影响到了行省。913年的夏季,在穆斯林领地的边境,在亚洲和意大利,敌人取得了胜利;然而914年,塔尔苏斯的阿拉伯人一年一度的陆上突袭以失败告终,而埃米尔达米安发动的海上突袭因为他在斯特罗拜勒(Strobyle)身亡而失败。亚美尼亚的王位继承者被阿拉伯人赶走之后,受邀来到君士坦丁堡,于次年带着一支拜占庭军队返回,一路突入,远至多文(Dovin)。帝国政府在意大利的胜利则更加轰动。皇太后任命的朗格巴迪亚军区将军尼古拉斯·皮辛利(Nicholas Picingli)促成了泛意大利各势力的结盟,将穆斯林赶出了坚固的加里利亚诺(Garigliano)堡垒,而拜占庭帝国的威望也在这一地区达到了前所未有的高度。[21]连保加利亚的西美昂也暂时受挫。他忘了和平的承诺,无视尼古拉斯的责备信,率军入侵色雷斯,夺取哈德良堡。然而皇太后立即派遣部队,调拨资金,在不久之后便将其夺回,让他的胜利昙花一现。她乘胜追击,让克尔松军区将军约翰·博加斯(John Bogas)同意挑唆佩切涅格人与保加尔人作战;尽管西美昂也在和佩切涅格人谈判,但博加斯的贿赂与坚持最终取胜了。[22]与此同时,佐伊还在谋划与帝国附庸、塞尔维亚大公彼得结盟。

但皇太后的胜利势头没能持续下去。915年,保加尔人再度入侵帝国，916 年时或许又入侵了一次。917 年，佐伊决定直接应对问题，对保加利亚发动集中而积极的攻击，将其彻底打垮。[23] 她选择了一个不错的时机。帝国内部终于恢复了安定，意大利的臣民、附庸、周边势力被近来加里利亚诺的胜利所威慑；帝国东部的状况，则因为拜占庭帝国重新确立了亚美尼亚巴格拉提德王朝的统治而大为改观。不过，拜占庭帝国在这两条战线上都有必要和阿拉伯人和谈，因为他们的袭扰迫使帝国往这些地区派更多兵力，超出了帝国现在愿意负担的程度，而帝国的主力军仍在亚美尼亚地区。[24] 在西面，北非的法蒂玛王朝哈里发此时正在西西里岛忙于弹压独立的巴勒莫埃米尔，因而欣然和卡拉布里亚军区将军尤斯塔西奥斯（Eustathius）签约，后者许诺每年提供 2.2 万金币的岁贡。[25] 与此同时，帝国使节也来到巴格达，延期两个月（在此期间准备足够盛大的招待会）之后，于 6 月得到了接待。据随后签署的和约，在接下来的秋季交换俘虏时，希腊方为此需支付的钱财要比穆斯林方少 12 万第纳尔，佐伊的东部政策的成功可见一斑。[26] 而北方也传来了消息，约翰·博加斯成功让佩切涅格人同意渡过多瑙河发动进攻。[27] 夏季，万事俱备，只欠东风，就看帝国陆海军的行动了。

陆军的总指挥官即宫廷禁军统帅，是利奥·福卡斯，收复南意大利的名将老尼基弗鲁斯·福卡斯的儿子。虽然他本人极为勇武，其指挥能力却遭普遍质疑；然而他的贵族人脉极广，还是大权在握的内廷总管的妹夫，因此地位难以撼动，近期还在东部取得了一些胜利。他麾下有其他不少贵族，包括他的兄长巴尔达斯，巴尔达斯是未来的恺撒，也是一位皇帝的父亲；还有阿尔吉罗斯（Argyrus）兄弟、罗曼努斯、利奥以及各军区的将军。[28] 海军的指挥官出身则远没有那么显赫，这位海军大元帅、帝国舰队的统领（Drungarius），是亚美尼亚农民的儿子，他靠着辛苦立下的战功，加上皇室的些许恩惠，得以一路高升，在希梅里奥斯失势后继任海军指挥官职务。他就是罗曼努斯·利卡潘努斯，当时他仅仅是一名出色的军官而已，人人都忽视他。[29]

薪饷分发到了士兵手中，舰队从博斯普鲁斯海峡起航，大军渡海到色雷斯集结。[30] 在发下同生共死的誓言，得到圣十字架的庇佑之后，士兵们向北进军，进入黑海沿岸的保加利亚领土。

上帝的裁决，何其难测。在多瑙河，拜占庭舰队准备载运佩切涅格人渡河时，罗曼努斯和约翰·博加斯爆发了争执，双方都不肯接受对方的指挥，又无法单独行动。拖延日久让佩切涅格人愈发不耐烦，最终他们撤走回家了。约翰·博加斯的努力与花费白白浪费了。罗曼努斯则带着舰队徒劳返回，与沿着布尔加斯湾行进的陆军会合。摆脱佩切涅格人威胁的西美昂在附近山上留心观察，他发觉自己出击的时机已经到来。8月20日，帝国军队停驻在安西亚洛斯，[31] 保加尔人就在那里攻击他们。具体的情况不得而知，后世有资料或者提及罗曼努斯作恶（不过他已经做了恶事），或者声称利奥·福卡斯的马偶然无人乘骑而乱跑，导致士兵们恐慌。无论原因如何，希腊人溃败如崩。败兵遭到了大屠杀；半个多世纪之后，战场上仍可见森森白骨。许多高级军官也在这一战中被杀。利奥·福卡斯本人艰难北逃，到墨森布里亚躲避，而后率领残余的部队从海路返回了君士坦丁堡。原本应该去解救败兵的罗曼努斯则马上起航驶向博斯普鲁斯海峡。[32]

佐伊将帝国国运作为赌注押在对保加尔人的胜利上，而如今她失败了。她的处境令人绝望，然而她依然狂热地试图挽救灾难。

她马上怀疑罗曼努斯·利卡潘努斯通敌，下令调查其行为，而后罗曼努斯被认定有罪，应受髡刑。然而君士坦丁·贡吉留斯和廷臣斯蒂芬却出言支持罗曼努斯，保证他在未来会好好表现；如此，皇太后觉得在宫中再树敌则太过危险，就同意放过他。为和保加尔人作战，底拉西乌姆军区将军奉命挑唆塞尔维亚大公彼得入侵保加利亚，并引匈牙利人一同行动。同时，一支拼凑的新部队又交给了利奥·福卡斯，由他率领再度出战。保加尔人此时在色雷斯横行无敌手，一路抵达帝国首都郊区。利奥率新部队抵达卡塔斯尔泰（Catasyrtae）。当晚他们扎营时，保加尔人出其不意地发动攻击。军区将军尼古拉斯·杜卡斯以及大部分士兵被杀，利奥和随从卫队长约翰·加里达斯带着残部逃到君士坦丁堡城中躲避。此时是917年冬季或918年初。[33]

这第二次惨败破灭了新政府的最后一线希望。佐伊无法战胜保加利亚，她的军队也被歼灭，民众因军事失败而疏远了她。她试图和西美昂和谈，尼古拉斯也向保加尔人的宫廷送信，承认他们的合法地位，并乞求和解。但西美昂签署和约的要求，似乎只有一项：让他的女儿嫁给皇帝；他清楚这样的姻亲关系将会是很有用的敲门砖。佐伊无法忍受这种要求，她轻蔑地拒绝了。[34] 918年，西美昂肆意纵兵劫掠帝国的欧洲诸军区，这让他满足，并且为了惩罚和帝国结盟的塞尔维亚大公，他将其推翻并立其亲属继位。佐伊无法派兵抵抗，不过万幸，帝国与穆斯林的和约稳固维持，因而她能够再度努力组建新军。在君士坦丁堡，这一年充满了阴谋诡计。佐伊疯狂地寻找支持力量，以支撑她摇摇欲坠的权位，而尼古拉斯则希望恢复摄政统治。但他们作为统治者已经失去了人心，而且手中缺少实权。真正的实权掌握在军界要人手中，而人们把目光投向了博斯普鲁斯海峡畔。在远端，利奥·福卡斯和部队扎营，其中或者是战败的老兵，或者是征募的新兵；而在他们和首都之间，帝国舰队在罗曼努斯·利卡潘努斯的旗舰周围下锚。完好无损的大军舰停泊着，这景象让人不安；不过，这位海军大元帅是何许人也？一个根基浅的暴发户，他的突出表现不过是他在不久之前的战斗中的恶行。而利奥·福卡斯有贵族亲属关系，他是内廷总管的妹夫，地位强势得多。

佐伊和大众看法一致。她清楚自己的权力摇摇欲坠，儿子体弱多病，朝不保夕，必须立即行动，于是站到了利奥·福卡斯这边。这是按照她宠信的内廷总管的想法来做的，但编年史家也暗示了其他原因。利奥·福卡斯是个很合适的鳏夫，她可以和他成婚，并如过去的奥古斯塔之所为，给新丈夫戴上皇冠。他不需要靠损害她儿子的未来而上位，就算孩子不幸亡故，她自己的地位也能够保全，帝国将再度获得一位有军队支持的成年皇帝。这将很好地解决她目前的困境。[35]

皇太后的决定引起了宫中许多人的恐慌。小皇帝的私人教师狄奥多尔，对学生愚忠，他害怕利奥·福卡斯的统治会压制小皇帝的皇权，就突然想到寻求罗曼努斯·利卡潘努斯的庇护作为反制。他以小皇帝君士坦丁的名义给罗曼努斯写信，任命他为皇帝的"游侠骑士"。致信的流言传到了宫中；愤怒的内廷总管君士坦丁去见罗曼努斯，命令他付钱遣散水兵，解散舰队。罗曼努斯礼貌地邀请君士坦丁前来主持这一任务。君士坦丁中了圈套，他带着少量随从登上大元帅的旗舰，而后突然被挟持并羁押。而他的随从惊恐逃走，向皇太后报信。

这对佐伊而言是可怕的打击。她信任的臣属被羁押，预示着将发生最糟的情况。佐伊召集牧首和高级官员前来商谈,并派使节质询罗曼努斯扣押内廷总管的原因。使节挨了市民投掷的石块,也没能得到罗曼努斯的答复;佐伊已经失去了市民的拥护。次日,她在布科莱昂宫的钟下与大臣们会谈。她激烈抱怨这次反叛,但只是看到周围敌意的目光,皇帝的教师狄奥多尔冰冷地回答,这一切是为了将宫廷从内廷总管手中解救出来,将帝国从福卡斯手中解救出来。而后他带着小皇帝上前,让小皇帝宣布自己母亲结束摄政,由牧首和廷臣斯蒂芬掌管帝国政府。佐伊在惊恐之中明白自己的政治生涯结束了。翌日,一些人受派来把她送出皇宫,然而小皇帝无法忍受以他的名义安排的这一切。在他的恳求下,他们让她留在了宫中,而失去了权力又被忽视的她,只能在后宫的阴影之中苟延残喘,看着权柄从她儿子无力的手中慢慢滑落。

  尼古拉斯再度取胜,但这胜利并无用处。他无法独自掌控政府,也不知道该倚靠何人。他先是罢免了利奥·福卡斯,任命约翰·加里达斯继任宫廷禁军统帅。而后在利奥前来抗议时,他又仓促妥协,任命利奥的妻舅狄奥多尔与外甥西蒙·祖菲尼泽尔(Symeon Zuphinezer)为随从卫队长。在一番庄严宣誓之后,利奥满意地引退了。尼古拉斯随即开了牧首背弃誓言的恶例,罢免了利奥的亲属。绝望的利奥尝试了最后一招,和之前的许多人一样,他以为罗曼努斯·利卡潘努斯没有争夺最高权力的野心,因此试图提议联姻以拉拢罗曼努斯。罗曼努斯礼貌地接受了他的提议,曾经的两个对手发誓结盟。利奥随即返回克里索波利斯的军营,那里的部队仍忠于他。[36]

  罗曼努斯和牧首尼古拉斯一样,"体面地"守信。919年3月24日,[37]他派两个好友长老约翰和狄奥多尔·马祖西斯(Theodore

Matzuces）带着辩解书前往宫中，宣称他仅仅是因为担忧福卡斯的阴谋才行动的，并请求获准入宫。尼古拉斯非常狡猾，并未上当，坚定回绝了；然而愚忠的教师狄奥多尔一听到福卡斯便盲目恐慌，邀请罗曼努斯率领舰队进入皇宫私用的布科莱昂港。3月25日，在狄奥多尔的安排之下，罗曼努斯率领全副武装的舰队如期抵达，并接管了船用门，在此处他可以控制皇宫。政府瓦解了。得知罗曼努斯抵达的消息后，廷臣斯蒂芬出于畏惧或不满而离开了皇宫，而尼古拉斯则被罗曼努斯的朋友显贵尼基塔斯强行赶走。罗曼努斯本人在灯塔教堂对圣十字架宣誓效忠，而后被任命为廷臣和随从卫队总长，掌控了政府。君士坦丁堡就这样出乎意料地被接管，农民出身的暴发户踩上了登上皇位的台阶。

夺取最高权力之后，罗曼努斯举动温和。他的第一步便是和尼古拉斯达成谅解，他相信自己需要此人的帮助。这并不难，尼古拉斯也需要盟友，他看出罗曼努斯·利卡潘努斯是个有用而友好的篡位者，这一点，六年前他在君士坦丁·杜卡斯身上没有发现。他非常高兴，为这个新来者做幕僚，友谊就此结下。利奥·福卡斯收到了一封信，该信以皇帝名义礼貌地命他不得叛乱。这位不满的内廷总管妹夫在发誓臣服之后获准可和平归家隐居。然而罗曼努斯的野心并不止于随从卫队总长一职。在4月，小皇帝（此时刚满13岁）宣布和罗曼努斯年轻美貌的女儿海伦娜·利卡潘努斯订婚。几天后举行了婚礼，新娘加冕成为奥古斯塔；罗曼努斯成为皇父（"智者"利奥为斯蒂利安努斯所设的头衔），而他的儿子克里斯多夫则接替他成为随从卫队总长。

利奥·福卡斯无法接受这一切。在克里索波利斯的指挥部，他和内廷总管君士坦丁以及佐伊的亲信贡吉留斯兄弟联络，他们一道计划以君士坦丁皇帝的名义发动政变。罗曼努斯则以一种奇异的手段应对之。他以自己新女婿的名义写信，交给一个名叫米海尔的教士和一个名叫安娜的妓女，让他们到军营之中散播消息。米海尔被利奥发现并被逮捕惩处，但安娜却大获成功，让军营之中大批士兵叛逃到了罗曼努斯的麾下。利奥迅速集结了余下的部队，在亚洲一侧的海岸边摆出战斗阵列。而罗曼努斯则又送去了一封信，以皇帝的名义谴责利奥作恶不断，并称赞罗曼努斯护驾有功。信使不顾利奥，在士兵面前念出这封信，将他们的忠心明显吸引过来了，而利奥现在所能想到的只有逃跑。他试图躲进阿特乌斯堡垒（Ateus，在比提尼亚），却被守军拒绝，最终在小村戈里昂被逮捕。约翰·图巴克斯（John Tubaces）和约翰的亲属利奥奉命前去把他押回君士坦丁堡。在路上，他们给他施了瞽刑，而罗曼努斯公开声明对此非常生气。[38]

　　劲敌双目失明之后，罗曼努斯的地位无疑稳固了。余下的反对他统治的阴谋或者叛乱都颇为无力，能够轻易解决。8月，福卡斯家族的一些亲友，包括军械库的管理者，因密谋政变被发现而受瞽刑并流放，可怜的福卡斯则在大竞技场被骡子拖行示众。罗曼努斯随后决定除掉剩余的两个威胁。皇太后佐伊仍在宫中，她从不甘心忍受不幸和无力。随即有人指控她意图毒杀皇父。指控或许属实——她的处境绝望——但无论是真是假，这一指控正合罗曼努斯心意。她再度被剪去头发，再度成为修女安娜，而佩特里乌姆的圣尤菲米亚修道院的大门也随着她的进入而关闭。这一去便是永别，她的儿子只能徒然哭泣。浪漫与荣耀就此结束，俗世——她曾经在其中扮演盛大角色，而且扮演得并不拙劣——将要再次与她分隔，直到她的大理石棺被默默运走，运到圣约翰小礼拜堂与皇室亡者团聚。小皇帝失去了母亲，却依然有一位忠实的朋友，就是他的老师狄奥多尔。奉罗曼努斯的命令，马厩长、显贵狄奥菲拉克特（Theophylact）邀请狄奥多尔和他的兄弟西蒙赴宴。在宴会期间，他们突然被警戒军团（the Watch）统领约翰·库尔库阿斯（John Curcuas）率领士兵逮捕，作为谋反者，被仓促放逐到他们在奥普希金（Opsician）军区的乡村住宅。隔着这般令人沮丧的距离，狄奥多尔可能会意识到并想清楚过去的一切，明白他瞎搞的愚蠢给他亲爱的小皇帝学生带来了什么。

母亲和老师被赶走，宫中所有的仆人都被撤换，已无人留下来庇护君士坦丁免受岳父之害。罗曼努斯此时也不在意他的誓言和圣十字架了。在 919 年 9 月 24 日，他被无力的小皇帝任命为恺撒，距离更高的地位仅仅一步之遥。12 月 17 日，圣诞节之前八天，皇帝君士坦丁和牧首尼古拉斯为罗曼努斯·利卡潘努斯加冕。[39]

第四章

罗曼努斯一世及其内政

于是，罗曼努斯·利卡潘努斯靠着近乎伪誓的誓言，以几乎不流血的方式爬到了凡人野心的顶峰。他来自社会底层，而他过去的故事散佚无闻[1]——和马其顿人巴西尔不同，他并没有一个孝顺而爱好文学的孙子，来为他书写传奇历史和王室谱系。他的父亲狄奥菲拉克特是亚美尼亚的农民，还有个不雅的绰号"不可容忍者"（Abestactus）。在特弗里克（Tephrice），狄奥菲拉克特凭着足够的敏捷从穆斯林敌人那里解救了巴西尔一世，作为奖赏，他获准进入皇帝的卫队。[2] 这应当发生在约871年。我们并不清楚好运的狄奥菲拉克特此后是否又得高升，但可以确定，他的儿子罗曼努斯在约870年出生之后并没有接受拜占庭绅士子弟的传统教育。[3] 罗曼努斯在利奥六世在位时作为海军军官而成名。传说中他因为单人与一头狮子搏斗的出色表现而崭露头角；[4] 无论这是否属实，911年希梅里奥斯被穆斯林击败之时，罗曼努斯担任着重要的海军之职，即萨摩斯岛军区将军；[5] 不久后——据说是在利奥去世之前，但是更可能是在希梅里奥斯被亚历山大解职之后——他被任命为海军大元帅，即帝国舰队统领。[6]

他把一个大家庭带进了宫中。有关他的妻子狄奥多拉,我们只知道她的加冕日期、去世日期、埋葬地点以及他深爱她的事实。他们生下了四个儿子和(似乎)四个女儿。长子克里斯多夫此时已经成婚,就任随从卫队总长,另外三个儿子依然年幼,或许都是在912年之后出生的。[7]基本可以肯定年龄最小的狄奥菲拉克特是阉人,打算进入教会;另外两个儿子斯蒂芬和君士坦丁在帝国中的角色将在下文叙述。女儿之中,除皇后海伦娜之外,还有幼女阿加莎,她此后和利奥·阿尔吉罗斯的儿子罗曼努斯成婚,试图与阿尔吉罗斯这个强大家族结盟;另外两个女儿(名字不得而知)也许年龄更大,分别嫁给了富裕而谨慎的贵族罗曼努斯·萨隆尼特斯(Romanus Saronites),以及显赫的莫瑟勒(Musele)家族的人。[8]和利卡潘努斯家族有关系的还有显贵尼基塔斯,来自伯罗奔尼撒的斯拉夫人新贵,"生于紫室者"君士坦丁讲过一个有关他的很晦涩的笑话;[9]尼基塔斯的女儿索菲亚嫁给了克里斯多夫·利卡潘努斯。一人得道,鸡犬升天,罗曼努斯的大批朋友随他一同晋升,尤其是一些亚美尼亚人,例如约翰·库尔库阿斯。

罗曼努斯将马其顿人巴西尔作为榜样,他希望和巴西尔一样建立王朝。然而谋害一个14岁的少年,与谋害一个近乎癫狂的中年酒徒并不是一回事,而且罗曼努斯相比他的前辈,天性也善良得多。因此罗曼努斯没有杀死自己的对手,而是满足于把他变成自己的女婿——这算不上满意。不过无疑,和之前的亚历山大一样,他每天都期盼着这个体弱的少年亡故,而这个期盼又每天都落空。他把自己的家族变得更有皇家威严,为那个高兴的日子做着准备。他本人在919年12月17日加冕为皇帝。在920年1月6日主显节,他将妻子狄奥多拉加冕为奥古斯塔。[10]次年的圣灵降临节，5月20日，他迈出了更具决定性的一步，将自己的儿子克里斯多夫加冕为皇帝。[11] 此举等于昭告世界，他不打算只做小皇帝的庇护者和国丈，而是企图成为几个皇帝的父亲。

为了强化自己的合法地位，罗曼努斯又求助于教会。作为佐伊的敌人，他自然和尼古拉斯结盟，而且他小心地维持着这一盟友关系。尼古拉斯派再度战胜尤西米奥斯派，罗曼努斯和尼古拉斯共同举行胜利的和平会议。920年7月，旨在统一教会的宗教会议召开。自愿隐退的尤西米奥斯逝世，以及尤西米奥斯派在政坛的靠山倒台之后，尤西米奥斯派教士衰弱无力，能够维护老牧首的名声，他们便满意了。马其顿皇室付出了失败的代价。尼古拉斯和罗曼努斯能肆意抹黑利奥六世——前者是为了报复和自证清白，后者则是为了败坏对手的名声。在他们签署的和约，即当月发布的"统一之章"（Tomus Unionis）中，利奥的后两次婚姻遭到了最严厉的谴责，君士坦丁七世的合法地位也仅被勉强承认；而且每一年，在和约发布的那天，不幸的小皇帝都要听人在大教堂中重复宣读这些如此羞辱他家族的条文。厌烦了教会分裂困扰的帝国欣然接受了统一，而罗曼努斯就此确保了这个统一教会对他的支持。与此同时，在外交上谨慎的他请尼古拉斯给罗马写一封长辩解书，试图修复和教廷的关系。[12]

罗曼努斯正在稳固自己的地位，然而威胁依然存在。一个又一个即将发生的阴谋被揭发，所有阴谋都打着君士坦丁的名义。有必要从皇宫和都城稳步肃清利奥与佐伊的残余势力了。君士坦丁悲哀地记载了首席舰长（Protocarabus）狄奥多托斯（Theodotus）和首席持剑卫士（Protospatharius）狄奥菲拉克特等人的罢黜，大批官员与他们一同被解职。[13] 在921年2月，前摄政者、廷臣、卡洛玛丽亚之子斯蒂芬，曾经让罗曼努斯免于髡刑的人，如今和家人一同被流放到安提戈涅岛的一座修道院。[14] 在同一时期，宫廷禁军统帅约翰·加里达斯被默默无闻的将军阿德拉勒斯特斯（Adralestes）取代。[15] 靠着这种渐进动作，以及一生中一直展现的耐心、警惕、识人的眼光，罗曼努斯的地位愈发无可挑战。海军支持他，他本人掌管宫廷，又是合法皇帝的庇护人、合法皇后的父亲，自己也加冕为皇帝，还是尼古拉斯的盟友、教会和平的促成者。这样的地位，无人能匹敌。

在同时代人和此后的史学家眼中，罗曼努斯执政的最初八年主要忙于与保加利亚作战。但罗曼努斯的避战政策，既让他能关注其他战线，也让他能更加稳固地扎根国内，从容制定施政办法，并靠经验选拔最重要的大臣。巩固他的王朝看上去并不困难。"生于紫室者"君士坦丁是旧皇室留存的最后成员，而这个面无血色的少年几乎没有可能战胜他妻子的那人丁兴旺的大家族。前文已经提到，921年5月，罗曼努斯迈出决定性的一步，给儿子克里斯多夫加冕，而此前他已经逐步做好准备，将自己的位次挪到了"生于紫室者"之前。[16] 很明显，君士坦丁将被进取的利卡潘努斯家族排挤出前台。921年，或许在克里斯多夫意义重大的加冕时期，君士坦丁的朋友们最后一次筹划了推翻罗曼努斯的阴谋。阴谋很快被发现，暴发户罗曼努斯得到了借口，可以除掉皇宫和首都中残存的敌人。自此，再也没有人能为合法皇帝的利益而策划阴谋了。[17]

利卡潘努斯家族稳步推进。922年2月，罗曼努斯的妻子、皇后狄奥多拉逝世；罗曼努斯在真挚的深切悲痛之外，也没有在这个问题上分心，一个月之后他将他的儿媳索菲亚即克里斯多夫的妻子加冕为奥古斯塔，代替他的亲女儿海伦娜的位置，而海伦娜的头衔源自丈夫"生于紫室者"君士坦丁。[18] 他的下一步动作发生在924年的圣诞节，他将儿子斯蒂芬和君士坦丁也加冕为皇帝。[19] 而他把幼子狄奥菲拉克特推上牧首之位的打算——就如巴西尔一世和利奥六世所为——已是路人皆知。就在这个圣诞节，这个年仅七岁的孩子被牧首尼古拉斯立为牧首秘书，而教会也清楚他将要接替牧首之职。不过尼古拉斯在次年春季逝世，而他年龄太小，无法马上继任。[20] 927年，罗曼努斯又以他孙女和保加利亚沙皇成婚为借口，将保加利亚新皇后的父亲克里斯多夫的位次挪到了"生于紫室者"君士坦丁之前。据说这一切是保加尔人的要求，不过这一要求其实是机巧的外交安排。[21] 宫廷早已完全被罗曼努斯控制，没有人在皇帝合法性的问题上自找麻烦。孤独的年轻皇帝在无望与明显的被遗忘之中成长，他画画，学习礼仪，收集世界遥远地方的见闻，以此度日。

927年时，罗曼努斯也找到了理想的臣属。在925年逝世之前，牧首尼古拉斯实际上主管外交事务，这意味着，在外交事务是帝国第一要务的时期，他是首要官员。这一时期记载提到的其他主要官员只有教长约翰，此人是佩格（Pegae）之败的责任人之一，但他到924年时已经失势，以生病为由退隐，在加莱勒尼成为修士。[22] 925年春，尼古拉斯的身体终于垮了，而他的重要职务被教长约翰的继任者枢密约翰接过。

枢密约翰的职业经历在当时相当轰动，然而如今因缺乏记载而模糊不清。他的出现颇为突然。他最早见于历史记载是在924年，陪同尼古拉斯觐见保加利亚的西美昂。925年4月19日，此时尼古拉斯应该已经患病而无法行动（他在一个月后病逝），约翰升为显贵兼执政长官（Anthypatos）。他的政策我们也无从得知。罗曼努斯无疑重视他的判断，或许可以认为，925 年的外交成功也有他的功劳。然而他的地位导致他人强烈忌恨，很快皇帝就听到传闻说约翰和他的岳父，担任财政官的显贵科斯马斯（Cosmas）在密谋。10 月（应当仍是在 925 年），约翰被赶出了朝廷，然而皇帝依然前去看他，征询他对国事的建议。但最终他的政敌找到了致命证据，罗曼努斯最终决定必须调查他。惊恐的约翰不打自招，逃进了莫诺卡斯塔诺斯（Monocastanus）修道院，他的朋友君士坦丁·博埃拉斯（Constantine Boelas）效仿他，也逃走了。科斯马斯被留下来独自面对审判，他被解职并遭鞭笞。[23]约翰作为主要谋臣的职位由首席典衣官（Protovestarius）狄奥法内斯接任。[24] 到此，罗曼努斯找到了他想要的良才。狄奥法内斯（他的出生年份和早年经历无从得知）在外交乃至海战方面都展现了出色的能力，而他还兼具在拜占庭帝国中依然更可贵的一种美德——面对灾难而不动摇的坚定忠诚。从此之后，在罗曼努斯执政的近 19 年中，他都是一人之下万人之上，是政府中最重要的人物，而在这个漫长的时期，他并未留下会让同时代的人带着赞扬记入编年史的事迹。在如此多年之后，我们无法说明这一时期的政策有多少应归功于他的建议，又有多少应归功于罗曼努斯本人。此前，尼古拉斯的信件明确表明，尽管他作为牧首心高气傲，但掌控帝国政策的是罗曼努斯的意志，而这种掌控似乎不可能撒手。然而，好仆人比好主人更值得赞扬，因而狄奥法内斯理当得到最高的尊重。

罗曼努斯在军事指挥官的选择上已经取得了与之相当甚至更大的成功。在约翰·加里达斯因为忠诚于君士坦丁而遭解职之后，他任命的第一位宫廷禁军统帅是阿德拉勒斯特斯，一位现存记载极少的将军，此人在就职之后不久便于921年去世。他的继任者是珀索斯·阿尔吉罗斯（Pothus Argyrus），来自显赫的家族。然而不幸的是，他的才能却远不及他的出身，他也要为922年佩格的灾难负责。[25] 也许是在此之后，罗曼努斯将他免了职——或许罗曼努斯的女儿阿加莎的姻亲让罗曼努斯足以维持和阿尔吉罗斯家族的盟友关系——也有可能是他在这一时期适时亡故，让罗曼努斯顺水推舟。可以确定的是，在923年，[26] 皇帝的亚美尼亚人老朋友约翰·库尔库阿斯成为宫廷禁军新统帅。库尔库阿斯曾担任警戒军团统领，协助罗曼努斯参与了此前的政变，而这是他的奖赏。这个选择足够合理。在怀着赞赏之情的同时代人看来，库尔库阿斯仿佛查士丁尼时代的英雄再世，[27] 他的军事天才给东部边境带来了新的曙光。更重要的是，他和狄奥法内斯一样忠心到底。

925年，罗曼努斯完全掌控了教会。尼古拉斯在世时，强势的他无法被完全控制，他在过去也展现了有威胁的独立性。通过不断争取，皇帝与他建立了稳固的同盟关系，同时可以利用他处理外交事务，由此得益；但他对教会的个人影响和精神影响，阻碍了罗曼努斯的很多外事计划，[28] 而且尽管目前双方和睦，但尼古拉斯依然是国内潜在的威胁。罗曼努斯定下心来耐心等待变化，他不用等待多久，毕竟尼古拉斯越发年迈，不能和过去一样事事过问了。最终，在925年春，他的身体完全垮了，于5月15日逝世。相比尤西米奥斯，他有幸以牧首身份逝世，战胜了已故的利奥六世和他的情妇佐伊，并让自己的党羽把持高位，让自己的盟友登上皇位。即使如此，他最终还是输掉了斗争，他坚决争取的教会自主权，随着他的离世而直接落入皇帝手中。罗曼努斯以耐心做到了利奥的粗暴未能完成的事，君权再次战胜了教权。在尼古拉斯死后,年纪太小的皇子狄奥菲拉克特无法立即继任,罗曼努斯决定寻找一个临时补缺者。他选择了温和的宦官阿马西亚的斯蒂芬,而史书中缺乏对斯蒂芬的记载,似乎斯蒂芬保持了令人满意的顺从与沉默。[29]

在这些提拔与任免之外,这一时期帝国国内几乎没有什么重要的事。编年史家记载了上流社会弑亲未遂的轰动事件,[30]以及罗曼努斯修缮他妻子所安葬的米雷莱翁(Myrelaeum)修道院,[31]此外就没什么记录了。921年之后,君士坦丁七世的支持者再未在首都制造阴谋,但地方还是爆发了一次严重的叛乱。923年,哈尔迪亚(Chaldia)军区将军(地位最高的武官之一)巴尔达斯·博埃拉斯和他的两个朋友,哈尔迪亚人阿德里安和富裕的亚美尼亚人塔扎克斯(Tatzaces)联合背叛皇帝,在帕佩尔特(Paiperte)的城堡之中抵抗了一段时间。最终他们在城破后被约翰·库尔库阿斯俘获。但他们遭到的处罚并不算特别苛刻。巴尔达斯此前是皇帝的朋友,因而仅仅是被送进修道院软禁,他的职位由约翰·库尔库阿斯的兄弟狄奥菲罗斯接任,后者是一位将军,能力和其亲属差不多。[32]这次叛乱似乎并不是尝试推翻中央政府,而是趁中央政府忙于和保加利亚作战的薄弱之时企图转移权力,这也是三个世纪后特拉布宗帝国类似行动的不成功的先声。

927年与保加利亚签署和约之后,这样危险的叛乱很难再出现了。然而,尽管这一变革彻底扭转了帝国对外的态势,让欧洲军区免于长久入侵的威胁,但其并未打破帝国内部的安宁。都城中的人已经接受了罗曼努斯的统治。不过,罗曼努斯要解决另一个阴谋,一个重大的新阴谋。他扶植自己家人,以巩固自己的势力,对抗合法的统治家族,然而现在他的家族因为过于庞大而难于管理，众人受野心之苦，渴求领导权。928 年，罗曼努斯最亲密的老亲友之一，奥古斯塔索菲亚的父亲尼基塔斯，被突然逐出皇宫，送到外地的修道院，引起一时轰动。据说他挑唆自己的女婿克里斯多夫对抗罗曼努斯。[33] 这场阴谋有多成功则不得而知。或许克里斯多夫身体状况不佳——他在三年后早逝——而索菲亚和他的父亲担心，如果"生于紫室者"或者是利卡潘努斯家族的其他人继承了罗曼努斯一世之位，他们的显赫地位将难保，因此就采取唯一可能的办法防患于未然，煽动克里斯多夫在他自己仍然活着时夺取自己应得的遗产。罗曼努斯向来喜爱克里斯多夫，因而尼基塔斯的阴谋或许没走多远。然而他有可能拉拢了自己外孙女的丈夫，保加利亚沙皇。[34] 这场夭折的阴谋也是罗曼努斯执政期行将结束之前的最后一次宫廷纷扰。

此后在地方省区中仅出现了一次轻微的个人叛乱。932 年，一个马其顿人出现在奥普希金军区，自称是 913 年叛乱失败的君士坦丁·杜卡斯，他聚集了一群目无法纪的不满者，开始破坏周边地区。不久之后他被俘虏并送去君士坦丁堡，在那里他被砍掉了一只手。然而他又逃出了监禁地，戴上黄铜假手，重新聚集起之前的不法之徒，依然自称杜卡斯。他甚至成功夺取了普拉提亚佩特拉（Platia Petra）的一座堡垒，但他和他的党羽在那里被再度逮捕。他遭受一番肉刑后被火刑处决，然而在被处决之前他怀着十足的怨恨指控一系列无辜的贵族为同谋。当然，没有人相信他的指控。[35]

相对于个人的叛乱，罗曼努斯如几乎每一位拜占庭皇帝一样，也遭遇了部族叛乱。帝国的亚洲人口很久以前已融为和谐的整体，但在欧洲依然有尚未融合的民众，一些部族有意识地与邻近居民保持差异，对这些邻居有敌意，对帝国政府不满。其中最明显的就是意大利的伦巴第人,我将会在接下来的章节中具体叙述。在他们之外,仅有的恶劣纷扰来自伯罗奔尼撒半岛的斯拉夫人,米伦吉部(Milengi)和泰格托斯山的伊泽里特部(Ezerites)。伯罗奔尼撒半岛在斯拉夫人抵达之后便接连不断发生小冲突,米伦吉部和伊泽里特部从未被彻底征服,就像居住在周边难以通达的山中、全说希腊语的麦诺特部(Mainotes)一样。然而在米海尔三世执政时期,他们被迫向军区将军狄奥克提斯托斯·布罗尼奥斯(Theoctistus Broeenius)纳贡,米伦吉部每年支付60诺米斯玛,伊泽里特部每年支付300诺米斯玛。这种情况延续到约934年,无能的首席持剑卫士约翰继任军区将军为止。在他管理时期,米伦吉部和伊泽里特部断然拒绝接受他委任的首领的管理,也不肯在帝国军中服役,不肯支付贡赋。然而君士坦丁堡政府发现了约翰的无能,在他向君士坦丁堡报告叛乱的信件送达之前,朝廷已经决定让首席持剑卫士克里尼特斯·阿罗特拉斯(Crinites Arotras)接替他的职务;克里尼特斯曾经在亚美尼亚出色完成了外交任务,此前担任希腊军区(希腊北部)将军。当消息送达君士坦丁堡时,克里尼特斯已经出发赶往伯罗奔尼撒了。随后他收到了一封加急信,要求他武力对付违法者。随后,在次年(935年?)的3—11月,双方不断发生游击战,尽管泰格托斯山难以逾越,克里尼特斯最后还是迫使这两个部族恭顺臣服了。为了惩罚他们,岁贡增加了,每个部族每年要支付600诺米斯玛。完成任务之后,克里尼特斯返回希腊军区重任军区将军。不幸的是,他在伯罗奔尼撒的继任者、首席持剑卫士巴尔达斯·普拉提普斯(Bardas Platypus)脾气很坏,和下属公开争执,乃至科林斯湾对面的斯拉夫部族都认为,如今就是袭掠伯罗奔尼撒半岛的绝佳时机。米伦吉部和伊泽里特部以这些袭掠活动为理由，向君士坦丁堡要求降低岁贡数额。皇帝清楚，如果拒绝他们的要求，这两个部族也会加入袭掠者的队伍，因而颁布金玺诏书，恢复了旧日的贡赋——米伦吉部 60 诺米斯玛，伊泽里特部 300 诺米斯玛。从长期意义上来看，这或许更有利，毕竟要保证更高贡赋，当地就必须长期有出色的军区将军，其身后必须有一批部队，持续震慑当地的斯拉夫部族。[36]

正是因为这些纷扰，934—935 年的伯罗奔尼撒军区不愿调兵与伦巴第人作战，而是请求朝廷批准其提供 1000 匹马和出一座防御工事的费用作为替代。他们的请求被批准了。当然，若是这个军区的作战部队被调走，任由不服管束的斯拉夫人袭掠，将不利于伯罗奔尼撒人的生活安宁。[37]

这些地方事件在帝国的核心历史中没有多少重要意义，却能够说明皇帝需要持续应对什么样的问题。在地方各省区，到处是这些格格不入的族群，只能靠最为小心的控制才能维持局面协调。首席持剑卫士约翰这样的将军可以搅乱一切，因此君士坦丁堡的政府必须持续保持警惕，随时准备调回这种官员，或者在最短的时间内投入部队。如果中央政府羸弱或反应迟钝，当地的居民就会自行夺权，即使是最为文明的军区也同样如此，例如在佐伊摄政时期，不受欢迎的将军哈瑟斯（Chases）就在雅典的大教堂中被暴力处死。在这样的情况下，需要做漫长的调查，恰当处罚不法者，以在当地恢复帝国的权威。[38]

边境省区持续遭受的袭掠更适合放在帝国对外的历史中讨论，但此处也有必要提及，因为袭掠以及随之而来的不服管束能够打破很多省区乃至最忠诚省区的平静。亚洲边境的无法纪状态众所周知，大量土地由边境大贵族散漫控制；而几乎所有的欧洲军区，至少在927年签署和约之前，长期可能遭受掳掠与杀戮。柳特普兰德的父亲曾在926年于塞萨洛尼基遭遇并击败了一批斯拉夫匪徒，[39]这绝非孤立的现象。地方省区鲜有充足的历史记载，但若因此认为各省历史上安宁无事，则可谓愚蠢。

即使如此，罗曼努斯执政时期大部分时间，各地的境况似乎的确相当安宁。我们可以结束对地方省区的离题讨论，结束不合宜的延伸了，不过在此之前还应当记述一个插曲，它仅仅是一次天灾。928—929年的冬季格外寒冷，这次严冬给地方省区造成的严重的经济后果和随后的饥荒将在后文的章节之中具体叙述。在首都之中，这次天灾的影响很小，除了让罗曼努斯愈发受人欢迎，因为他组织了高效的政府赈灾，并亲自出手相助。[40]诚然，罗曼努斯一生时常展现这样的仁慈。和先辈一样，他是重要的建造者，建造了大批救济所，为来自各省的诉讼当事人建造了旅舍，以及修建了公共娱乐场，臣民对他的慷慨建设颇为满意。[41]他此时完全掌控了国家和教会。在教会方面，他必须多一点耐心，但931年时他得到了回报。他控制教会的最大阻碍，牧首尼古拉斯，已经在925年5月逝世；而指定的继任者，皇子狄奥菲拉克特，当时年仅八岁。[42]西欧常见的儿童主教，让更为文明的东方感到震惊，因而罗曼努斯只得任命阿马西亚的斯蒂芬继任。在这样的形势下担任牧首需要机敏圆滑，但斯蒂芬履行了职责，姿态低微，并适时离世——不过事实上太早了，逝世于928年7月，此时的狄奥菲拉克特依然太年轻。罗曼努斯只得再度寻找临时的牧首，928年12月，以德行出名的修士奥普希金的特里丰（Tryphon）坐上牧首之位，不过当时的他似乎清楚自己若活得太久，就要辞任。不幸的是，他发觉自己还是贪恋牧首之位，罗曼努斯只得用诡计将他赶走。编年史家没有说清楚他被罢黜的原因。他们叙述说牧首让位的时间到了，这种说法不可能属实，毕竟罗曼努斯还等待了 14 个月，才宣告狄奥菲拉克特就任，仅仅因为他还年轻。真实的情况应当是特里丰态度顽固，坚持正义传统，抵抗皇帝对教会的控制，威胁君权高于教权的局面。930 年 8 月他被罢黜，而当时的狄奥菲拉克特仍仅有 13 岁，牧首之位空缺了一年多。[43]

最终在 931 年 10 月，狄奥菲拉克特接近 15 岁时，他的父亲将他立为牧首。然而，为了给利卡潘努斯家族贴金，合法化他的任职，父亲决定按照时兴方式安排他任职，并请求罗马派特使前来代表教宗表示祝福。932 年，当拜占庭的请求送达教廷之时，罗马一片混乱，马洛齐娅准备上演最后一次婚姻的大戏；但当年年底她的儿子阿尔贝里克站稳脚跟，此时他急于和皇帝结盟以提升自己的地位。他诱使他的异父兄长教宗约翰十一世（正好是他的囚徒）派出使节传达祝福，同意新牧首的任命。使团在 933 年初带着丰厚礼物抵达君士坦丁堡，而 2 月 2 日，在皇帝面前，他们在盛大的典礼中引领狄奥菲拉克特坐上牧首之位。[44]

这样盛大的就任典礼让狄奥菲拉克特得到了威望，足以弥补他的年轻与可疑的资格。不过，他在牧首任上毫无作为。作为孝顺的儿子，他完全不置疑自己父亲的皇权，他唯一值得一提的举动就是 937 年联络安条克牧首与亚历山大牧首，告知他们教会仪式在两个牧首区被倭马亚王朝征服之后所发生的变化，而这无疑是他父亲授意的。两位牧首同意接纳新的教会仪式，由此帝国与日渐衰朽的哈里发国的基督徒之间建立了更密切的、政治上重要的关系。[45] 狄奥菲拉克特本人则是和善的年轻人，不知道如何严肃对待自己的职务。他的兴趣在别的方面：他养了 2000 匹马，用水果、香料、酒喂养，他甚至会中断圣事去看自己的母马生产。他大胆地意图调和娱乐与虔诚的差异，提出以类似哑剧的方式让圣礼活跃起来，但这遭到了反对，不过他的一些想法依然震惊了一个多世纪之后的道学家。[46] 拜占庭人认定虔诚端正是至高的美德，因而后世对他的记忆带着憎恶；不过指望一个热血而或许娇惯的15岁男孩马上转变成可敬得体的教士，这似乎不合情理。而狄奥菲拉克特在一个方面确实胜过了自己的诸兄长：对父亲未动摇的孝顺忠诚与感恩之心。

由此利卡潘努斯家族实现了地位的提升，然而随后的一场灾难，对这个家族的命运造成了深远的影响。931年8月，皇帝克里斯多夫去世，罗曼努斯为长子"流下了比埃及人还多的眼泪"。[47] 关于克里斯多夫的记载颇少，他仅仅因牵涉他岳父尼基塔斯的谋反而可疑地出现在史料中。无论如何，他明显是他父亲最宠爱的儿子，他的位次表明他显然是皇位继承人。若是他在世，家族将会延续下去，但他的死亡改变了整个局势。他留下了三个孩子，女儿玛丽亚嫁给了保加利亚沙皇；长子罗曼努斯受老皇帝宠爱，老皇帝打算把他提升到他父亲的地位，不过他还年幼，而不久之后夭折了，日期不明；[48] 幼子米海尔还在襁褓之中。他们的母亲，奥古斯塔索菲亚，很快退出了宫廷，在卡尼克利奥斯（Canicleus）家族的修道院中终老。[49] 克里斯多夫的死，也让君士坦丁堡和普雷斯拉夫方面的关系愈发淡薄。玛丽亚此前时常回娘家探亲，此后漫长的余生仅仅回来了一次。这个家族已经支离破碎。

克里斯多夫的死，让他的两个兄弟，斯蒂芬·利卡潘努斯和君士坦丁·利卡潘努斯有了新的重要性。罗曼努斯不得不把心思放在他们身上，以延续自己的王朝。933年，斯蒂芬迎娶了加巴拉斯（Gabalas）的女儿安娜，她同时加冕成为奥古斯塔。[50] 几年后（939年？），君士坦丁和亚美尼亚裔的显贵阿德里安的女儿海伦娜成婚，她不幸在次年2月亡故，君士坦丁随即又娶了玛玛斯（Mamas）家族的狄奥法诺。[51] 斯蒂芬无子，不过君士坦丁很快得子罗曼努斯。不幸的是，很明显这两个年轻皇帝都沉湎酒色，不服管束又不受欢迎。即使罗曼努斯似乎也意识到了他们无能，毕竟他从未让他们的位次居于"生于紫室者"君士坦丁之前，由此表明，君士坦丁七世将会继承他的位置。[52] 或许奥古斯塔海伦娜——无疑性格强势——对心爱的父亲施加了足够的影响，保证自己的丈夫得到公正对待。不过，尽管罗曼努斯出于爱国之心或良心的约束，不让儿子们掌握大权，但他太溺爱他们了，放纵他们一时兴起和反复无常，甚至损害国家。他本人则日益年迈，身体衰老，无法和当年一样任性妄为。他越来越多地寻求修士的陪伴，在长期的良心谴责之下日渐衰朽。

对宫廷之外的世界而言，罗曼努斯这位早已确立虔诚而仁慈之名的君主得到了臣民的爱戴，似乎会平静地执政到生命结束，不过谁也无法确知未来的发展。然而宫廷之中的人会更快地预见到灾难。罗曼努斯此时被神圣的听忏悔者所掌控，被自己极度的罪恶感击垮。温和的"生于紫室者"在自己的画室和教堂之间往来，时而纠缠着外来的使节，了解些许信息。这样的平静对罗曼努斯的两个儿子而言太过诱惑，他们的野心越发躁动，但他们放纵的愚蠢行动激怒了城中的民众。他们的姐姐海伦娜，"生于紫室者"君士坦丁的妻子，同样野心勃勃，却没有他们这般愚蠢。风暴将临，气氛沉重，而随着944年即将到来，人们私下谈论着奇怪的征兆。

10世纪的保加利亚帝国

- ---- 912年的大概边界
- 0　50　100 英里

地名：
黑海、普利斯卡、瓦尔纳、墨森布里亚、墨西亚波利斯（帝国控制）、安西波波利斯、阿加索波利斯、赫拉克利堡、君士坦丁堡、塞利姆布里亚、马尔马拉海、兰普萨库斯、色雷斯、哈德良堡、德维尔托斯、多瑙河、普雷斯拉、菲利普波利斯、阿斯罗斯山、爱琴海、尼什、撒尔底迦、塞萨洛尼迦、贝罗亚、塞尔维亚、奥赫里德、普雷斯帕姆、底拉西乌姆、发罗拉、克基拉岛、奥特朗托、亚得里亚海、贝尔格莱德、西尔米乌姆

多瑙河以北的保加利亚
（约890—920年丧失）

第五章

与保加利亚的战争

摄政时期骇人的政治活动，罗曼努斯从中一跃称帝，以及罗曼努斯执政的早期事件，其大背景都是不变的拜占庭-保加利亚战争。这场战争一度影响了整个局势，也决定了帝国宫廷的命运，是这些年的帝国历史之中最为凶险的重大影响因素。因此，除了关于这场战争对君士坦丁堡朝廷政治的影响，我们还值得从外部角度讨论这场战争的全史，尽管会造成重复。

我们面临的困难，一如既往是缺乏清楚的资料。这一时期最主要也最有价值的资料是牧首尼古拉斯和保加利亚朝廷的通信。这些信件总共有20封，显示了拜占庭帝国政府（牧首作为其发言人）在这一时期的期望与态度的变化，然而对实际发生的事件记述很少。而且我们还必须考虑一个事实，尼古拉斯出于自己的原因（他渴望自己控制保加利亚教会），要尽可能和保加尔人妥协调和。希腊编年史家绝大多数情况下只记载君士坦丁堡及其近郊发生的事。余下的资料就只剩地方记录中偶尔提及之笔，以及"生于紫室者"君士坦丁所写的塞尔维亚人简史。我们无法直接得知保加利亚人的态度，只有从拜占庭一方，特别是尼古拉斯的暗示和演绎之中做推测。

因为亚历山大无礼拒绝给保加尔人支付岁贡，战争就此开始。但双方真正争夺的不仅仅是这笔钱财。保加利亚的西美昂很快就显露出了更大的野心，即加冕成为罗马人和保加尔人的皇帝。[1] 因此，西美昂的野心不是征服拜占庭帝国的偏远省区——考虑到拜占庭政府当时的状态，这一任务并不困难——而是专注攻击其首都，希望由此占据整个帝国。尽管保加尔人的掠夺让希腊和马其顿地区困扰不已，拜占庭帝国也通过外交手段迫使西美昂分兵塞尔维亚，但战争真正的主战场是色雷斯，即从哈德良堡到布尔加斯湾之间的地区，以及帝国首都。

从君士坦丁堡通向保加利亚的大路穿越色雷斯，抵达哈德良堡，而后分为两路，一路溯马里查河经菲利普波利斯进入保加利亚西部，另一路溯登萨河经过巴卡兹克（Bakadzhik，时称 Meleona）到扬博尔（Jambol，时称 Diampolis），而后向东转往卡尔纳巴德（Karnabad），穿过巴尔干山地抵达普雷斯拉夫。这两条道路已沿用多年，保加尔人在最早的时期就修建了巨型石堡垒守卫之；[2] 而拜占庭帝国这一侧的主要堡垒是哈德良堡。然而，似乎还有第二条道路，沿着黑海沿岸抵达保加利亚控制的港口德维尔托斯，而后折向内陆，北上抵达普雷斯拉夫。这条路很适合希腊人发动入侵，因为他们可以利用海洋与舰队保护侧翼，同时绕开重兵防守、危机四伏的山地。[3] 西美昂则更倾向于使用那两条内陆道路，但要完全控制道路，则需要占据哈德良堡。

前文已经提及，913 年的夏季，摄政会议摇摇欲坠之时，西美昂入侵了拜占庭帝国并率全军在首都城外扎营。他无法强行攻入城中，在和谈之后撤走了。这次半途而终的远征，事实上是整场战争中意义最重大的行动。尼古拉斯曾提出将拖欠的岁贡送到德维尔托斯以结束战争，[4]但西美昂拒绝了，很明显他想要的不是那笔钱。君士坦丁堡的城墙给了西美昂一个教训：这座城实际上无法单从陆路攻破。没有海军力量的话，他就必须依靠谈判一途。这种猜测，容易解释为什么西美昂会安于颇为含糊的谈判结果而撤军。他并没有意识到尼古拉斯的摄政政府摇摇欲坠，但他清楚尼古拉斯的利益在相当程度上和自己的密切相关。尼古拉斯对马其顿皇室毫无感情，而且非常急切地要自己掌控保加利亚教会。西美昂想要取代马其顿王朝，统治罗马帝国与保加利亚，保加利亚教会独立与否对他而言无关紧要；如他乐意，他可以允诺，毕竟到最后，结果是一样的。于是西美昂在得到了大量礼品和岁贡欠款，还得到了小皇帝与他女儿成婚的许诺之后，返回了自己的国家，自以为能够迫使尼古拉斯履行诺言。

皇太后佐伊掌权，尼古拉斯失势，让西美昂的期望骤然落空。皇太后对保加利亚教会不感兴趣，不过决心守卫她儿子和皇室的利益，婚姻的伎俩骗不到她。西美昂料想和约终结，再度诉诸武力，无视了尼古拉斯对背誓者的训斥以及告诫。914年9月，哈德良堡的亚美尼亚守将变节投降，让西美昂得以安全进入色雷斯，但皇太后迅速拨款派兵，有力地收复了这个堡垒。接下来两年的情况并不清楚。从未有西美昂冬季出征的记载，但这两年的夏季他也不可能毫无动作。色雷斯得以保持和平；或许在西美昂看来，那时皇太后的摄政政府几乎非常稳固，而且非常积极活跃，可以抵御入侵，因而他暂觉皇位无望，转而进攻西方那些守备空虚的省区。当然，在这些年，底拉西乌姆和塞萨洛尼基的军区将军们向首都报告了保加尔人入侵的消息，而色雷斯和马其顿的军区将军则递上了保加尔人新的准备工作的消息；[5] 同一时期，或许在 916 年，保加利亚的部队在希腊一路突入，远达科林斯湾，间歇性地占据着一片插入希腊内部的区域，直到西美昂逝世；那里的生活，即使圣人都会觉得讨厌。[6] 与此同时，保加利亚和拜占庭帝国均在疯狂谋划，争取佩切涅格人的支持。[7]

917 年，皇太后终于决定对保加利亚发动大规模进攻。其中部分原因应该是西美昂的危险活动，不过她也有自己的利益考虑。她的政府在小亚细亚和意大利的战争胜利结束，因此有足够的力量发起新战争；特别是鉴于她地位不稳，她想要以一场更加轰动的大胜，在臣民的坚定爱戴与感激之情中稳固立足。更重要的是，和佩切涅格人的密谋最终有了确切的希望。随后，便是安西亚洛斯的戏剧性惨败。前几章中已经提到海军元帅罗曼努斯和引领佩切涅格人前来的约翰·博加斯爆发争执，因而蛮族大军根本未渡过多瑙河，而很快拜占庭军队就在安西亚洛斯附近被保加尔人消灭。[8] 然而，我们值得暂时以保加尔人的视角考虑这场战争。起初，西美昂遭到佩切涅格人和帝国军队两路夹攻，情况应该颇为危急。而多瑙河畔的争执救了他一命。这场争执的原因似乎仅仅是博加斯和罗曼努斯·利卡潘努斯不和；不过也有一种可能是，西美昂的贿赂影响了罗曼努斯的行动。[9] 西美昂一旦摆脱佩切涅格人的威胁，便可以自信地等待拜占庭军队了。沿海岸线进军的利奥·福卡斯得知了多瑙河畔的不幸消息，因此没有进军内陆攻击普雷斯拉夫，而是在布尔加斯湾的海岸线附近活动，或许是打算北上给孤立的半岛要塞墨森布里亚解围；在墨森布里亚，陆军可以紧密联系君士坦丁堡和舰队。然而西美昂出手干扰，利奥·福卡斯根本没有抵达墨森布里亚，在惨败后率领少量败兵逃离。战败的部队只能走海路返回君士坦丁堡，陆地则完全落入西美昂之手。[10]

安西亚洛斯的胜利不但让西美昂免于担忧新的入侵，反而让他能再度侵入君士坦丁堡城下。摄政的皇太后没有认输。怀着还可以拯救摄政政府与帝国的希望，她与塞尔维亚大公联络谋划，并拼凑了一支新部队。然而召集部队的努力由于指挥官疏忽大意而化为乌有，保加尔人在城郊的卡塔斯尔泰突然发动夜袭，将新部队击溃，帝国可以凭借的防御力量就只剩都城的城墙了。[11]不过，虽然部队被击溃，佐伊的外交斡旋仍然取得了成功，虽拯救了帝国，却没能拯救她的摄政政府。918年，在君士坦丁堡发生了一系列最为疯狂的阴谋，若是西美昂在附近，他必定会浑水摸鱼，以某种方式闯入君士坦丁堡。然而他不可能在附近。这一整年，他的动向都难以确知。在卡塔斯尔泰取胜之后，西美昂似乎撤兵了，一如既往地返回保加利亚越冬。918年，保加利亚大军在西美昂的将军马尔马姆（Marmaëm）和西格利泽（Sigritze）的率领下忙着在塞尔维亚作战，该国的大公彼得因为佐伊的外交阴谋，以及自身对保加利亚扩张的担忧，开始威胁西美昂的西部边境。保加尔人不费力气，击败了塞尔维亚人，罢黜彼得，并立他的堂兄弟、公开声称偏向保加利亚的保罗继位；[12]而就在他们分兵之时，拜占庭帝国的风暴也逐渐平息。919年，当西美昂再度把注意力转回到色雷斯时，宫廷的危机已经结束，而帝国政府已经被罗曼努斯·利卡潘努斯牢牢把持。

整个战局为之一变。之前小皇帝仍未结婚，受到他的母亲或者牧首不稳定的监护，保加尔人的公主一直有可能成为奥古斯塔，而她的父亲也同样可能随之入宫，甚至掌握帝国。但现在小皇帝立了一位奥古斯塔,而更大的问题在于,小皇帝有一位活跃而老成的岳父,正在伸出手准备取得皇位。罗曼努斯,这位皇父、恺撒、皇帝,急于和保加利亚媾和,他愿意支付岁贡,割让土地,乃至把亲属送去和亲。[13] 但西美昂受阻而暴怒,不会接受这一切。919 年与 920 年,整整两年间,尼古拉斯徒劳地写下一封封安抚调和的信件送往保加尔人的宫廷,提出若身体条件允许,将亲自前去与西美昂会谈,[14] 向西美昂宣布教会统一的消息[15](这个消息让虔诚的尼古拉斯高兴,但西美昂不会如他一样),宣称他本人和目前的政府完全不同意佐伊摄政政府——他称之为"宦官政府"[16]——的政策与攻击性,并宣布罗曼努斯打算做出的慷慨让步。而西美昂尽管宣称期望和平,他的回复却并不真诚,他明确表示,自己唯一的要求就是废黜罗曼努斯——这样的条件显然不是罗曼努斯掌管的政府所能接受的。[17] 战争由此继续,更多仇恨,更加激烈。

919 年夏末,保加尔人入侵色雷斯,远至达达尼尔海峡,在兰普萨库斯(Lampsacus)城外驻扎。[18] 920 年,保加尔人没有在色雷斯活动,或许这一年他们忙于在塞尔维亚作战,塞尔维亚王公扎哈里亚斯在罗曼努斯煽动下组织了叛乱,意图推翻保加尔人任命的执政者保罗。叛乱最终失败,扎哈里亚斯被保加尔人俘虏囚禁,但这已分散西美昂的注意力。[19] 在同年,西美昂忙于平乱时,罗曼努斯曾经筹划亲征保加利亚,然而最终不了了之。[20]

921 年,西美昂再度入侵色雷斯,并一路进军抵达他上一次胜利的战场卡塔斯尔泰。新任禁军统帅珀索斯·阿尔吉罗斯(阿德拉勒斯特斯于不久前去世)率部出发迎战,而他的副手之一,哈德良堡守将莫洛莱昂(Moroleon)之子米海尔,成功突袭了保加尔人。[21] 这一战中,米海尔阵亡,但西美昂因此被迫撤退到赫拉克利亚和塞利姆布里亚（Selymbria）周边地区。尼古拉斯提出前去与他会谈，但西美昂的答复表明，此时任何和谈都只会是闹剧。[22]

922年，保加利亚人再度入侵，抵达首都城下。保加尔人席卷了博斯普鲁斯海峡的欧洲一侧；而罗曼努斯担心佩格的一座小离宫的安全，就派出一支部队前去解救，指挥官包括阿尔吉罗斯兄弟（珀索斯依然担任统帅）、教长约翰、海军元帅莫瑟勒。帝国的军队愚蠢地在佩格附近的狭窄谷地扎营。保加尔人突然出现在高处的山地，猛冲而下。他们几乎没有遭遇任何抵抗，整个希腊军队败逃了。海军元帅想要返回战舰，不幸溺亡；教长约翰登上一艘小船，侥幸逃离；阿尔吉罗斯兄弟则从陆路逃走，到附近一座小堡垒避难；大部分士兵或者被俘虏，或者被杀。佩格的离宫被焚毁，而整个斯特努姆（Stenum）郊区被夷为平地。[23]然而这次胜利，和其他许多次胜利一样，并未让西美昂更接近他进入君士坦丁堡城内的目标。

保加尔人在色雷斯逗留了整整一个夏季，之后，同年再度出现在都城郊区，抵达圣狄奥多拉宫。罗曼努斯担心佩格的灾难重演，就邀请麾下全部将领赴宴，并发表长篇演讲鼓舞士气。于是军官们精神振奋，其中一人萨克提克斯（Sactices）在次日率军胜利突袭保加尔人的营地，大杀一番，但在返回时不幸受了致命伤，在布雷契耐（Blachernae）去世。[24]

这场胜利振奋了拜占庭人，923年的境况明显缓和。西美昂意图沿马里查河入侵色雷斯，然而遭遇了莫洛莱昂的英勇抵抗，被阻挡在哈德良堡。最终，哈德良堡守军因缺粮而被迫投降，莫洛莱昂因为抵抗而遭受了一番最为骇人的折磨之后被处死。但西美昂却没有打算继续进军，后方的突发事件迫使他返回，而他留下的守城部队也在拜占庭军队出现之时撤退了。[25]迫使保加尔人撤军的这个突发事件一如既往，还是塞尔维亚的敌对行动。大公保罗最终还是被拜占庭的外交官说服，决定与扶植他的保加尔人决裂。和以前一样，西美昂轻松打垮了塞尔维亚人，近年反叛并被囚禁在保加利亚的扎哈里亚斯取代了保罗；[26]但或许因为夏季已经过去，保加尔人没有在色雷斯行动。与此同时，拜占庭人也恢复了士气；近期海军在利姆诺斯岛大败的黎波里的利奥率领的穆斯林海盗，皇帝因此得到民众的大声欢呼；[27]而联合佩切涅格人、罗斯人、马扎尔人乃至阿兰人围剿保加尔人的外交阴谋，其进展也令他满意。[28]对拜占庭人而言，现在战争的压力已经是如此之小，乃至新任禁军统帅能够率主力军赶往东部边境，平息哈尔迪亚的叛乱。[29]因此，此时西美昂开始考虑和谈了，他为此两度请求牧首派出大使商谈和约条款。[30]尼古拉斯欣然依从请求，但他在信中表现出新的屈尊腔调，还有意向西美昂宣告拜占庭帝国近期的军事与外交胜利。他宣称，皇帝仅仅是出于对牧首愿望的尊敬，才会屈尊考虑停止进攻。[31]然而西美昂已经打垮了塞尔维亚，想索取更多，他坚持那个荒唐的旧要求，不过没什么结果。[32]尼古拉斯稍做让步；几个月之后，因为他与罗马方面的和解努力，罗马教廷派出的使节狄奥菲拉克特和卡鲁斯（Carus）抵达君士坦丁堡，而他派两人前去普雷斯拉夫，尽可能说服顽固的西美昂，还写信乞求西美昂不要戏耍教宗使节。[33]他其实不必担心这件事，罗马教廷反而开始和西美昂联合，戏耍牧首。

924年，[34]西美昂决定再度对君士坦丁堡发动大规模进攻。这一次他决定做好万全准备。根据以往的经验，仅仅从陆路进攻是不可能攻破此城的，因此他开始从帝国之敌中寻找一支可以结盟的海军力量，而他选择的是北非法蒂玛王朝的马赫迪。他的使节们抵达马赫迪的宫廷后达成盟约，然而他们从北非返回途中被卡拉布里亚的希腊舰队截获，并被送到了君士坦丁堡。罗曼努斯的应对非常精明，他扣押了保加尔人，但是尊敬地将马赫迪的人送回，借他们向马赫迪提出延长 917 年与卡拉布里亚将军尤斯塔西奥斯达成的和约及岁贡约定。他的提议被接受了，[35] 而西美昂寻找海军盟友的努力就此落空。即使如此，罗曼努斯依然对西美昂的备战明显警惕，并认为派出使节赶往巴格达达成休战协议，安排交换俘虏，是明智之举；这一切都发生在同一年。[36] 由此他得以把主要作战部队自由调集到欧洲。

924 年夏，西美昂穿过边境，全力进军马其顿和色雷斯，一路破坏。9 月他抵达了君士坦丁堡城下，然而他就此止步。或许直到那时他才得知与北非方面的联盟失败的消息，或许他刚刚得知亚洲的帝国部队即将抵达，也有可能还是一如既往地畏于高耸的塔楼与防御墙。他没有发动全面突击，而是派使节入城，求见牧首。[37]

这等于承认战败，在城墙后面安全无虞的拜占庭人又一次松了口气。但西美昂的举止仍然高傲，令人苦恼。按照他的要求，在适当交换俘虏之后，牧首尼古拉斯和两名高级官员，显贵米海尔·斯蒂皮奥特斯（Michael Stypiotes）和枢密约翰，要出城与他会谈。但是，当西美昂发现牧首顺从地前来时，便决定和皇帝亲自会谈。这样的要求也得到了批准，而且拜占庭人精心安排修筑了一条突堤，在科斯米迪翁（Cosmidium）突入金角湾，稳固设防，中央还修了一道墙。西美昂将从陆上登上堤道，而罗曼努斯则乘皇帝游艇登上另一侧，双方隔墙会谈。在突堤修筑期间，西美昂——他的文明虚饰向来淡薄——发动了一次野蛮的进攻。他忍不住劫掠乡村、烧毁圣所，恫吓希腊人，这一次他焚毁了帝国最神圣的宗教建筑之一，四个世纪前由查士丁尼主持建造的佩格圣母教堂。

最终，在9月9日，星期四，会谈万事俱备。西美昂带着一排排盔明甲亮的卫士，无礼地搜寻希腊人可能在工程中设下的圈套，还安排了译员——西美昂尽管对希腊学术颇有研究，却清楚假装不了解对方的语言是有益的，显得体面。罗曼努斯的举动则相反，堪称典范。他与尼古拉斯共同前往布雷契耐的圣母教堂祈祷，而后携带圣母的神圣斗篷，无畏而谦卑地前往会谈，而在城墙上观看的君士坦丁堡权贵无不赞叹。他率先抵达，而西美昂等到交换俘虏仪式结束之后才登上堤道并下马。之后两位君主互相致敬，开始会谈。

会谈期间，西美昂无礼地取笑尼古拉斯的祈祷做法，嘲笑他没有履行牧首的职责，亲自阻止战争。[38] 然而会谈的主要内容却是罗曼努斯的演讲。罗曼努斯的话语是否如编年史家所记载的那样，我们不得而知，但各种记载基本一字不差，应当是引用了同一资料，或许就是同时代人的记述，由此呈现了罗曼努斯演讲内容的官方记录。这篇体现了拜占庭帝国对待半蛮族态度的演讲稿，值得全文引用。

罗曼努斯对西美昂说道："我听说，您是信教之人，虔诚的基督徒，但在我看来您言行不一。虔诚的基督徒所希望的是和平与爱，因为如教义所说，上帝爱人；而只有不敬上帝、不信基督的人，才会从杀戮、从无辜者的鲜血之中得到愉悦。如果您如我们所认为的那样，是真正的基督徒，请停止不义杀戮，让无辜者免于流血牺牲，与我们这些基督徒保持和平吧——毕竟您也自称是基督徒——不要让基督徒的双手染上基督徒伙伴的鲜血。您是凡人，您终将死亡，终将复活，终将接受审判。今日您在世，他日您将化为尘埃，一次热病将击垮您的一切荣耀。那么，您在上帝面前要如何为您不义的杀戮辩解？您要如何面对骇人的公正裁决？如果您是为了财富而如此做，我会超额满足您的索求，只换取您收手。接纳和平，接受爱与和睦吧，您的生活将归于和平，没有流血，没有烦扰，而基督徒将会结束他们的悲苦，不再毁灭其他基督徒。毕竟，对基督徒伙伴刀剑相向是一种罪恶。"[39]

西美昂被深深打动，返回了保加尔人的军营。每一次大战他都取得了胜利，他几次打垮塞尔维亚，而拜占庭帝国在欧洲的领土如今全部由他控制，但罗曼努斯不但没有向他乞求和平，反而如同学校教员训斥顽皮的孩童一般训斥他（同时又机巧地提出支付更多的岁贡）。西美昂如今不得不承认，拜占庭人不但受坚实的城墙保护，而且其内心被罗马的传统、历史、威严，以及存在已久的正统信仰所巩固。君士坦丁堡的历史可以追溯到遥远的过去，那时保加尔人还是中亚的蛮夷，斯拉夫人还是草原上居无定所的游民；君士坦丁堡也可以延伸到遥远的未来，比西美昂所想象的更伟大；它绝对不会是他的囊中之物。罗曼努斯的演讲并不仅仅是虚张声势。在他身后，帝国已经统治了千年，他衷心相信自己提醒保加利亚这个暴发户国家的君主，"他日您将化作尘埃"，是很合适的；他并未求和，反而把西美昂当作叛逆的精神臣属，和这个年老的蛮人讨论恶人死后下地狱的问题。[40]拜占庭人从未觉得皇帝实际上被打败了，从未觉得他在乞求他所能获得的最好条件；而他们的这种平静态度说服了西美昂。他此后再未入侵帝国。

就在他们返回时,两只鹰在两位君主头上的天空中相会,而后一只飞往君士坦丁堡,另一只飞往色雷斯的群山。后世许多史学家都在探讨其巧妙的象征意义,[41] 但它并非真的恰切。两位君主确实曾经会谈,又各自返回,但巴尔干半岛上两个帝国并立的情况却有所变化。西美昂的帝国此时甚至濒于崩溃,而保加利亚将很快重新落入拜占庭帝国的统治之下,达两个世纪。两只鹰的寓意只针对西美昂一人,因为他永远不会成为唯一的皇帝。

与此同时,双方商讨近乎停战的条款。西美昂似乎交出了他控制的部分领土,特别是黑海沿岸的堡垒——阿加索波利斯(Agathopolis)和索佐波利斯(Sozopolis),或许还交出了布尔加斯湾周边的城市。作为回报,罗曼努斯将继续支付之前利奥所付的岁贡,每年交出 100 件"绸衣"(scaramangia),此外还要补偿一笔可观的钱财与贵重礼物。和约仅仅是部分成功,在关于会谈的深刻记忆逐渐消散之后,西美昂恢复了旧日的无礼,拒绝交出黑海的堡垒,粗鲁地回复罗曼努斯,让他去向阿拉伯人索回土地,而且宣称拜占庭帝国将无法承担这些堡垒的维护费用。罗曼努斯随即停止支付丰厚的补偿,然而他还是每年提供"绸衣",[42] 而这些似乎足以让西美昂停止再侵帝国,色雷斯前线也没有出现开战的记载。[43] 罗曼努斯有理由满意这次会谈的结果。然而尼古拉斯却怒不可遏。这段经历表明,无论是作为牧首还是朋友,他对西美昂的想法和灵魂的干预都是微乎其微的,这个蛮族首领只是讥讽他而已。或许他又听说了可怕的新流言。他又写了两封信,带着苦涩的幻灭感,他依然在讨论和平,不过换了一种更愤怒的方式。当他写下第二封信时,他的身体完全垮了,他带着可悲的高傲,宣称这是他的最后一封信。925 年 5 月 15 日,他逝世了。[44]

新流言正是保加利亚教会将宣布在宗教上独立。西美昂改变了他的政策。此前,他期待成为帝国的皇帝,谨慎地尊重帝国的模式与机构,也愿意让他的教会受君士坦丁堡牧首的管辖,自己则谦卑地自称大公(Kniaz)或"执政官"(archon)。如今,已经老去的他明白今生不可能成为合法的罗马帝国皇帝了,因而决心以不合法的方式获取这些名号。925年,他自立为瓦西琉斯,并且为了更堂皇而无礼,在这个头衔中加入了"罗马与保加利亚"。他将成为罗马人与保加尔人的皇帝。罗曼努斯徒劳地写下两封愤怒的信以示抗议。西美昂则寻求其他方向的支持。[45]次年来自罗马的使节马达尔贝特(Madalbert),带来了教宗确认他皇帝头衔的信件。[46]与此同时,或许是在教宗授权之下,西美昂将保加利亚教会的领导者提升为牧首,不过这种自称独立并建立新牧首区的行为应当是在马达尔贝特离开之后发生的。[47]拜占庭对此的抗议又未见记载,尼古拉斯已经逝世,教会旧日的顽固政策也一同逝去。罗曼努斯似乎足够精明地意识到,只有保加利亚教会独立才能保证其免受罗马教廷掌控。此外,保加利亚教会事实上独立已久,只服从西美昂的意志。

如今西美昂能伤害帝国的手段,只有这些抽象的冒犯了。罗曼努斯能够在北方无任何妨碍的情况下将注意力转向东方边境,规划并实施对穆斯林的大规模进攻。而这一新政策的必然结果,是西美昂一心要征服巴尔干半岛。925年,塞尔维亚的扎哈里亚斯,和之前每位塞尔维亚大公一样,不可避免地转而反对保加尔人,而塞尔维亚军队少见地击溃了西美昂派出的第一支平叛军队。西美昂改变了政策,塞尔维亚已经烦扰他多年,现在他终于有时间彻底将其解决掉,这符合巴尔干皇帝的作为。次年,他胜利地攻入了该国，并以骇人的屠杀、掳掠、不加区别的破坏，将那里变成了保加利亚的一个荒废省份。现在那里死气沉沉，无法回应拜占庭帝国的外交阴谋了。[48]然而西美昂的邪恶天赋引诱他自己走得太远。塞尔维亚的西边是尚武的克罗地亚王国，在地理意义上，掌控塞尔维亚可以不用干预克罗地亚；在政治意义上，克罗地亚毫无疑问与拜占庭帝国关系友好，失去土地而退避的塞尔维亚王公，也称不上什么大威胁。然而，或者是出于嫉妒，或者是因为无情地热衷征服，西美昂决定进攻克罗地亚。在征服塞尔维亚之后，他派出一支大军，由他的将军阿罗格巴图尔（Alogobatur）率领，进入克罗地亚，但这次保加尔人棋逢对手。这支部队被全部歼灭，指挥官被杀，个把逃走的士兵爬回来，把消息报告给了西美昂。[49]这位老君主明智而谦逊地决定和克罗地亚和谈；[50]然而他心碎了，战败的打击影响了他的健康。他顽强地撑过了冬季，但927年5月27日，心脏病最终夺去了他的生命。[51]虔诚的拜占庭人还有另外一个说法：在一位占星家的指引下，罗曼努斯在集会广场把西美昂"化身"的一座雕像斩首了，于是，在那一刻，帝国的大敌就断了气。[52]

保加利亚国内立即陷入了混乱。这个国家多年以来完全依靠这位了不起的专制君主的意志，他的突然逝世意味着一切彻底失序，而周边各国带着轻松与期望叹息着，如同食腐动物一般群聚在尸体周围。西美昂担心死后将会发生坏事，已经安排了皇位继承的谨慎指令，而他个人的支配力在他死后仍然延续，足以让他的命令得到忠实执行。他曾经两度结婚，留下了四个儿子。第一次婚姻留下的长子米海尔因某种原因被排除在外，而第二次婚姻生下的三个儿子，彼得、约翰、本亚明均未成年。彼得将继承他的沙皇之位，而彼得的舅父格奥尔吉·苏尔苏布尔（George Sursubul）将担任摄政。米海尔被软禁到修道院，约翰和本亚明则隐居幕后。他们并没有安居多久，米海尔决定逃跑，约翰密谋篡位，而本亚明则开始研究魔法——他成了狼人传说的历史上地位最高的人物。[53]

保加利亚摄政政府面临艰难任务。国家已被长期的战争耗竭，近期又有大军在克罗地亚折损。如今，听闻西美昂逝世之后，克罗地亚人、马扎尔人或许还包括佩切涅格人纷纷冲来，入侵边境地区。[54] 西美昂新树立的威望无法避免军事灾难。在如此困局之下，保加利亚必须和君士坦丁堡和谈，毕竟在边境保留一支军队，不足以阻止希腊人加入"食肉猛禽"的行列。因此，摄政政府秘密（或许保加利亚国内依然有强势的主战派）派出一名亚美尼亚修士前往帝国首都，提出和谈与联姻。提议被接受了，随即双方在墨森布里亚开会和谈，修士狄奥多西奥斯·阿布克斯（Theodosius Abuces）和皇帝秘书官、绰号"诗人"的罗得岛的君士坦丁，代表皇帝出席会谈。在一番讨论之后确定了和约的条款，皇帝的使节随即从陆路返回（他们之前从海路抵达墨森布里亚，那时双方名义上仍处于战争状态），彼得的亲属斯蒂芬一路陪同他们；不久之后保加利亚的摄政者也带着大批贵族跟随而来，其中包括彼得的异母兄弟。保加尔人的使团见到了皇帝克里斯多夫·利卡潘努斯的女儿玛丽亚，他们十分中意，把她的情况报告给彼得，而彼得立即起程前往君士坦丁堡。显贵尼基塔斯，小公主的外祖父，被派去尊敬地迎接。

927 年 10 月 8 日，彼得和玛丽亚在牧首斯蒂芬主持之下，在佩格的圣母教堂（已重建，三年前西美昂亵渎地焚毁了原教堂）成婚，格奥尔吉·苏尔苏布尔和首席典衣官狄奥法内斯作为双方的证婚人；玛丽亚又重新受洗，改了合适的名字伊琳妮（意为"和平"）。在婚礼之后，玛丽亚和狄奥法内斯一同返回首都。三天后这些人又在佩格的一场奢华的婚宴上重聚，之后年轻的新娘将随她依然陌生的丈夫前往一片陌生的土地，她因将成为皇后的前景而荣耀，也因离别家人、故土、君士坦丁堡的安逸而落泪。她明智地带上了她的家具。新娘的父母一路相送到赫布多蒙（Hebdomum），在那里与她告别。[55]与此同时，在首席典衣官狄奥法内斯的主持安排下，和约签署，此事则没么引人注目。[56]漫长的战争最终终结了。

编年史家把注意力放在了奢华的婚礼上，于是我们无从得知和约的具体条款。和约似乎分成三个部分：领土调整、财政安排、名号让步。第一部分几乎没有重大变化。塞萨洛尼基周边的一些城镇，比如贝罗亚，[57]被割让给保加利亚，但作为回报，保加利亚很可能把布尔加斯湾周边的城镇，比如德维尔托斯和安西亚洛斯还给了帝国。西美昂在世时就有人讨论过收复黑海沿岸所有堡垒的计划；[58]而不久之后"生于紫室者"君士坦丁也把这两个城镇加到了色雷斯军区的城市列表之中；[59]没过多久，他又提到，保加利亚的边境线到墨森布里亚以北的海岸，到他所称的迪兹纳河（Ditzina）处结束。[60]

财政上的安排则更难阐释。似乎拜占庭朝廷每年要给保加尔人提供补助——或许就是罗曼努斯在给西美昂的信中提到的100件"绸衣"。约40年之后，皇帝尼基弗鲁斯·福卡斯为了避免罗斯人关注克尔松，就引诱他们和自己一同与保加利亚开战。辅祭利奥（Leo Diaconus）提到宣战理由是皇帝拒绝向保加尔人支付屈辱的岁贡，由此将整个战争变成了任性之事。而战争是由罗斯人而非拜占庭人主导。另一方面，凯德莱努斯没有在记述中提到战争，但他提到彼得在妻子去世之后，曾经派人前往君士坦丁堡延长和约，并把他的儿子送来作为人质。综合这些说法，合理的结论似乎是，这一补助仅仅在保加利亚皇后在世时支付，而彼得在她离世之后依然索要，因此遭到了罗斯人的惩戒，被迫以谦卑的条件和帝国重新签约。从这个角度来看，这笔补助是给保加尔人的收益，目的仅仅是让作为他们皇后的拜占庭公主能够如一位帝国公主那样体面生活——或者说，用来资助留在保加利亚宫廷的有头衔的帝国女大使或间谍。[61] 与此同时，记载还提及，罗曼努斯还得到了大批战俘。他是否为此支付了赎金我们不得而知，但记载文字暗示，在沙皇彼得看来，和皇帝的女儿成婚，算是足够的报偿了。[62]

名号上的让步则更为明确。拜占庭帝国一方不仅同意承认保加利亚牧首的独立地位，[63] 也承认保加利亚的君主拥有皇帝头衔，[64] 而且给保加利亚的大使最高的位次，作为附加的尊荣。[65]

这些便是在墨森布里亚拟定并于君士坦丁堡确认的条款。作为多次战败的一方，拜占庭帝国的谈判非常成功。领土上没有出让任何重要地区，或许还收复了可观的土地；岁贡方面，支付的数额没有增加，名义上还是补助给拜占庭公主所管理的宫廷；此外，帝国还赎回了所有俘虏。名号上的让步或许伤害了拜占庭帝国的威望，但没有实质损害。诚然，承认牧首区的独立地位，也就是说，承认一个既成事实，实际上非常有利，因为这最终消除了保加尔人倒向罗马的渴望，而罗曼努斯无疑意识到了这一点。保加利亚君主获得瓦西琉斯的头衔，而他的大使由此拥有相应位次（超过了所有外国的权贵），这才是更突出的举措，用小恩小惠满足了保加尔人的虚荣心。但罗曼努斯似乎随意剥夺了这个头衔——至于是不是惩罚彼得不友好的行为，比如支持他岳祖父尼基塔斯的阴谋，则不得而知；但可以确定，拜占庭宫廷依然称彼得为"执政官"，直到"生于紫室者"君士坦丁执政。[66] 因此即使是保加尔人在多年胜利后赢得的和约条款，也很难掩饰住保加利亚已经崩溃的事实。西美昂不绝的干劲耗干了自己的国家，使其内部受损，他的军队最终战败，他最终离世，而他的国家最终跌落尘埃。拜占庭帝国则在惊喜之中，突然发现当年在北方持续破坏的恐怖强权不复存在，取而代之的是近乎附庸国的孱弱国家，国土庞大却已耗竭，异族入侵者在其边境肆意漫游。和平协议没有遭到任何抗议，延续了约 40 年——在巴尔干半岛浮夸的历史中，出现了罕见的稳定。

　　帝国就此胜利渡过了穆斯林围攻君士坦丁堡以来的最大难关。现在我们回溯这场战争，会发现拜占庭帝国才是更强的一方，有自觉塑造的威望、仔细构建而成熟的组织；相比之下，保加利亚就如同仓促建立在流沙之上的帝国。但在当时，似乎只有君士坦丁堡的城墙阻挡帝国走向灭亡，而宫廷之中的混乱似乎在一天天将灭亡拉近。若是西美昂入城了，那么对拜占庭帝国肯定是巨大的冲击，此等恐怖要是降临，实际上将如同提前上演第四次十字军破城的故事。尼古拉斯试图通过会谈与妥协解决这个问题，短视的他甚至准备让西美昂通过女儿的联姻进入宫廷，只为了能把保加利亚教会保持在自己的控制之下。佐伊对危险的认识更清楚，她坚定地以武力对抗武力，将一切押在军事胜利上，然而西美昂确实是更出色的军人，她输了。罗曼努斯比这几位先辈更明智。他先安稳地立足于君士坦丁堡,而后在城中耐心等待。他清楚只要控制好首都,西美昂就无法猛攻巨大的城墙,而且若攻城者没有海军支援,他的首都就是牢不可破的。因此他愿意暂时牺牲欧洲各省区的利益,直到西美昂在没有结果的胜利之中耗尽力量。与此同时,他也以拜占庭帝国传统的外交武器——在这方面他堪称大师——加速了对手的耗竭。西美昂不断因为后方而分心,草原上的各大部族威胁着他,而塞尔维亚人每过几年就要攻击他。他四处征服,却愈发疲惫,直到遭遇克罗地亚的灾难(而罗曼努斯并未插手),最后逝世,他的成就就此瓦解。在此之后,罗曼努斯谨慎安排了一个温和而令人满意的和平协议,保加尔人从此再未给他带来什么大纷扰。危险已经过去了,保加利亚的辉煌时代已经落幕。要想恢复旧日的荣光,保加利亚需要一位远远胜过西美昂和鲍里斯的战士和政治家。然而此时它的沙皇彼得,只是一个圣徒。

第六章

拜占庭与草原民族

保加利亚的瓦解，完全改变了帝国的涉外事务。此前，即使在从未长期保持和平的意大利和东部边境，希腊人也因为巴尔干的巨大威胁而行动受限。现在这个威胁终于不复存在，罗曼努斯可以不受干扰，转而惩罚叛乱的伦巴第人，并展开他在幼发拉底河流域更宏大的征服计划。但最彻底的变化发生在保加利亚之外的草原民族之中。此前，在保加利亚的强盛时代，保加利亚充当了草原民族和帝国之间的缓冲地带，阻挡了草原民族对帝国省区的侵袭。因此，帝国对待草原民族的外交手段简单而直接，完全就是劝诱和贿赂他们进攻保尔人的后方。但如今保加利亚衰落了，立于其残骸之上的帝国要直面这些掠夺成性的部落。他们如今可以轻易袭击帝国的省区。此外，50年来，草原上发生了大规模的迁移与变化。罗曼努斯如今要面对的是一系列全新的问题，它们复杂多变，需要微妙灵活的解决手段。

保加利亚如今无关紧要了。它无力而倦怠，有一个希腊化的宫廷与统治集团，一群难以驾驭的保加尔贵族和一群不安分的斯拉夫农民，他们借异端的名义掩饰其消极的反抗。拜占庭帝国的史学家能够忽略保加利亚的事件，除了一些一笔带过的记载，如出身希腊的保加利亚皇后时常返回家乡探亲，不过她在父亲去世之后仅仅回去过一次；[1] 保加利亚的皇子约翰试图煽动贵族叛乱推翻兄长，却被逮捕并送进修道院，而罗曼努斯则及时派使者设法解救他，免除了他的修道誓约，让他在君士坦丁堡的一座宫殿中居住，和来自亚美尼亚的新娘成婚；[2] 彼得的异母兄长米海尔逃离了软禁他的修道院，在阿尔巴尼亚群山之中组织起一伙反对者，这些人在米海尔死后甚至大胆地入侵帝国，劫掠了重镇尼科波利斯。[3] 和平得以延续，但当罗曼努斯把约翰接进宫中之后，他就必须偶尔为事态降温，这表明他甚至想要扶持一个王位觊觎者来对抗自己的孙女婿彼得；在930或931年，他还积极资助塞尔维亚人反叛保加尔人；[4] 而因为某个未知的事件，罗曼努斯决定收回保加利亚君主的瓦西琉斯称号。[5] 但保加利亚没有条件与帝国敌对，它自己的麻烦足够多了。它无力抵挡境外的袭击者，而境内的保加尔贵族则因反对希腊化的宫廷而在自己的封建城堡中愠怒，农民们则开始受一个名叫鲍格米勒的布道者影响，他鼓吹清洁论和摩尼教信仰相结合的异端思想，是巴尔干长达几个世纪的祸乱之源。由此，普雷斯拉夫与君士坦丁堡维持了表面上的友好关系，保加尔人也接受了几乎成为附庸的样子，向帝国传送来自草原的动向和突袭的警报，承受着草原部族的第一波冲击。对西美昂荣耀的帝国而言，此时的景况可谓悲哀。彼得是代父受过。拜占庭人对这些鲜有察觉，他们现在没有要解决的保加尔人难题了。

在巴尔干半岛之外的部族之中，给帝国造成最大烦扰的就是匈牙利人，或马扎尔人。此时匈牙利人在历史记载中出现不久，直到近期才抵达后来以他们之名命名的国度。他们由一系列相关联的部落组成，各部由各自的王公掌控，战争时紧密组织起来，受头领王公指挥，而这种领袖最终发展成了匈牙利君主。9世纪后半叶，他们居住在可萨人周边，位于顿河沿岸；然而在880年，随着草原上各部势力的洗牌，在东面乌泽人（Uzes）的直接压力之下，他们向西稍微移动，来到喀尔巴阡山东侧。他们在那里进入了拜占庭的政治影响范围。[6]

此时的拜占庭帝国，似乎迷失在斯拉夫人的包围中。北面就是领土广大的保加利亚王国，此时那里以斯拉夫人为主；西面是斯拉夫人中的塞尔维亚人和克罗地亚人；再往北是斯维亚托波尔克领导的庞大的摩拉维亚；而在更北方，则是波希米亚与波兰；东方的第聂伯河流域，罗斯人的力量正在发展。此外，帝国内部也有大量不服管束的斯拉夫人。匈牙利人是作为援军到来的。大约895年，皇帝利奥六世在和保加利亚的西美昂作战时，就召来匈牙利人袭击保加利亚的后方——在他看来，用这些异族去和与自己同一信仰的保加利亚人作战，更加虔诚又更少花费。当匈牙利人暂离家乡，进入保加利亚时，西美昂设法和佩切涅格人结盟，让他们掠夺并摧毁了匈牙利人的家园；当匈牙利人返回时，只得迁移他地。大约在900年，在他们的领袖阿尔帕德率领下，他们穿越喀尔巴阡山，来到此前由摩拉维亚和保加利亚掌控的多瑙河与蒂萨河之间的平原和特兰西瓦尼亚的丘陵地带。到907年，摩拉维亚王国瓦解，而匈牙利人在这个空位中稳稳地安顿下来。[7]

佚名的匈牙利史学家宣称，他们遭遇了保加利亚人以及少量希腊人的抵抗。[8]保加利亚人无疑会抵抗他们，但希腊人几乎不会反对摩拉维亚瓦解或保加利亚损失一半的领土。匈牙利人依然距离帝国足够近，会突袭帝国，但现在他们受到了附近西欧地区财富的诱惑，注意力开始转向；而斯拉夫人的大摩拉维亚消失了，保加尔人愈发孤立，拜占庭帝国肯定喜欢这个变化。在新土地定居下来之后，匈牙利人就自由而成功地袭掠他地。德意志和意大利遭受的破坏最大，而法兰西也未能幸免，骇人的匈牙利骑兵甚至一路冲杀远至安达卢西亚。拜占庭帝国也不可能完全避开。大约在阿尔帕德逝世时（907年），两位突出的王公率领的匈牙利掠夺者南下，远达马其顿，令沿途的保加尔人和马其顿人心惊胆战；而后他们转向掠夺拉什卡（Rascia）和底拉西乌姆军区。这群人逗留得太久，最终忘记了回家的路，留下来成为巴尔干民族大熔炉中的新成分。[9]

巴尔干半岛似乎安定了25年；不过在与保加利亚的战争期间，拜占庭外交使节忙着在马扎尔人的王公之间活动。在930年之后不久，匈牙利人重新开始入侵帝国，而其中的细节难以解释。所有希腊语编年史记载——因此没有理由怀疑——都提到，934年4月，匈牙利人向君士坦丁堡进发，途中劫掠了色雷斯。首席典衣官狄奥法内斯出城与他们会谈并商定和约。他大获成功，让希腊人和匈牙利人都满意——不过希腊人支付了大笔钱财，而罗曼努斯大发善心，不惜花费金钱赎回了俘虏。[10] 匈牙利史学家的记述含糊得多，一种说法是这次入侵发生在第21年（自征服摩拉维亚之后21年，即约928年），匈牙利人夺取了哈德良堡（希德罗波利斯），并包围了君士坦丁堡，还提到皇帝出城单挑以及背信弃义的故事，匈牙利人最终撤退并破坏了整个希腊。[11] 另一种说法称入侵发生在第20年，仅仅提到君士坦丁堡防卫太过坚实，无法攻破，因而匈牙利人劫掠了希腊的其他地区。[12] 而佚名匈牙利史学家没有提到年份,仅仅指出匈牙利人焚毁帝国首都金门的说法不实。[13] 目前为止,这些记载足够吻合,然而同时代的马库迪的记载带来了难题。按他的说法,在帝国边境,一处山脉与大海之间的战略要地中,有名叫瓦兰德尔(Valander)的重镇,"托尔克斯人"(Torks)无法突入这里。然而一名来自阿尔达比勒(Ardebil)的穆斯林商人因为受冒犯而引发了争执,导致瓦兰德尔的居民袭掠托尔克斯人的领地。托尔克斯人就此正式联合起来——文中似乎指匈牙利人与巴什基尔人和佩切涅格人联合,由一位佩切涅格首领指挥——集结6万骑兵进攻瓦兰德尔。皇帝"阿门努斯"(罗曼努斯)派出5万人的希腊部队和1.2万名新皈依基督教的士兵对抗托尔克斯人,但希腊人惨败。托尔克斯人饱收俘虏,乃至一条丝绸裙子一度可以换一个女俘。在瓦兰德尔城外逗留一段时间之后,托尔克斯人离去,前往西欧。马库迪记载称这一切发生在932年。[14]

显而易见,这些说法所指的都是同一次袭掠,学界通常也如此认为。马夸特全面研究了这一问题,[15] 他也颇为惊讶,不过他认为马扎尔人与佩切涅格人联合的说法可信,并认定瓦兰德尔是布尔加斯湾的德维尔托斯,但这一说法也不能解释特定问题。德维尔托斯确实是通往君士坦丁堡的一条主要路线上的关键地点,佩切涅格人肯定会走这条路线——但马扎尔人未必;而且其位置确实位于希腊边境,我相信其应当是希腊人的城市。[16] 然而如果当地居民想去袭掠托尔克斯人乃至佩切涅格人的领地,他们要走的路程至少也有150英里,要穿越保加利亚的领土并渡过多瑙河。帝国边境没有和所谓"托尔克斯人"即马扎尔人或佩切涅格人的领地接壤的土地。帝国在这一事件中扮演的角色难以确知。无论

932 年还是 934 年，罗曼努斯都忙着在东部开展大规模的军事行动，不可能迅速在色雷斯集结起如此规模的部队。此外，希腊编年史家对入侵的记载很有条理，不可能无视如此轰动的事件。最后，即使有可能设想马扎尔人和佩切涅格人结盟，这种联盟本身的存在也极不可能。

真实的情况只能猜测了。马库迪的说法，基本可以肯定是源自在瓦兰德尔居住的穆斯林商人，并且其在口耳相传的过程中愈发耸人听闻。瓦兰德尔居民掠夺托尔克斯人领地的说法当然不可采信，但确实有一种可能，即马扎尔人在掠夺保加利亚邻近帝国边境的土地时，边境城镇居民鲁莽地袭击了他们的营地。马扎尔人随即入侵色雷斯，击溃了军区的民兵部队，胜利之后，在当地大肆掠夺，直到狄奥法内斯的使团到来；他们在色雷斯以及之前在保加利亚的收获如此丰硕，以至于俘虏奴隶的价格极低。记载提到狄奥法内斯和他们谈判时，罗曼努斯慷慨解囊赎回了被掳走的所有臣民，或许他向马扎尔人首领支付的就是丝绸衣物这种特别受人喜爱的拜占庭出口商品，而马库迪听到的故事就这样传了出来。按照这个说法，德维尔托斯确实最可能是所谓的瓦兰德尔。如果马扎尔人掠夺保加利亚，他们或许会前往该国财富的主要集中地普雷斯拉夫；而若是从普雷斯拉夫周边地区转往色雷斯，自然会走经过德维尔托斯的路线。然而也有一种可能是（不过我认为并不可能），马库迪记载的是实际上发生在 932 年的更西面的另一次袭掠，而瓦兰德尔应该指的是阿弗罗纳（Avlona），或者巴尔干半岛西侧海岸的其他城市。

除此之外，罗曼努斯执政时期仅有一次马扎尔人的掠夺见于记载，而其辨析则容易得多。943 年 4 月，马扎尔人全军出现在色雷斯，但罗曼努斯再度派狄奥法内斯前去和谈。他足够成功，签署了五年的和约，无疑在送出了可观的钱财与礼物之后，带着一些显赫的人质返回了君士坦丁堡。[17] 罗曼努斯失势之后，和约在948年延长，而且贯穿了"生于紫室者"君士坦丁的执政时期。

有趣的是，当西欧在匈牙利人面前疯狂战栗，一直把他们当成童话故事里的反派之时，[18] 更加习惯战乱的东部帝国对此则相当平静。此外，西欧那时并无均衡协调的意识，也未见识过佩切涅格人。

而所有见识过佩切涅格人的民族都畏惧他们。即使是匈牙利人，见到希腊人请求与他们结盟来对抗佩切涅格人时，也会在惊恐之中畏缩不前。[19] 而"生于紫室者"君士坦丁，则向他的儿子反复坚决强调一个建议，即绝对有必要和佩切涅格人保持和平关系。他们的领土并没有明确的边界，沿着黑海北岸从多瑙河延伸到顿河。他们是在近期，大约900年，把匈牙利人赶到喀尔巴阡山的另一边，而最终定居在这一地区的。他们此前居住在更东边的伏尔加河流域，他们的一些同族依然留在那里。从民族学上来看，他们似乎是源自突厥系，而且有突厥系民族惯有的组织模式，分为八个部，各部在王公领导下，各控制一个区域——君士坦丁称这些区域为"军区"；而在战争时期，无疑由某个部的王公统领全军，与匈牙利人类似。[20] 他们野蛮得不可救药，比匈牙利人更甚，过着住毡帐的游牧生活，而他们凶残野蛮的行为，令周边各民族厌恶。

君士坦丁的建议，显示了君士坦丁堡人在面对佩切涅格人时是何等忧虑，在他们看来这些人近乎不可战胜。而且君士坦丁也强调，应当每年派遣使团面见佩切涅格人的王公，指导他们的行动。使团或者从克尔松出发，或者直接从君士坦丁堡出发，走海路抵达第聂伯河或者德涅斯特河的河口。[21] 但或许这种直接的外交联络仅仅是在特殊情况下进行，而平常佩切涅格人的事务由克尔松军区将军管辖。当然，在佐伊摄政时期，正是克尔松军区将军博加斯向首都报告了保加尔人和佩切涅格人密谋的消息，并亲自前去与佩切涅格人协商。[22] 克尔松作为拜占庭殖民地，其存在几乎完全有赖和平的维持。

在罗曼努斯执政时期，看来维持了这种和平政策，而每年使团送出的丰富馈赠与带回的人质也实现了这一目标。在佐伊的时代，这种结盟关系密切得足以让佩切涅格人袭击保加尔人的后方；尽管作战无果而终，但佩切涅格人与帝国的良好关系可以成功震慑保加尔人、匈牙利人、罗斯人、可萨人。双方关系很少出差错。934 年，佩切涅格人或许加入了匈牙利人的袭掠行动；941 年他们放罗斯人经他们的领土前去帝国劫掠，而无疑条件是罗斯人要献出比帝国使节的馈赠更丰厚的礼物；944 年保加利亚还送来了令人痛苦的警报："罗斯人正在赶来，而佩切涅格人加入了他们。"保加尔人有理由悲伤，因为最终遭受劫掠的是他们。罗曼努斯则足够精明，用钱财换取了可接受的和平。[23]

佩切涅格人之外是罗斯人，这个庞大的斯拉夫部落同盟从芬兰湾延伸到第聂伯河下游，由来自北欧的留里克家族统治。罗斯人的组织形式有所不同。许多边远的部族，比如德列夫利安人和塞维利安人，深陷于粗野的野蛮状态，令内斯托尔惊恐。然而这一族群的主体比之草原部族，相对文明开化，他们居住在简陋的城市中，其中一些城市，比如诺夫哥罗德和基辅，是相当重要的地方，而此时那些地方已组织成为明显的"瓦兰吉人"（北欧人）贵族统治下的封建结构。希腊人已经和罗斯人建立了联系，友善与敌对兼有。早在839年双方就签署了近乎条约的协议，而在狄奥多拉和米海尔三世时期，罗斯人掠夺了希伦（Hierum）。[24] 在留里克（约880年）及其后继者的领导下，罗斯大为发展，而到了10世纪初，他们不仅与君士坦丁堡，而且与可萨人乃至遥远的波罗的海沿岸居民开展规模可观的贸易；从诺夫哥罗德到第聂伯河的贸易路线，如历史上常见的那样，是欧洲的重要贸易路线之一。[25]

按内斯托尔的说法，在大公奥列格的率领之下，罗斯人曾在907年水陆并进，大规模远征君士坦丁堡，而奥列格的胜利成果之一就是与希腊人签订协议，内斯托尔引述了协议全文。[26] 这次远征未见其他记载，可能是传说——想象的意志实现——也有可能远征的是保加尔人。不过签订协议的事可能属实，希腊人借此避免罗斯人计划的远征。907年的协议中规定，真正的罗斯商人可以获准进入君士坦丁堡贸易，但要有一名卫兵陪同，而且要住在城外的圣玛玛斯，其间可以获得伙食补贴。此后在912年，协议增添了新条款，规定了如果罗斯人杀害或偷窃希腊人，以及反之，应当如何惩罚（显然圣玛玛斯的这些外来者没有带来什么高尚德行）；另外也规定了有关奴隶的法律；此外，或许出于希腊一方的要求，还规定了希腊船只若是在罗斯人的地域失事或翻覆，不应当被掠夺，而水手应得到帮助，返回基督徒的土地，被拿走的货物也应支付相应的补偿。与此同时，帝国似乎同意向罗斯人支付一笔补助，无疑与给佩切涅格人的岁贡类似。[27]

与佐伊和罗曼努斯同时代的罗斯大公，是留里克之子伊戈尔，他在913年摆脱了奥列格的监控，一直活到945年。在与保加利亚作战期间，帝国或许谨慎地给罗斯人支付了补助，避免罗斯人与保加尔人合流；也有可能是帝国借助外交手段，让罗斯人陷入与佩切涅格人的争斗——这是伊戈尔执政早期的一个特点。伊戈尔也忙着和德列夫利安人战斗了数年，而这个凶悍的斯拉夫部族最终杀死了他。[28] 无论原因如何，941年，帝国已经不再支付补助，而伊戈尔已足够强大，计划对君士坦丁堡发动大规模入侵。

伊戈尔的入侵准备近乎绝密，保加尔人的警报刚送到不久，罗斯人的入侵舰队就出现了。入侵者全部从海路前来，而舰队的规模相当可观，一些希腊记述者甚至愤怒地坚称，敌人有不少于1万乃至1.5万艘船[29]——称为"dromites"，是一种轻便的快船，和法兰克人的船只类似——而内斯托尔照搬了这一说法。但当时的意大利使节（没有相关爱国立场）告诉继子柳特普兰德，船只大概有1000艘多一点；[30] 按这种说法，船上有约4万人，他们是罗斯冒险者，而不是大批斯拉夫征召兵。[31] 希腊海军正在岛屿地区，或在与穆斯林作战，而罗曼努斯也因为无望而失眠。造船工匠们奉命尽可能整修从港口里搜罗出的15艘老旧的"运输舰"（chelandia），而首席典衣官狄奥法内斯，在斋戒与哀歌以及（更有用的）希腊火的武装之下，带着这些船出守博斯普鲁斯海峡的北侧入口。6月11日，罗斯人的舰队出现在视野之中，而狄奥法内斯也派出喷火船迎击。这种令罗斯人敬畏的新奇武器实现了主要目的，罗斯军队在损失了几艘船之后向东退却，沿着比提尼亚的海岸抵达斯格拉（Sgora）。他们在那里登陆并分为两支大军，破坏了从赫拉克利亚到尼科米底亚的乡村地区，他们无情屠杀所有俘虏，并以特别恶毒的方式处死教士。但与此同时，希腊陆军已经从亚美尼亚赶来,而海军则从穆斯林的海域返回。曾任军区将军的巴尔达斯·福卡斯率领一批骑兵与步兵(大概是军区的民兵)肃清了大部分搜寻粮秣的罗斯人,而了不起的禁军统帅约翰·库尔库阿斯也率领全军急行军抵达,掠夺者开始败退。入秋之后,畏惧的罗斯人开始怀念家乡的安稳。但撤退十分困难,因为狄奥法内斯已经集结了装备精良的强大舰队,监视他们的动向。9月,他们企图暗中趁夜溜到色雷斯,但狄奥法内斯做好了准备,在途中发动截击。希腊火如同天降之火一般,罗斯人纷纷惊恐地跳入水中,许多人溺亡,而有些粘上希腊火的人甚至在波浪中燃烧。远征大军只有一小部分人逃回了罗斯,讲述希腊海战的恐怖,并谋划大规模的报复。在君士坦丁堡,狄奥法内斯则得胜归来,被提升为内廷总管;被俘虏的罗斯人(人数众多)则在各国使节面前被全部斩首。[32]

941年的远征,本质上是一次大规模的维京海盗式袭掠,为的是抢掠和破坏。如果成功的话,君士坦丁堡或许会被洗劫一空,再留给幸存的希腊人。[33]三年后,伊戈尔做了更为坚实的复仇计划。伊戈尔(以真正的封建方式)从他领地的各区域召集了斯拉夫部族,内斯托尔列出了引人注目的受召部族名单;而且伊戈尔设法出钱让佩切涅格人一同出击——或许那一年的希腊使团来得太晚,带的钱财不足,又或者是克尔松将军办事不老练。这次,由于远征军无疑要走陆路,罗曼努斯及时接到了来自保加利亚和克尔松的警告,而为了避免首都再次遭袭击,他匆忙派出使节,以极为和平的姿态前去和谈。使团与伊戈尔在多瑙河边会面,他们付出了昂贵的赠礼,与之草草达成停战协议,并贿赂了佩切涅格人。罗斯人返回了故乡,而佩切涅格人趁保加利亚沙皇松懈之机转而掠夺保加利亚。然而伊戈尔决定不浪费他的大军,他率部向东南方向来到里海附近,突入距离家乡甚远的亚美尼亚边境,大批士兵因痢疾而惨死。[34] 次年(945年)年初,帝国的使节前来与罗斯人商谈永久和平协议,他们离开君士坦丁堡时罗曼努斯尚未失势,因此和约以罗曼努斯、斯蒂芬、君士坦丁三人的名义起草。内斯托尔全文引述了和约,它本质上是之前协议的继续,规定了价格与刑罚,罗斯人前往君士坦丁堡或希腊人前往罗斯土地的惯例,以及希腊人对克尔松的完整控制。协议显示罗斯已经发展成了组织有序的国家,拥有巨大的商业利益,这利益以封建方式在一些城市之间分配,这些城市由贵族统治家族统治,并共同效忠于基辅大公。协议也显示了拜占庭帝国政府对首都安保的严密管控(异族只有卫兵陪同才能入城,每次仅能进入50人,而且罗斯人不得在博斯普鲁斯海峡沿岸越冬)以及对帝国贸易的控制。[35] 双方对这个协议都颇为满意,和平维持了25年。

在佩切涅格人和罗斯人的东面,可萨人控制着从亚速海和克里米亚到伏尔加河与里海北岸的土地。[36] 可萨人很久以前是突厥系的游牧部族,[37] 而如今已经在他们目前居住的地区定居了大概两个世纪,是草原上文明程度最高的部族。可萨汗国和同时代的其他国家都不同,可萨人的君主在寻找国教时(大约在800年,或更早时)放弃了基督教和伊斯兰教,选择了更合适的犹太教,可萨汗国因此成了犹太传教士在周边地区活动的中心。即使如此,平时可萨汗国有完全的宗教宽容,大多数居民可以信仰基督教或者伊斯兰教。这种状况在草原上同样出乎意料。可萨汗国是君主专制政体,无所事事而地位最高的可汗(Ilek)与25名出身高贵的妻子以及 60 名侍妾居住在伊铁尔（Itil）的砖砌宫殿之中，他的生活如同谜团，他每年仅仅露面三次，余下的时间没有人能够走到离他一英里的距离之内，只有汗国之中地位最高的三位权贵能够来觐见。此前的可汗执政一定的年限后，就不得不死亡，不过此时这个野蛮的习俗已经不复实行。国家由可汗贝伊管理，他是世袭的宫廷主官，也是总指挥官和宰相，甚至能够任命可汗。贝伊和可汗都必须信仰犹太教。司法由七位法官来管理，两位犹太教法官按希伯来教法审判，两位基督教法官按福音书的律法来审判，两位穆斯林法官按《古兰经》的律法来审判，还有一位异教徒法官按照常理审判。可萨人的文明充分发展，他们居住在城市里——首都伊铁尔位于伏尔加河三角洲，除了宫殿，确实可谓"毡帐之城"；不过亚速海滨还有希腊人建造的萨克尔城，里海西岸还有巴兰贾尔（Balanjar），两座城都是重要的商业中心——而且他们也和各国保持外交联络，并记载外交活动，其足迹甚至远达西班牙。他们的贸易网应该很广大，但奇怪的是，伊本·法兹兰（Ibn Foszlan）宣称可萨汗国实际上没有出口贸易。[38]

多年以前，可萨汗国拥有强悍的军事力量，但文明发展让可萨人变得热衷和平，与邻近国家形成鲜明对比。此时他们依赖雇佣兵，主要是穆斯林雇佣兵，例如 7000 人的可汗卫队，他们坚持选择自己的维齐尔，而且绝对不与和他们有相同信仰者作战。因此在某种意义上，可萨汗国在外交上算是伊斯兰国家；但该国与君士坦丁堡的关系还是比巴格达的紧密。922 年阿尔巴尼亚对犹太人的迫害（或许由狂热的埃米尔纳斯尔推行）导致可萨汗国报复穆斯林；而罗曼努斯迫害犹太人，导致大批来自帝国的犹太人被迫到可萨汗国避难，他却似乎没有因此遭遇敌对行动。拜占庭久已有之的政策，就是尽可能和可萨汗国保持最友好的关系，甚至联姻。此前这种政策相当有必要，可以庇护克尔松乃至巴尔干。但由于可萨汗国日渐衰微，而帝国与该国之间的佩切涅格人很强大，拜占庭帝国发现自己可以势利地轻视该国。确实，该国依然是克里米亚的主宰力量，对克尔松存在威胁，但只要出钱给阿兰人、伏尔加保加尔人、乌泽人，让他们进攻可萨汗国，就能轻易控制可萨人；不过雇用佩切涅格人或许就用力过猛了，没人希望可萨人彻底消亡。他们对帝国还有用，可萨可汗吹嘘他控制了罗斯诸河的入海口，可以阻止罗斯人涌入外部世界；尽管这个说法不再属实，可萨人没有控制罗斯人最重要的河流第聂伯河，但他们依然控制着顿河和伏尔加河，遏制着罗斯人向东方的移动。可萨人依然是维持大草原势力平衡的微妙而互相交织的外交活动中的重要因素；皇帝要注意自己的朝廷和伊铁尔方面的持续联络，而且他憎恶其他国家统治者联络可萨可汗的行为。西班牙拉比哈斯代（Hasdaï）的使节到君士坦丁堡面见皇帝时（约950年），皇帝就拒绝把他的信转给可萨可汗，结果这封信被迫走另一条危险的路线，从德意志出发，穿越匈牙利和保加利亚。[39]

罗曼努斯执政期间，帝国似乎和可萨人保持着友好关系，甚至皇帝出于宗教原因而驱逐了犹太人，关系也未破裂。双方商谈的具体细节完全不存，不过从贯穿这一时期的结果来判断，拜占庭帝国对可萨的外交工作维持了有效的水平。

在可萨人的北方，是臣服于他们的布尔达斯部，尽管该部已经接受了基督教或伊斯兰教（他们的国王信仰伊斯兰教），社会却依然原始落后。[40] 更远的是所谓的黑保加利亚（或称白/银保加利亚，或伏尔加/卡马保加利亚），居住于此的伏尔加保加尔部族与迁徙到巴尔干半岛的更有名的保加尔人同源。伏尔加保加尔人文明程度中等，他们耕种土地，在罗斯人与可萨人之间的贸易中有相当的地位。他们用狐皮作为通货，为了与异族贸易，也开始认可钱币的价值。他们的主要城市保加尔城，位于伏尔加河畔，其规模足以让穆斯林地理学者惊愕。[41] 然而伏尔加保加尔人依然足够粗朴，喜欢掠夺周边势力，甚至远行两个月前去掠夺希腊人帝国的土地。[42] 伏尔加保加尔人的君主意识到了文明的统治者应该信奉更高级的宗教，而非自然崇拜，921年，在他的请求下，伊本·法兹兰从巴格达前来传播伊斯兰教。法兹兰在次年来到黑保加利亚，发现改信者已准备好了，他为他们建造了清真寺，还建造了一座坚固的阿拉伯式堡垒。[43] 无疑，他的传教活动和政治热情导致了伏尔加保加尔在923年袭掠帝国，远至希腊海滨的"菲尼迪亚"（Phenedia），在那里，他们和塔尔苏斯埃米尔的舰船会合——其中一些人陪同他返回哈里发国的土地。[44] 拜占庭外交工作的疏忽让黑保加利亚加入了伊斯兰同盟体系，但那时的帝国太过忧虑地忙于对付巴尔干的保加利亚人，无法进一步向远方行动。此外，对一个有东方偏好的国家而言，伊斯兰教必然比基督教更有吸引力。然而，尽管伏尔加保加尔人已有袭掠帝国的宗教诱因，但他们的袭掠活动似乎很少——923年的袭掠似乎并无严重后果，而且是这一时期唯一见于记载的袭掠活动。在拜占庭帝国眼中，他们也有一定的价值，在可萨人威胁克尔松安全时，他们能够也愿意袭击可萨人的后方。[45]

在可萨人的东方居住着乌泽人（穆斯林地理学者称他们为古

斯人［Ghuzz］），他们近期抵达欧洲的边缘，引发了 10 世纪之初的一些部族动荡。他们同样处于野蛮状态，与佩切涅格人类似，而对帝国宫廷而言，他们的重要之处仅仅是对可萨人的潜在牵制。[46] 库曼人，即此后罗斯史籍之中的波洛伏齐人，此时仍在乌拉尔山区，同样处于野蛮状态。可萨人以南的邻居阿兰人，在草原事务方面有外交价值，本质上是高加索的部族，因此将与高加索政治关联起来讨论。黑保加利亚以北的维苏部（Vissou）和尤拉部（Youra），居住在黑夜最短时只有一个小时的土地上，而且处于如此状况中：若其中一方冒险入侵保加利亚，则整个国家就会气温骤降。幸运的是他们土地上的严寒没有影响到其他更远的地方。[47]

帝国对待草原，本质上完全处于守势。皇帝不打算把匈牙利或者罗斯的平原纳入自己的版图，他的目标只是保持微妙的均势，让各部都不敢冒着自己老家被邻近势力袭掠的危险出兵袭掠帝国。让帝国完全免于每一次袭掠是不可能的，但好皇帝要经受的考验之一，就是尽可能让帝国免于草原部族的干扰。皇帝罗曼努斯一世应对北方各部，任务格外艰难。在 10 世纪初，匈牙利人和佩切涅格人的迁移完全改变了局势，而留里克王朝统治的罗斯的崛起带来了新变数；保加利亚的瓦解也让帝国突然陷入与草原的更密切的联系，达到了此前一个多世纪不曾有的程度。然而大约 950 年时，这些新状况已被充分处理，让"生于紫室者"君士坦丁七世能够记录（这些记录的价值并不止于一时）拜占庭帝国在这一时期最有效的外交手段。这些对外政策的规则，应该大部分出自罗曼努斯一世或者主管外交的大臣狄奥法内斯之手，自 927 年保加利亚战争结束后逐渐发展。

罗曼努斯成功实行了这些规则。最难约束的势力是位于最西侧的匈牙利人。西欧的军队尚无法有效抵御他们——帝国当然不希望有抵御行动，因为如果向西受限，他们就会把更多注意力转向东。而佩切涅格人，理论上可以从东方前来对抗他们，但需要劳师穿越喀尔巴阡山，因此佩切涅格人宁肯在草原上掠夺，这样麻烦更少。然而即使是匈牙利人，在罗曼努斯执政时期也仅仅袭掠了两次。罗曼努斯在失势之前与之达成了五年的和约，而他的继任者不费力地延长了和约。罗斯人实际上仅仅侵入过帝国领土一次；而罗曼努斯与他们达成的和约延续到了"生于紫室者"君士坦丁执政时期结束之后，也间接推进了大公夫人奥列加（君士坦丁的访客，伊戈尔的寡妻）支持下的罗斯的基督教化。而从西美昂逝世到罗曼努斯失势，在匈牙利人和罗斯人之外，再无其他异族势力袭掠巴尔干省区。[48] 这个经历证明了史学家迟缓地意识到的问题：尽管拜占庭的文献论述明显有教条主义，实际上拜占庭人会调整外交政策，以适应他们常常遇到的不断变化的新形势。

其中最突出的有两点。其一是拜占庭人乐于向异族支付岁贡，这不仅证明他们有足够的财富，也说明他们清楚战争的耗费何其高昂——而少有国家意识到这一点。其二则是拜占庭帝国谨慎照管着克尔松，那里是希腊人在黑海北方的单独据点。

克尔松的地位颇为独特。它名义上是帝国的军区，实际上只是被当作附庸城邦，下发"任命状"（keleusis）。直到狄奥菲罗斯执政时期，克尔松依然有自己选的地方治安官（proteuontes），不过如今它受一位军区将军更严格的控制，这位将军或许也是负责应对草原各部的主要官员。克尔松维持着古老的希腊城邦传统，不曾被罗马帝国改变,如今也并不安于帝国的控制,时不时反叛。但在那些情况下,帝国可以借贸易封锁轻易解决问题,正如君士坦丁在《论帝国管理》最后部分所写,没有贸易,克尔松人无法生存。[49]克尔松对帝国有两重重要意义,其一是贸易集散地,绝大多数来自草原的货物都要在这里装船,而这种带着和平与文明的贸易正在迅速发展;其二是草原地区的瞭望台,各部奇怪或可疑的动向消息都可以急速送往君士坦丁堡。因此克尔松必须保持完整,必须由皇帝好好控制,作为维持草原和平的手段与端点。

第七章

东部边境

草原上或巴尔干半岛的势力或许会渐长或衰弱，而拜占庭帝国的东部边境则要长期面对死敌。在君士坦丁堡的政治家看来，被无数侵略者蹂躏和践踏的欧洲诸军区并不十分重要；而最重要的省区，在小亚细亚，在那里的边境，三个世纪以来拜占庭充当了基督教世界对抗穆斯林的坚实壁垒，那些省区的平原和河谷依然富庶肥沃，居住着最顽强的帝国部族，是帝国庞大的征兵地。帝国的军事力量有赖于那些省区的完整。但守卫它们，意味着不断的战争，因为边境线之外便是挑战拜占庭帝国威权的另一个大帝国：哈里发的帝国，传统和信仰上的拜占庭死敌。

东部边境的历史向来错综复杂，引人注目，马其顿王朝时期尤其如此。不但阿拉伯人每年都进入帝国领土袭掠，而且拜占庭帝国同样时常组织远征，攻入阿拉伯人的领土；整个战争因为亚美尼亚以及高加索各公国的无数政治活动而愈发复杂，这些国家名义上臣服于君士坦丁堡或巴格达，或兼而有之，时而还要与自己的宗主或者同族开战。同时代记述者留下的记载不甚清楚。其中，希腊语资料尽管多有中断缺失，却最为可信；而阿拉伯人的资料最完整；亚美尼亚人的记载不但比阿拉伯人的更偏颇，而且年代学比希腊人还成问题。这种偏颇也延续下来；在西欧，那些心怀嫉妒的十字军士兵带回的说法代代相传，根深蒂固，成为惯常之见，其认定每一个阿拉伯人都是勇士，而每一个拜占庭人都是腐败无能的懦夫，并以此来解读他们的历史。在这种先入为主的偏见与自鸣得意的爱国心之中，将混乱的历史断片去伪存真，分类排序，是任何历史学家都不敢说能够完全承担的任务。

912 年，亚历山大继位之时，帝国东部边境已经有近两个世纪不曾出现大变化了。边境线大约自流入黑海的乔鲁赫河河口——特拉布宗以东约 100 英里处开始，大体沿该河向东南方向延伸，沿岸城镇如卡尔马赫（Kalmakh），则在帝国的控制之外；而后边界线急转向南，包纳了堡垒帕佩尔特，而后大约在埃尔祖鲁姆以西穿越幼发拉底河上游的北部支流。[1] 幼发拉底河两条支流之间的土地有多少由帝国掌控则无法说清。利奥六世吞并了"特克斯"（Teces）王公曼努埃尔的土地，开拓了帝国的领土，这一地区足够广大，加上卡马哈（Camakha）和克尔泽尼（Celtzene）这些城市及其辖区之后，升级成为一个名为"美索不达米亚"（意为两河之间）的军区[2]——此名中的"两河"所指的应当是幼发拉底河的两条支流。在两条支流汇合处，边境线脱离幼发拉底河转向西，抵达边境城市阿巴拉（Abara）和利坎多斯（Lycandus）——后者直到利奥执政时期才收复并筑防。边境线从利坎多斯再度折向南，沿着小托罗斯山脉和托罗斯山脉山脊划分，几个世纪以来已是如此。这些山脉的关口绝大多数几乎都由穆斯林控制，不过巴西尔一世为帝国永久收复了卢隆（Lulum），那里是最为重要的奇里乞亚山口以北的关键地点。[3] 在地中海沿岸，帝国控制的领土穿过奇里乞亚的塞琉西亚，延伸到拉姆斯河；[4]然而内陆地区却极为动荡，被穆斯林所占据，他们或许控制了从塞琉西亚前往巴拉塔的两个关隘。[5]

东部边境被进一步细分为三个区域：北部边区（从黑海延伸到幼发拉底河上游）、（中部的）幼发拉底河流域边区、（南部的）小托罗斯山脉与托罗斯山脉边区。其中北部边区最不重要，该区之外的阿布哈兹王国，其统治者向来忠于帝国；此外便是伊比利亚和亚美尼亚的一系列小公国，忙于内讧，无法给帝国带来什么麻烦。然而这一边区的主官哈尔迪亚军区将军有一个长期令他恼火的问题：幼发拉底河源头处的要塞城镇埃尔祖鲁姆，控制着阿拉斯河通向亚美尼亚的航路，却是伊斯兰世界在小亚细亚最远的据点之一。在北部，哈尔迪亚军区方向的征战几乎全部针对埃尔祖鲁姆。在南部，托罗斯山脉和小托罗斯山脉这一段边境则凶险得多，每年穆斯林通常从奇里乞亚的塔尔苏斯发动袭掠，蹂躏小亚细亚，而穆斯林对山口的牢固控制足以阻止希腊人对奇里乞亚发动报复掠夺。但山地也把这一地区的战争限制为袭掠和偷袭，在这里大规模作战太过困难。因此，中部的边区，美索不达米亚方向，才是最重要的战场。这一地区山地陡然变少，还分布着一些繁盛的城市，从小亚细亚经亚美尼亚南部进入波斯的主要道路就穿过这一地区。过去某些时候，皇帝们的政策聚焦于这一地区，特别是在巴西尔一世收复卢隆之后，拜占庭帝国恢复了对奇里乞亚山口方向一些道路的部分控制，而近期拜占庭帝国在这一地区控制的领土也大为增加。巴西尔在这一方向的重要成果是摧毁了保罗派群体，这些亚美尼亚异端因为其信条，不可避免与信仰东正教的帝国敌对。他们以特弗里克为中心；他们被消灭之后，帝国吞并了他们的领地。利奥六世尽管未有军事上的胜利，但他吞并了特克斯，在幼发拉底河北侧支流外建立了美索不达米亚军区，以此将边境往更东方推进。由此，在这一区域北部，帝国的边境迅速拓展；但更富裕的城市和主要道路都在更南方。正是在南方，罗曼努斯为自己的帝国立下了最大的功劳。

　　海上的战事几乎全部与塔尔苏斯边境有关。阿拉伯人和希腊人同样以海军行动支援或阻碍从奇里乞亚地区发动的陆上袭掠，阿拉伯人从塔尔苏斯出发，而希腊人从基比拉奥特（Cibyrrhaeot）军区和萨摩斯岛军区出发。从穆斯林海盗基地克里特岛发起的远征，大多数情况下与东部边境的军事行动没有关联。

　　912年，边境地区的紧迫状况对拜占庭帝国而言并不乐观。尽管利奥吞并了不少土地，但在他执政期间，帝国军队一律碰壁，绝大多数情况下被迫处于守势，而来自塔尔苏斯的袭掠则格外严重。这在很大程度上是因为边境地区的政治变化。帝国在亚洲的大敌是哈里发，哈里发控制的领土仍然从波斯一路延伸到埃及与阿拉伯半岛，不间断地效忠于他。在巴西尔一世执政期间，哈里发国正在衰退，哈里发本人也沦为萨马拉的突厥雇佣兵的囚徒，但在穆塔迪德和穆克塔菲两位哈里发在位期间，哈里发国曾短暂复兴，巴格达也重新执掌大权。然而在908年，未成年的穆克塔迪尔继位，在纷扰的摄政时期结束之后，他开始了软弱的统治。不过此时这还不明显。在希腊边境的省区中，奇里乞亚或多或少直接由巴格达掌控，当地的埃米尔，"塔尔苏斯与边境省埃米尔"，似乎与巴格达联系密切。而且，那里通常由能力出色的军官统辖，埃米尔达米安在913年亡故之后，继任的宦官比什拉（Bishra）同样忠于哈里发，让希腊人畏惧。在东北方向，幼发拉底河流域的城市，比如萨莫萨塔、梅利泰内、西斯曼苏尔，由各自的埃米尔自治，但它们也臣服于哈里发，遭遇帝国进攻时依赖哈里发的援助。再往东北方向去，就是亚美尼亚的诸公国，其中夹杂着一些穆斯林小国，这些小国家，比如埃尔祖鲁姆，往往因距离太远而无法与巴格达维持恒定的联络，不过它们自称哈里发的臣属，并通常将希腊人的进犯视作对它们信仰的威胁。亚美尼亚的诸公国在繁荣之时自认为是独立政权，而巴格达和君士坦丁堡都将它们视为附庸。此时阿拉伯人的影响力在亚美尼亚占据主导地位，到了让拜占庭宫廷严重担忧的地步。

乍一看，东部边境的诸战争连续而混乱，但更仔细地研究之后，可以将其分为相对独立的各场战争，它们由各自独立的状况所引发，也会在签署不同的和约之后停止，不过通常山地边境的袭掠无休无止，只有双方签署和约之后才会暂时停息。912年，拜占庭帝国并没有在边境参与明确的战争，直到915年，这一时期的第一次战争，"亚美尼亚"战争才开始。但在塔尔苏斯边境，近乎一年一度的袭掠行动已经进行了许多年，往往伴随着海上的袭掠，持续到917年签署和约才停止。在展开介绍亚美尼亚的战争起因与作战之前，我将先介绍一下这些袭掠。袭掠的目的仅仅是尽可能获取战利品或者俘虏，而袭掠者大多数情况下并不打算吞并领土或达成外交目的。因此，尽管它们让帝国烦扰，帝国为此要持续耗费力量，但它们不过是疥癣之疾，不会破坏帝国或撕裂帝国领土。拜占庭帝国对待袭掠者的政策就是在可行的情况下组织报复性的袭掠，特别是海上袭掠，如果袭掠无法实现，就要设法收复或占据袭掠者返回时必经的关口。就算无法组织花费甚大或者大规模的行动，各个受影响军区的将军也要设法靠当地民兵部队尽可能抵御。[6]

袭掠者通常从塔尔苏斯出发，不过有时候他们也会从美索不达米亚出发，穿过小托罗斯山脉山口而来。913年，凶悍的埃米尔达米安从塔尔苏斯出海，但在远征期间，他在斯特罗拜勒亡故，他的舰队无功而返。[7] 与此同时，侯赛因·伊本·哈姆丹（Hussin-ibn-Hamdan）从美索不达米亚发动袭掠，据说取得了成功。[8] 914年没有海上袭掠，而陆上袭掠由达米安的继任者宦官比什拉指挥，结果进攻失败，反而需要阿拉伯人出兵救援。[9] 这一切无疑是因为帝国在这一年更加活跃，而这种变化应当归功于皇太后佐伊。在915年初春，比什拉再度走陆路发动袭掠，取得了更大的成功，他自称俘虏了150名"显贵"。[10] 同年，由于希腊军队出兵亚美尼亚，幼发拉底河边境再度开战，局势随即变化。而后，在916年夏，袭掠者兵分两路，哈里发麾下大将、后来的哈里发卫队指挥官穆尼斯（Munis）从梅利泰内出击；与此同时，阿布·卡斯马（Abu-l-Kasma）则奉命从塔尔苏斯出击。穆尼斯取得了胜利，凯旋返回巴格达，而阿布·卡斯马的情况则未见阿拉伯人记载，我们猜测或许并不那么成功。[11] 917年，佐伊决定和阿拉伯人谈判，但在谈判结束之前，宦官苏穆尔（As-Suml）从塔尔苏斯出海袭掠，比什拉走陆路呼应，两方面袭掠都大获成功。[12] 在917年实际签署和约之后，袭掠暂时停止，直到922年。

相比主战场的交锋，这些袭掠不过是伴奏而已。自915年起，战争的重心和起因转到了亚美尼亚。亚美尼亚的历史极度复杂，我将在下文尝试梳理，此处我仅仅大概描述基本情况。中世纪初期的亚美尼亚由一系列大小各异的公国聚合而成，其中一国统治者会周期性地成为这一地区的最高统治者，并通常被某些外国君主加冕成为"万王之王"（king of kings）。这一地区信仰基督教，但追随一性论的异端，其教会因此独立于君士坦丁堡牧首的控制，由自己的"公教长"（Catholicus）管理。亚美尼亚的地理位置意味着它难免成为阿拉伯与拜占庭势力交锋的战场。尽管穿越亚美尼亚的道路大多为东西向，但居住在摩苏尔或美索不达米亚的阿拉伯人极不希望看到在北方邻近的群山之中出现好斗的强权；而波斯与小亚细亚的拜占庭帝国则分别位于亚美尼亚主要道路的两端，因此它们出于自我保护，都希望在这一地区控制尽可能多的土地。尽管帝国境内有许多亚美尼亚人，在为帝国服役，但在亚美尼亚地区，阿拉伯人的影响整体上占据优势，而且亚美尼亚人整体上也更愿意接受他们的影响，教条主义的亚美尼亚人认为，纯粹的异教徒也比卡尔西顿大公会议之后分道扬镳的基督徒要好。拜占庭皇帝向来将亚美尼亚的诸王公视作自己的附庸，但阿拉伯人在一个多世纪以来习惯于任命一位亚美尼亚王公作为他们在这一地区近乎总督的主要代理人，也在这一地区长期安插一位阿拉伯长官即奥斯提甘（ostigan）。885年，为了实行这一政策，哈里发穆塔米德给亚美尼亚最强大的君主、巴格拉提德家族的阿索特送去了一顶王冠，以及"万王之王"的头衔——而阿索特认为最明智的做法是由拜占庭帝国瓦西琉斯确认这一头衔。[13]

巴格拉提德家族在亚美尼亚王公之中地位最高。他们的领地位于这一地区的中心，位于阿勒山北侧和阿拉斯河流域，包括亚美尼亚的几座大城市，如公教长长期所在地多文，以及巴加兰（Bagaran）和阿尼（Ani）。其他的亚美尼亚贵族家族之中，最显赫的就是阿尔茨鲁尼（Ardzrouni）家族，他们统治着瓦斯普拉坎和周边地区，大概位于阿拉斯河、凡湖与奥鲁米耶湖之间。阿尔茨鲁尼家族极为妒忌巴格拉提德家族，而这种情况非常便于阿拉伯人控制这一地区。余下的政治力量此处不必赘述。除了整体上与巴格拉提德家族保持紧密盟友关系的苏尼亚（Siounia）的统治家族，其他各家族都忙于大量错综复杂而多变的阴谋、结盟、战事，他们做这些仅仅出于妒忌与自我膨胀的欲求。西面的塔隆（Taron）应当稍做提及。地缘因素使它与拜占庭帝国关系更为紧密；而它又被底格里斯河上游和凡湖一带的穆斯林城市所包围，它的统治者没有条件宣称独立于帝国；但鉴于帝国在边境地区并不长期维持强势，它也明智地向穆斯林出卖情报。[14]

阿索特一世谨慎地和巴格达与君士坦丁堡双方保持着友好关系，但他的儿子森姆巴特（Sembat）在890年继位之后，采取了倾向于拜占庭的政策，并最终与阿拉伯的宗主彻底决裂。在执政之初，他对拜占庭皇帝的遵从让邻近势力起疑，让他卷入了几次小规模战争；而到908年时，他与阿拉伯人进入开战状态。阿拉伯人有能力处理这种状况。进入亚美尼亚最便捷的道路是取道波斯，这里也是亚美尼亚守备最脆弱的方向，因此波斯的埃米尔优素福被任命为亚美尼亚的奥斯提甘之后，着手处理这个问题，决定把亚美尼亚变成真正的附庸领地，彻底排除拜占庭的影响。优素福首先宣称罢免森姆巴特，把瓦斯普拉坎的阿尔茨鲁尼家族的加吉克加冕为"万王之王"，这位王公因其势力而成为有用的盟友，他的领地位于任何来自波斯的入侵者行经路线的左翼，且在通往底格里斯河的最短路线上，战略上非常重要。加吉克在王冠的诱惑下上了钩，迅速发动了内战，而阿拉伯人侵者路途上的所有阻碍就此消除。[15]由此，在909年之后，埃米尔优素福在亚美尼亚诸王公之间变换结盟与背信反叛的多变背景下，对亚美尼亚的征服稳步推进。

巴格拉提德家族受到最重的冲击，逐渐失去了一切；不过他们也有所得，作为坚定对抗异教入侵者的力量，他们的家族得到了爱国情绪的支持。阿拉伯人在途中夺取了苏尼亚统治家族的土地，溯阿拉斯河胜利而上，夺取了亚美尼亚的旧都多文。"万王之王"森姆巴特首先乞求哈里发管束可怕的下属，但穆克塔迪尔此时专注于内部的麻烦，无暇他顾。而后森姆巴特转而向君士坦丁堡求援。然而912年，在他几乎命悬一线之际，却传来了皇帝利奥六世逝世、一无是处的亚历山大继位的消息。援军不可能到来了。阿拉伯人的征服越发彻底，他们可怖的暴行与殉道者的故事也随之传开——确实，被当作肉盾赶上战场，或许是基督徒俘虏最好的结局。最终，在913年初，被重重围困在卡布达（Kabouda）堡垒中的森姆巴特，为解救众基督徒的性命，向优素福投降，他随即被残酷处死。他的殉道震动了整个基督教世界，所有人都把眼光转向了亚美尼亚。与此同时，他的两个儿子逃亡他乡；优素福则驻在多文，统治亚美尼亚。[16]

这就是913年亚美尼亚的悲惨境况。瓦斯普拉坎的加吉克这位对立国王，作为背叛者，地位并不稳固，且基督徒的良知折磨着他。东部地区，苏尼亚和希萨甘（Sisagan）的诸王公流亡他乡，余下的王公忙于复杂的争执，结成短暂的同盟，又将其破坏，在抵抗埃米尔优素福的问题上帮倒忙。阿拉伯人完全侵入了这一地区，只有最外侧，塔隆的格里高利还在坚持；他之前已经谨慎地向君士坦丁堡宣誓效忠并纳贡，但又讨好穆斯林，把自己能搜罗的全部情报都交给了巴格达。高加索的诸王公也提供不了什么帮助。格鲁吉亚并不可靠，阿布哈兹国王在最近几年，从自己妻子的亲属巴格拉提德家族伊比利亚旁支的领地中，窃据了中心地区卡特利（Karthli），远达阿兰山口。该支的统治者阿达尔纳斯（Adarnase）尽管自封国王，还有君士坦丁堡认可的宫廷总管（Curopalates）头衔，此时仅仅控制乔鲁赫河周边的土地，其与哈尔迪亚军区和埃尔祖鲁姆相邻。因此伊比利亚的王公无力前来援救亚美尼亚，甚至阿布哈兹的国王尽管实力更强，却不准备到远离自己国土的地方冒险参与危险之事。高加索东部地区已经完全被穆斯林控制。若是帝国再不出手，亚美尼亚的独立地位将要终结。

混乱持续了大约一年。森姆巴特的长子与继承人阿索特在亚美尼亚的边缘流浪，最终劝诱阿布哈兹国王将他加冕为"万王之王"。[17] 为了防止他们带来祸患，对立国王加吉克和他的兄弟奉阿拉伯盟友的命令，前往阿塞拜疆与他们作战，不过兄弟二人在那里进展有限。[18] 余下的王公或者已经流亡，或者时刻担心沦为流亡者，而他们的女儿则在穆斯林的看押之下日渐憔悴。邻近的各势力趁火打劫，肆意劫掠。殉道者不可计数，饥荒横行。[19] "我们的孩子们，因为我们的腐败与背教而遭受了惩罚。"亚美尼亚教会的领袖公教长约翰如是叹息。[20] 他事实上成了亚美尼亚地区内部唯一能行动的人。他的任务艰难得让人吃惊，作为本地区的首要精神导师，他必须解决一系列无休无止的王公纷争，特别是此时，他们的国家被异教的阿拉伯人占据，而唯一的援助可能来自异端的希腊人。即使如此，他也竭尽所能，四处奔走，尽可能保证各地的和平，时而退隐冥思，以获取更多力量。而在晚年，他无疑出于为自己正名的愿望，把这一切行动以及所有的阴谋和悲剧及其令人昏乱的细节，写入了一部亚美尼亚史之中。不幸的是，他在年代学上糊涂得很。他在这一时期的记载中仅仅两次提及事件的具体时间，其中一次差了约40年。[21]

君士坦丁堡终于传来了消息。拜占庭帝国的皇权终于从无能的亚历山大及其不稳固的摄政政府手中转移，转到皇太后佐伊领导的摄政政府手中，帝国政府此时终于可以把注意力转向东部边境了。是时候出手干预了。若要保证东部边境的完整，对希腊人而言，至关重要的就是掌控亚美尼亚，至少不能让亚美尼亚被阿拉伯人控制。只要发生这样的情况，阿拉伯人就只能进攻东部边境最南端，而亚美尼亚的盟友也能对拜占庭在北段的防御大有帮助。若是亚美尼亚落入阿拉伯人的控制，这样的威胁是任何一位拜占庭执政者都不能容许的。

皇太后决定行动，但她明白鲁莽行事很愚蠢。因此，牧首尼古拉斯作为帝国的外交发言人，给公教长约翰写了正式信函，在祈祷之外，请求他平息亚美尼亚人的私人争执，让邻近的基督徒王公联合起来。他在信中提到，他本人已经给阿布哈兹国王及宫廷总管阿达尔纳斯写信，建议他们联合。如果这一切都能安排好，那么皇帝就能慷慨宽恕此前的敌人，出兵援助。[22] 约翰急忙做出安排，在得到阿布哈兹的保证之后，他拜访塔隆统治家族，而后在塔隆给皇帝（君士坦丁）写信，请求他派出援军——这封冗长的信里满是奉承之词与不太适合的圣经典故。[23] 与此同时，阿索特也在几次小冲突中战胜了阿拉伯人；而对立国王加吉克不甘做优素福的打手，公开与他决裂，在苏尼亚统治家族的森姆巴特协助下成功抵御了他的进攻。[24]

收到约翰的信之后，拜占庭帝国宫廷派出著名的亚美尼亚语译官狄奥多尔，作为使节前往亚美尼亚，召阿索特前往帝国首都。[25] 阿索特立即同意，在914年夏季抵达君士坦丁堡。[26]

皇太后以尊荣礼仪接待了他，让亚美尼亚人的自豪感得到极大满足，而希腊人则惊叹于他的健壮体格。[27] 在君士坦丁堡，双方制定了联合行动的计划。或许由于这年时间太晚，他们没有马上在亚美尼亚的群山之中开战；不过 915 年，阿索特返回了亚美尼亚，陪同他的还有禁军统帅（或许是利奥·福卡斯）麾下的一支规模相当大的希腊部队。[28] 这支部队似乎大体沿着幼发拉底河上游南支前进，经塔隆进入亚美尼亚。与此同时，另一支希腊部队，由"财政官"率领，防卫前一支部队暴露的右翼。他们越过小托罗斯山脉，击退了一支来自塔尔苏斯的大军，而后继续掠夺美索不达米亚的马拉什和萨莫萨塔地区，夺取西斯曼苏尔，并掠走 1.5 万名穆斯林俘虏，直到巴格达专门派出援军前来解救时才撤走。[29] 在这次行动的掩护之下，阿索特和帝国援军得以安然前进。

优素福自然听说了这些新进展的消息，他安排了防备措施。他首先出兵进攻叛变的加吉克，但加吉克靠着莫赫（Mokh）和安泽瓦齐（Andsevatsi）的王公的协助，成功击退了他。[30] 优素福随后试图将另一王位觊觎者扶上王位来削弱阿索特的地位，这个觊觎者就是阿索特同名的堂弟"总指挥官"（Sbarabied）阿索特，他在周边地区游荡，不知怎么办，就来到了多文，而优素福在此将他加冕为王——为确保他的忠诚，把他的母亲和姐妹们送往波斯作为人质。[31] 这个新的对立国王，尽管势力不及加吉克，至少可以为难阿索特，并挑起新的内战。

阿索特和希腊禁军统帅穿过塔隆之后，在戈普（Goghp/Gop，曼兹科特附近）遭到抵抗。希腊军队最终夺取该城，不顾亚美尼亚人的恼怒将其占据。[32] 而后大军继续前进，似乎是经过了曼兹科特，以及阿勒山西北方向的山口，途中与苏尼亚的森姆巴特以及塔隆统治家族的一位王公会合。"总指挥官"阿索特以及阿拉伯军队迎战，但禁军统帅设法突破，远达敌方首府多文郊外，[33] 无疑待到亚美尼亚开始降雪时撤兵。这一行动的结果是，阿索特充分收复了祖传领地的西部（不过他未能占据多文），致力收复邻国与曾经的下属趁机窃取的边远领地，一路推进到瓦斯普拉坎；[34] 而不久之后，苏尼亚统治家族的王公们也能够返回他们在多文以东的领地。[35] 希腊军队可以带着欣慰的胜利之情回家了。亚美尼亚的独立得到了保全。

阿拉伯人被击败，然而亚美尼亚人的纷扰却不会轻易结束。公教长约翰夸夸其谈的圆滑手腕不能让王公们停止纷争；而内战拖拉不止，王公们不停地变换同盟，争取可悲的微小成果。甚至在此内讧期间，埃米尔优素福反叛巴格达，随后战败，被罢免和关押，亚美尼亚人也任这一良机溜走，无所作为。直到大约919年时，亚美尼亚人才停止了不和，加吉克和"总指挥官"阿索特承认了阿索特国王的权威，某种程度的和平最终降临亚美尼亚。[36]

尽管这只是微末的喘息之机，但亚美尼亚可以很好地平静下来，因为它不再需要寻求拜占庭帝国的援助了。916年，拜占庭军队不思进取，没有发动进攻。东方最为紧迫的威胁已经解除，皇太后佐伊决定把注意力转向欧洲，917年，她决定集中所有军力对抗保加利亚。两名使节约翰·罗迪诺斯（John Rhodinus/Rhadinus）和米海尔·托哈拉斯（Michael Toxaras）随即奉命前往巴格达商谈和约。哈里发和皇太后一样急于和谈，但使节直到几个月之后才获准进城，因为要筹备欢迎典礼，这典礼必须让习惯君士坦丁堡奢华的人也会赞叹才行。最终，在夏季，两位使节在阿拉伯人所能设想的最为华丽壮观的仪式之中入城。[37] 随后双方确定了和约，并安排于10月在边境交换俘虏。在交换俘虏时，希腊人的胜利显而易见,哈里发必须为多出的穆斯林俘虏支付 12 万第纳尔。[38] 皇太后似乎控制了利坎多斯周边的一些领土,她下令将其从边境防区升级为军区。[39] 这次和平延续了五年——在东部边境地区史上近乎前所未有。与此同时牧首尼古拉斯奉皇太后之名向克里特埃米尔写信,提出协商和约,但身为海盗头子的埃米尔是否接受了提议,则不得而知。[40]

五年的和平拯救了拜占庭帝国,因为在这五年里帝国经受了最不幸的灾难,与保加利亚发生战争,长久的宫廷斗争瘫痪了国家。而当 922 年东部再起战争时,欧洲的战云正在消散,罗曼努斯·利卡潘努斯已经稳坐皇位。这次开战的起因依然是亚美尼亚,阿索特国王的独立地位再次受到阿拉伯人威胁。优素福的继任者纳斯尔相当有精力,不过最初只有国王加吉克感受到了他的影响。然而 920 年,巴格达的纷扰[41]迫使哈里发释放优素福,他返回亚美尼亚之后急于复仇,特别是要对付背叛他的加吉克。[42]加吉克以约翰所说的"卓绝聪敏"意识到优素福对他不满,逃入科科维特(Kokovit)山区,与另一个流亡者安泽瓦齐的亚当会合。[43]优素福进军穿越亚美尼亚,一路索取贡赋,但不久之后他返回了波斯,留纳斯尔在后方担任奥斯提甘。[44]纳斯尔迅速起兵,准备再征服亚美尼亚,他挑唆内战,暴力对付基督徒,他做得非常成功,很快他就有能力横行整个地区,一路抢掠迫害,远达埃尔祖鲁姆。[45]

景况与 914 年时类似,但实际上并没有那么严重。阿索特在巴加兰的城墙之后,比流亡在外时地位更加强固。不过,局面的严重性足以吸引皇帝的注意。罗曼努斯决定打破佐伊签署的和约,但他忙于在欧洲与保加尔人的战争,在东方的行动力相当有限。阿索吉克(Asoghic)记载称禁军统帅于 922 年发起亚美尼亚作战，攻打多文记载或许属实，但此事几乎不可能发生，毕竟时任禁军统帅珀索斯·阿尔吉罗斯于922年4月在色雷斯的佩格战败。[46]可以确定的，是希腊军队进军梅利泰内，或是为了进军亚美尼亚，或是为了确保控制通往亚美尼亚的一条主要道路的一端，但来自塔尔苏斯的一支军队击败了他们，他们就此撤走。[47]这一次解救亚美尼亚的不是希腊军队；不过幸运的是，纳斯尔在923年被调往阿塞拜疆，他的继任者比什尔（Bishr，或许是之前塔尔苏斯的长官）似乎没有那么出色。[48]然而，尽管在保加利亚方向的境况正在好转，希腊人同年夏季却无力出兵，因为哈尔迪亚军区将军巴尔达斯·博埃拉斯发动了严重叛乱，此人在一批富裕的亚美尼亚盟友支持下，无疑趁附近的穆斯林大军贴近埃尔祖鲁姆之机，占据了帕佩尔特城，对抗皇帝的军队。此时，新的宫廷禁军统帅刚被任命——他就是罗曼努斯的亚美尼亚裔朋友约翰·库尔库阿斯，他很快就平息了叛乱。[49]但与此同时，阿拉伯人从塔尔苏斯发起的袭掠大获成功——穆尼斯走陆路，宦官苏穆尔走海路。[50]

对后世的史学家而言，这一年最重要的事应当是任命约翰·库尔库阿斯为宫廷禁军统帅，因为约翰·库尔库阿斯在东方开启的一系列胜利势头，成了从此时直到马其顿王朝终结的那段拜占庭史的一个特征。库尔库阿斯仿佛给帝国在东方的政策带来了新活力，带来了自信主动的精神。他完全能够带领军队走向胜利，而很好的是，他的副手是兄弟狄奥菲罗斯，此人接替叛乱的博埃拉斯成为哈尔迪亚军区将军，就此成为负责前线北段的将领。

在这一年行将结束之时，希腊人取得了一场轰动的胜利。背教者的黎波里的利奥，曾征服塞萨洛尼基的恐怖之人，在袭掠期间在利姆诺斯岛遭遇约翰·罗迪诺斯，被压倒性地击败。他的舰队被消灭，他本人仅以身免。[51]

924年，我们知道保加利亚的西美昂正在计划大规模进攻君士坦丁堡，而罗曼努斯和917年的佐伊一样，决定此时必须和东方与西方的穆斯林暂时讲和。随后，他派出使者前往巴格达，双方筹划了和约和俘虏交换事宜。但这一次穆斯林占了上风，他们拖到夏季袭掠结束才讲和。[52] 袭掠的范围和成败不得而知。或许就是在此时，苏穆尔的舰队在"菲尼迪亚"的希腊海域和伏尔加保加尔人会合。[53] 最终，俘虏交换于924年10月份在拉姆斯河河畔进行。（马库迪称俘虏交换发生在925年，但出使巴格达与交换俘虏相隔超过一年，似乎不大可能。）[54]

这一次和平仅仅持续了两年。926年战端再开，但情况有所不同。现在的问题已经不再是防御战，保护亚美尼亚免于被阿拉伯人占据了。亚美尼亚充分摆脱了穆斯林的影响，后者不再构成威胁。奥斯提甘依然统治多文，但卡尔斯（Kars）或阿尼的巴格拉提德家族的国王已经强大到足以独力对抗异教徒了。然而，导致战端再开的可能是亚美尼亚发生的一些事件；但我们无法确知了，亚美尼亚历史唯一的细致记载者已经死去：在佐罗伊瓦赫（Dsoroï-Vankh）的宅邸隐居写作的公教长约翰，于925年逝世。[55] 新战争本质上是希腊人主动进攻。此时发动进攻，已是万事俱备。在欧洲，保加利亚人的威胁已经基本消失——事实上翌年就彻底不存了——因此大部分希腊部队可以调往东部。新统帅约翰·库尔库阿斯兼有能力、声望、活力，让他可以成功实现征服。更重要的是，在虚弱的哈里发穆克塔迪尔领导下，阿拔斯帝国明显衰退，首都陷入暴乱和阴谋，权力转移到地方，卡尔马提亚人又野蛮地成功袭击了巴林。

925年，罗曼努斯已经认为帝国积蓄了足够的力量，就向幼发拉底河流域的穆斯林边境城市索取贡赋，并威胁如果不纳贡就发动攻击，宣称他"已经清楚他们政府的羸弱"。[56] 这些城市拒绝纳贡，次年库尔库阿斯便发动了进攻。926年6月，在亚美尼亚人梅利亚斯（Melias）率领的同胞分遣部队协助下，[57] 他出发进攻梅利泰内，在周边乡村劫掠破坏。梅利泰内人非常惊恐，向巴格达求援，却没有一个援兵赶来。库尔库阿斯攻入城中，不过城市堡垒还在抵抗，十天之后，库尔库阿斯收到了求和纳贡的承诺，就带着人质撤离了。梅利泰内老埃米尔仍在世时，梅利泰内人遵守和约，但在他于928年去世之后，他们就背弃了诺言。[58] 这次作战或许因为同年夏季穆斯林从塔尔苏斯发起的一次袭掠而略受牵制；[59] 而当时的巴格达则因为禁军统帅亡故的流言而欣喜不已——此时库尔库阿斯已经相当有声名了。同年，按照13世纪的阿拉伯史学家马金（Al-Makin）记载，一支庞大的希腊舰队起航前往埃及。一艘正在侦察的船被穆斯林俘获，消息就此传开；而不久之后，另一艘船被吹到了岸边。埃及人开始巩固岸防，但这支舰队最后被一场大风暴冲散，大量舰船倾覆沉没。[60] 很难说这个故事是真是假。历史资料中虚构的部分通常有一些事实根据，但这样一场明显无望成功的远征，似乎不可能发生。或许这仅仅是一次壮观的袭掠行动，因天气恶劣而作罢。

927年，保加利亚和拜占庭帝国最终签订和约，帝国得以将全部精力转向东方。或许亚美尼亚因为新的穆斯林侵袭而再度告急。此时，按查米赫（Chamich）的记载，加吉克国王向拜占庭朝廷写信，提出统一教会。但卡尔西顿大公会议的伤疤不可能被轻易遗忘，这个提议也不了了之。[61] 然而这说明，加吉克当时急于获取帝国的同情与支援。他似乎实现了目标,库尔库阿斯在927年的远征分兵进攻了亚美尼亚的奥斯提甘纳斯尔。库尔库阿斯在春季出征,进攻萨莫萨塔,希腊军队成功占据该城数天,并在祈祷时分鸣响清真寺中的钟,羞辱虔诚的穆斯林。然而穆斯林援军抵近,迫使希腊军队撤走。随后穆斯林将军穆尼斯奉穆克塔迪尔之命发动报复袭掠,从美索不达米亚出发,在6月或7月侵入小亚细亚。这次袭掠的结果不得而知,但同时期从塔尔苏斯出发的袭掠部队被希腊人击败。[62] 此后,库尔库阿斯于同年进军亚美尼亚,突入纳斯尔居住的迪比尔(多文),而他投射希腊火的机械让城中居民惊恐不已。希腊人再度暂时占据了该城,而后很快又撤退了,据穆斯林宣称,希腊人有相当大的伤亡。[63] 在冬季(927年12月—928年1月),苏穆尔从塔尔苏斯发起的袭掠大获全胜,他们杀死了背教的库尔德人伊本·达哈克(Ibn-al-Dahhak),并带着30万只羊返回。[64]

928年,库尔库阿斯忙于迫使亚美尼亚南部的穆斯林城镇臣服。他夺取凡湖畔的克拉特(Khelat),和当地人签署和约,迫使他们在清真寺上放十字架,并拆毁宣礼塔。消息让周边城镇惊恐不已,比特利斯(Bitlis)和阿尔赞(Arzen)向巴格达急切求援,见没有援兵前来,许多居民逃离。[65] 按伊本·阿西尔的说法,希腊人和他们的亚美尼亚盟友在这一年试图把士兵假扮成失业的工匠混进城,夺取梅利泰内。计策失败了,但他的记载中还提到该城夺取之后将交给亚美尼亚人,因此这个故事的真实性难免存疑。[66] 除此之外,这一年唯一的重大事件便是巴格拉提德家族的国王阿索特去世,他的兄弟阿巴斯继位。[67]

或许还有希腊人的其他军事胜利未见记载,可以确定的是,战争的态势对希腊人足够有利，阿拉伯人的边境城镇，梅利泰内、马雅法里欣（Mayyafaraquin）、阿尔赞、阿米达（Amida）在929年最后一次拼命向哈里发求援。它们徒劳无果，因为就在929年，巴格达陷入一系列政变，穆克塔迪尔的哈里发之位失而复得，而他最得力的将军穆尼斯也牵涉了阴谋。见依然没有任何援兵派来，这些城镇在共同商议之后决定一齐向希腊人投降。但它们还是得到了喘息之机，阿塞拜疆统治家族的穆夫利赫·萨吉（Muflikh-as-Sadji，优素福的亲属）逼退了禁军统帅的部队，并突入帝国境内。[68]

930年，边境地区唯一见于记载的战斗就是"亚美尼亚人梅利克"（大概是梅利亚斯）在萨莫萨塔附近的袭掠，这次袭掠被阿拉伯指挥官内杰姆（Nedjm）大败，"梅利克"的一个儿子和其他显贵被俘虏，被耻辱地押到巴格达。[69]或许在这一年，禁军统帅和他的兄弟狄奥菲罗斯忙于围攻狄奥多西奥波利斯（埃尔祖鲁姆）。[70]埃尔祖鲁姆此时成了陷于希腊人和亚美尼亚人国家之中的孤立的穆斯林据点，但当地的居民拥有周边的大片土地，绝对称不上羸弱。埃尔祖鲁姆控制着亚美尼亚北部的重要路线，[71]希腊人对那里非常觊觎。927年，在库尔库阿斯进军多文期间，他显然取道埃尔祖鲁姆，和狄奥菲罗斯破坏了周边地区。现在他决定夺取该城。围攻牵涉到伊比利亚的巴格拉提德家族的阻碍，他们名义上是对抗异教徒的盟友，但并不希望帝国在他们的边境稳固扎根。因此，他们注意保证让埃尔祖鲁姆能够从他们控制的邻近城市科泽姆（Cetzeum）很好地得到补给。约翰和狄奥菲罗斯随即要求在围攻期间控制科泽姆，而"宫廷总管"拒绝了他们的要求，理由是这样会激怒亚美尼亚和高加索的其他王公，他只能允许希腊人在此安排一名监督者,而当地人其实可以轻易避开此人的监督。与此同时,伊比利亚人大声吵闹着要求把这一战中占据的城市交给他们,还不加区分地胡乱援引罗曼努斯的金玺诏书,来给他们撑腰;而在库尔库阿斯最终把他占据的城镇马斯塔图姆(Mastatum)交出之后,他们很快背弃了庄严的誓约,将城镇交给了帝国的敌人。这样的举动让库尔库阿斯处境艰难,但对他而言,保护自己的侧翼,且在亚美尼亚人面前展现慷慨与镇定,都是至关重要的,因此他展现了可敬的耐心。在七个月的围攻之后,狄奥菲罗斯攻破了埃尔祖鲁姆,而库尔库阿斯随即下令,将阿拉斯河以北的全部征服领土交给伊比利亚人——这样的慷慨赠予令"生于紫室者"君士坦丁大为惋惜。埃尔祖鲁姆或许和第一次被征服的梅利泰内一样,成了纳贡的附庸国,也同样不服管束。记载提到希腊军队在939年再度在那里行动,而直到949年,那里才最终被帝国占据,成为帝国领土的一部分。[72]

931年初,希腊一方对埃尔祖鲁姆的围攻或许尚未结束,春季阿拉伯人占了上风。在3月,穆尼斯发动三路袭掠深入希腊领土,从塔尔苏斯出发的苏穆尔格外成功。为了协同行动,还有11艘舰船从埃及出发,但它们的结局却不得而知。[73]在8月,苏穆尔受此前成功的鼓舞,发动大规模远征,进入帝国境内,一路突破,甚至远达阿莫里阿姆和安卡拉,于10月返回时取得了非常有利的战果:掳走了价值13.6万第纳尔的俘虏。[74]然而与此同时,希腊人正在更东方的地区享受胜利。9月,阿塞拜疆的穆夫利赫对亚美尼亚发动新的进攻,结果一如往常,希腊军队应塔隆和邻近地区的王公请求,急行军援助亚美尼亚人,他们夺取了佩科里(Percri),并在返回途中劫掠了克拉特周边地域,掳走大批俘虏。

这些胜利让梅利泰内居民担忧起来,他们再度送信求援——这次终于成了。希腊人越过梅利泰内进军萨莫萨塔,但萨义德·伊本·哈姆丹(他的强大家族此时正在摩苏尔确立独立地位)率军前来应战,将希腊人暂时赶出了这一地区。[75]

932年,阿拉伯的记述者完全没有提到边境的行动,巴格达城中的内乱无疑阻碍了穆斯林发动远征的任何尝试,而希腊人或许仅有一些分散的作战。但933年,约翰·库尔库阿斯再度挥师进入梅利泰内地区,而梅利泰内人紧急向穆尼斯送信求援。[76]希腊人取得了许多小胜,[77]掳走大批俘虏;不过穆尼斯下令他的下属阻止希腊人冒险攻打梅利泰内城,最终希腊军队撤退了。[78]

即使如此,梅利泰内也注定失败。934年初,库尔库阿斯再度率领5万人穿过边境,梅利亚斯的亚美尼亚人部队也在其中。哈里发卡希尔的倒台成了伊斯兰世界的头等大事,库尔库阿斯因此没有遭到什么抵抗。在他抵达后,大群的人弃城逃跑,他轻而易举地在5月19日迫使该城停止抵抗。只有基督徒可以继续在城中居住——城中大部分居民因此仓促改宗基督教——而穆斯林则被送往远方的安全区域。这座城市和周边地区就此并入帝国,并将承担高昂的赋税。[79]

夺取梅利泰内成了历史的分水岭,引发了巨大的轰动。[80]这是历史上希腊人第一次将重要的穆斯林城市纳入拜占庭帝国版图,这表明他们并不是来掠夺,而是要占据。在胜利之后,库尔库阿斯似乎放松了。在934年余下的时间里,他忙于迫使萨莫萨塔周边地区臣服。[81]935年,记载中没有提到东部的军事行动,或许要兼并梅利泰内和周边地区并将其变为帝国的军区,必须在当地投入小规模战斗,这让帝国无法发动大规模进攻。[82]936年,记载中依然没有提到希腊人与阿拉伯人开战；然而在同年，阿拉伯人入侵亚美尼亚，却被亚美尼亚人击退，没有影响主战场的走向。[83] 937年也没有大事发生。而938年，希腊人开始和哈里发商谈和约了。有一些原因引发了和谈：他们希望趁哈里发无足够力量拒绝之机，让帝国的征服得到正式承认；而如果新军区的叛乱者得不到巴格达的支持，则明显将促进新军区的组织化。然而最重要的原因，或许是君士坦丁堡的皇帝和巴格达的哈里发在对待摩苏尔的哈姆丹家族上无阻碍地达成了共识。此时这个家族控制了自摩苏尔到阿勒颇的全部穆斯林边境省区，他们的独立已是既成事实，特别是在目前年轻的家族代表赛义夫·道拉（Saïf-ad-Daula）的率领之下，他们的能量与野心不受控制。于是皇帝给哈里发写了一封信——希腊语原文用金字，阿拉伯语译文用银字——提出交换俘虏。交换俘虏于10月在拉姆斯河河畔进行，但余下了800名穆斯林俘虏未被赎回。他们直到六个月后——那时经过一番可观的搜寻，穆斯林凑齐了等量的希腊人俘虏——才在帕丹多斯（Podandus）获释。[84] 与此同时，罗曼努斯派出使节与埃及的统治者穆罕默德·伊本·图格吉（Mohamed-Ibn-Tugdji）联络。[85]

哈姆丹家族并不认为自己受这个明显的停战协议约束，在萨莫萨塔周边地区袭扰了一个月之后，赛义夫·道拉在西斯季亚德（Hisi-Ziad）与帝国的禁军统帅决战，大获全胜，据说还缴获了统帅的宝座，俘虏了70名显贵。[86]

哈姆丹家族维持了进攻势头。939年，赛义夫·道拉和此前的许多短暂胜利的阿拉伯人一样，准备征服亚美尼亚。从尼斯宾（Nisibin）出发之后，他溯底格里斯河而上，经过凡湖的穆斯林城市，抵达曼兹科特，而后折向西北来到埃尔祖鲁姆，赶跑了附近正在修建堡垒（阿拉伯人称其为哈夫季迪［Hafdjidj］）以维持埃尔祖鲁姆居民秩序的希腊人。在短暂停留之后，他向南来到阿尔赞度过初冬。940 年年初他再度开始进军，穿越克拉特，在那里，亚美尼亚国王阿巴斯前来向他宣誓臣服；阿巴斯得到了热情接待并获得了礼物，但被迫交出了几座堡垒。赛义夫随后入侵塔隆，夺取其首府穆什（Moush），摧毁了那里的神圣教堂，而后进入希腊人的领土（或许是通过罗曼诺波利斯［Romanopolis］—帕罗［Palu］一线）。他收到了愤怒的皇帝送来的信，皇帝无疑是被他激怒了，这合情合理，因为他在君士坦丁堡与巴格达讲和期间开战。记载提及，赛义夫回了一封粗鲁的信，据说皇帝收到信之后大喊："他的语气好像是正在围攻科隆尼亚一样！"赛义夫听说了这个消息之后，决定围攻科隆尼亚——"不胜利就殉道"——并确实设法突入了那里（或许是取道埃尔祖鲁姆），在那里给皇帝送去了一封信。然而禁军统帅从南面率部赶来，赛义夫随即撤退，在途中与他交战，取得小胜。[87] 但禁军统帅在返回南部途中，也成功掠夺了克尔布特。[88]

941 年，由于罗斯人在 6 月袭掠，禁军统帅率领的希腊大军被迫尽快返回比提尼亚，直到 9 月彻底击退掠夺者之后，大军才返回战场。[89] 如此一来，错失了夏季作战的机会。幸运的是，此时以及接下来两年，哈姆丹家族的大部分注意力转向巴格达，在那里，哈里发似乎在垂死挣扎，而那些"秃鹫"正在聚集。因此，希腊大军离开期间，穆斯林没能借机取得什么进展。

942 年 1 月，约翰·库尔库阿斯为弥补此前的耽误，发起了长达三年的进攻作战。他首先侵入阿勒颇地区掠夺，成功夺取阿勒颇城附近的哈姆斯,带着大批俘虏返回,甚至阿拉伯记述者估计被俘者有 1 万人以上。[90] 作为报复,苏穆尔从塔尔苏斯发起夏季掠夺,据说也取得了成功,[91] 但他无法阻止约翰·库尔库阿斯在同年秋季开始其人生中最辉煌的也是最后一次作战。他从帝国最东方的省区出击,穿过结盟的塔隆地区,在冬季席卷阿尔赞、马雅法里欣、阿米达,一路掳获,而后突入美索不达米亚腹地,攻破尼斯宾,而后转而主攻埃德萨。[92]

埃德萨虽然是虔诚的伊斯兰城市,却因有最珍贵的基督教圣物之一而闻名,此物是"曼迪利翁"(Mandylion),印有基督真实面部印痕的布巾;基督曾用这块布巾擦脸,在上面留下了印记,并将其作为礼物送给了埃德萨的国王阿布贾(Abgar)。[93] 取得这件圣物将达到基督教卓越的顶点;而库尔库阿斯在接近埃德萨时宣称,自己可以豁免这座城市,释放所有俘虏并讲和,只要城中人交出这件圣物。无望的埃德萨人不知道该怎么办,派人前往巴格达寻求建议。哈里发和他的伊斯兰教法官举行了郑重的闭门会议,最终认定,拯救穆斯林比其他一切考虑都重要。[94] 与此同时,库尔库阿斯在当年的夏季劫掠了美索不达米亚,在 5 月夺取了达拉,在 11 月夺取了拉斯艾因(Ras Ain),在那里停留了两天,并掳走了 1000 名俘虏。[95]

最终,在 944 年初,库尔库阿斯在城外等待时,埃德萨城中的人终于收到了巴格达的回信,他们交出了圣物,换回 200 名俘虏以及一份和约(维持到了赛义夫·道拉于 950 年背约开战)。希腊人以至高的尊荣接受了圣物,而后将其从容送往君士坦丁堡。圣物入城仪式在 8 月庄严举行。[96] 这次神圣的胜利,超过了约翰·库尔库阿斯之前一切艰难取胜的战斗,让库尔库阿斯成为当时的英雄，以及此后所有虔诚的希腊人的指针。然而如此声望令朝廷开始警惕。

在夺回圣物，并将其光荣送往首都之后，库尔库阿斯结束了这次远征，用夏末的时间夺取了巴格雷（Bagrae，比里吉克［Birijik］），他在那里渡过幼发拉底河，并占据了边境大道上的重要城市马拉什（日耳曼尼西亚），不过他在两地都没能占据多久。[97]而后在当年年末，拜占庭帝国遭遇了三次重大灾难。第一次便是约翰·库尔库阿斯因为遭年轻的诸皇帝即罗曼努斯的儿子们妒忌而被解职。此前他们就试图削弱他的权力，但没能成功，如今他的老友罗曼努斯一世患病，他们便恣意妄为了。库尔库阿斯被草草调离东线，由皇亲潘瑟里奥斯（Pantherius）取而代之。[98]第二次灾难就是赛义夫·道拉返回边境地区。结果就是潘瑟里奥斯于12月在阿勒颇周边地域袭掠时遭遇惨败，阿拉伯人乘胜入侵帝国领土并劫掠了几座城镇。[99]不久之后，罗曼努斯本人在这个月被废黜，而次月，利卡潘努斯家族彻底失势。[100]一个时代就此落幕，新演员正阔步走向舞台中央。

然而这个时期是对拜占庭帝国最重要的时期，出现了拜占庭帝国东部前线整个历史的转折点。此前的三个世纪，帝国都处于防御状态；而阿拉伯人在最初的突进之后，事实上再未成功征服更多领土，[101]即使如此，他们仍然是主动方。甚至狄奥菲罗斯、巴尔达斯、巴西尔一世的作战也主要是反击阿拉伯人的攻势。但近年来，帝国显露出恢复的迹象，甚至在东部拓展了领土，尽管其占据的领土或者属于无害的亚美尼亚小王公（比如特克斯的曼努埃尔）的土地，或者是之前双方均未掌控的、无法律约束的边境地区。[102]而罗曼努斯一世和约翰·库尔库阿斯完成了大变革。在他们的指引之下,帝国最后对哈里发国采取攻势,并开始走向胜利。在库尔库阿斯的率领之下,帝国军队突入基督徒军队已有三个世纪不曾抵达的城市,来到拉斯艾因、达拉、尼斯宾,甚至抵达阿勒颇近郊,而更重要的是,在这一系列出色的作战背后,帝国正在稳步而坚定地蚕食阿拉伯帝国的领土。夺取梅利泰内,把这个庞大的穆斯林社群并入帝国,第一次向震惊的世人展现了东线的情况。此后又发生了一系列没那么有影响力的领土吞并——毕竟占领梅利泰内之后,其他一切都称不上轰动了。不久之前,大约在 940 年,罗曼努斯在充分控制了塔尔苏斯西部关口之后,将奇里乞亚的塞琉西亚周边地区升格为军区——不过海岸附近的边境线似乎依然是拉姆斯河。[103] 在某个不得而知的时刻,或许是在夺取梅利泰内后不久,他占据了显然属于梅利泰内的一块领地,即幼发拉底河上游南支周边地区,包括阿尔萨莫萨塔(Arsamosata)和帕罗;他也下令在塔隆地区的边境修建一座堡垒,以自己的名字命名为罗曼诺波利斯。[104] 不久之后他为自己的征服收尾,吞并了介于这几个地方之间的坎兹特(Khanzit)地区,帝国由此完全控制了进入亚美尼亚的主要道路。[105] 结果是,阿拉伯人此后再未能影响亚美尼亚地区。

在实际吞并之外,边境那边还有其他一些地区沦为完全的附庸。在南部,萨莫萨塔应当就是其一,它或许在 942—943 年库尔库阿斯远征期间惊恐地臣服于帝国。[106] 为此,哈姆丹家族的阿拉伯军队在 944 年出兵洗劫该地作为惩戒;确实,与哈姆丹家族相邻意味着这里的附庸状态并不稳定。最终,15 年后,该地被再度占据,并入了帝国。更有效的征服在于亚美尼亚西南部的穆斯林城镇,比如曼兹科特、佩科里、克拉特、埃尔吉奇(Ardjich)。

君士坦丁堡方面认为这些城镇战略意义重大，它们控制着多条道路，可沿幼发拉底河而下进入帝国，沿底格里斯河而下进入美索不达米亚，还能穿越山地，来到一边的埃尔祖鲁姆和黑海，或者另一边位于亚美尼亚中心地带的阿拉斯河流域。大约在932年之后，这些地区都事实上被帝国控制了。[107]邻近的塔隆，其王公被迫停止给穆斯林提供情报，自此保持忠诚。[108]而在更北部，始终不满的埃尔祖鲁姆被迫承认了帝国的宗主权，而后帝国发现必须和对待萨莫萨塔一样剥夺其残余的独立性。[109]因而，在罗曼努斯失势之时，从塔尔苏斯到凡湖一线以北的全部土地，远至西边亚美尼亚和伊比利亚的巴格拉提德家族控制的领土，全部在瓦西琉斯无异议的控制之下。希腊编年史家称赞约翰·库尔库阿斯，是他将边境线推进到了幼发拉底河。[110]而这一次，他们破天荒地没有给予应有的赞美。

与此同时，必须承认皇帝对很多被承认的地区的控制并非一直稳固。伟大的史诗《迪吉尼斯·阿克里塔斯》[111]描绘的情况有所不同，其中边境大领主们为了信仰而战，也因成为罗马帝国的公民而自豪，然而他们行动时却往往自作主张，而不在意帝国政府会如何安排。迪吉尼斯本人，虽然在幼发拉底河畔富丽堂皇的宫殿中以各种尊荣之礼来接待皇帝，但对待皇帝太过平等，皇帝不会完全满意。然而，或许这些自大勇士的权威是由皇帝之命所合法化的，皇帝命他们掌控关隘，他们会在那里修建自己的城堡；可以确定的是，皇帝一心想要运用他们的才能与狂热。[112]

无论如何，尽管边境的领主依然会表现出麻烦的独立性，但帝国已经抵达了东部局势的转折点，正在走向胜利。如今边境地区的状况，和罗曼努斯即位之初已经截然不同。不仅边界位置变化了，之前几个世纪以来几乎每年都要遭受阿拉伯人劫掠骇事的边境省区，也已经摆脱了噩梦。在罗曼努斯执政的最后 12 年间，穆斯林袭掠者仅仅两次穿过边境——其中一次是赛义夫成功袭击科隆尼亚，另一次（942 年）则是苏穆尔最后一次从塔尔苏斯发起袭掠。时代真的变了。

分析这一转变的原因，并非易事。一方面，这一转变部分是因为哈里发国的衰退。拜占庭帝国尽管在几个世纪以来四面受敌，但多亏出色的组织与自信的传统，未受损伤，如今反而活力见长。哈里发国尽管地域更广，收入更多，却在短暂得多的辉煌之后在重负下崩溃。但其崩溃并不那么明显。即使哈里发自己或许可怜，被世人鄙视，但伊斯兰世界依然难以对付。沿着基督徒的边境，分布着属于摩苏尔和阿勒颇的哈姆丹家族的强大的埃米尔辖地，由伊斯兰世界最出色的将军之一赛义夫·道拉领导。远方或许混乱，但除非赛义夫本人也陷入其中，否则这混乱未必能给帝国什么帮助。幸运的是，他不可能永远免于陷入混乱。可以说，阿拔斯帝国的衰弱给了拜占庭帝国可乘之机，而拜占庭帝国也能够利用这个机会。巴尔干的战争胜利结束，胜利者罗曼努斯一世稳坐皇位，身为亚美尼亚裔的他密切关注东方事务，而他的关注落实为委任约翰·库尔库阿斯为总指挥官，这位禁军统帅是拜占庭帝国几代人中产生的最为杰出的军事家。一位次要的将军或许会循规蹈矩，按照拜占庭帝国的战争惯习肃清入侵的穆斯林，成功防卫帝国边境，但库尔库阿斯不止于此。他给帝国军队注入了新的活力，引领他们深入异教徒的领土，取得胜利。他实际征服的领土并不太大，但足以扭转拜占庭和阿拉伯战争多年以来的局面。拜占庭帝国如今占据了主动，叩打着颤抖而疲累的阿拉伯帝国的大门。约翰·库尔库阿斯是一系列伟大的征服者之中的第一位,作为先驱者,他值得高度的赞誉。这些赞誉,也应该分一部分给罗曼努斯·利卡潘努斯,因为他知人善任,也因为在他统治下,帝国经历了辉煌的20年。

第八章

亚美尼亚与高加索

在东部边境战争之中，拜占庭的外交政策有一个非常明显的根本要点：亚美尼亚绝对不能落入穆斯林之手。因此有必要详细了解一下亚美尼亚，为什么这里的独立地位至关重要，以及帝国在这里要面对何种困难。10世纪亚美尼亚各公国大概以阿勒山为圆心，组成一个半径约150英里的圆形，西面与帝国和少数穆斯林城市相接，南面与美索不达米亚和库尔德斯坦相接，东面是波斯和阿塞拜疆，北面是簇集在高加索山脉南坡的各王国。这块土地仅仅由民族和宗教所团结，在政治上被分割成一系列的王公家族的世袭领地，又被这些家族众多的成员进一步细分。这种复杂性，某种意义上类似于17世纪的德意志，全然困扰着当代史学家。

至10世纪时，亚美尼亚王公之中最重要的家族就是巴格拉提德家族。这个家族据说源自犹太人，如今分成几支，（或许最古老）最自傲的一支位于伊比利亚，但多年以来实力最强的是在阿勒山以北的阿拉斯河流域定居的那一支，他们在几个世纪以来稳步拓展领地。[1] 自从马米科尼扬王朝消亡之后，亚美尼亚的巴格拉提德家族就成了亚美尼亚的领导者。在9世纪中期，主要靠着格外坚定地支持阿拉伯领主，他们在亚美尼亚最繁荣的地区积累了广大的领地与财富；而862年，家族的领导者阿索特被同胞和阿拉伯人公认为亚美尼亚的"万君之君"（ishkhan [prince] of ishkhans）。巴格拉提德家族的崛起，对应着（某种程度上也归因于）哈里发国衰弱的萨马拉时期；尽管哈里发国在穆塔米德在位时短暂复兴，阿拉伯人却再未能恢复此前对亚美尼亚的牢固掌控；但穆塔米德依靠着巴格拉提德家族的旧有忠诚，依然在亚美尼亚保留着阿拉伯奥斯提甘或总督，在885年时还准备让阿索特成为国王，给他"万王之王"的封号，而这个封号在亚美尼亚的安息王朝终结后已经空缺了四个世纪。阿索特即位时，巴格拉提德家族控制的领土横跨整个亚美尼亚，从凡湖延伸到库尔河。在南面，他控制着克拉特、埃尔吉奇、佩科里，他把这些城镇分给他恭顺的进贡者，曼兹科特的穆斯林王公，后者对他的效忠关系直到森姆巴特殉道，巴格拉提德家族统治崩溃后才结束；在北面，他控制着古加尔克（Gougark）地区，直到梯弗利斯（第比利斯旧称）城；而他领土的中心，包括都城卡尔斯、大都市多文（公教长的驻地与奥斯提甘曾经的驻地），以及亚美尼亚最富庶的平原阿拉斯河平原。拥有如此的权力，他的"万王之王"封号可谓实至名归。他最危险的对手，瓦斯普拉坎的阿尔茨鲁尼家族首领，虽然财富与影响力同样在增长，却因为娶了他的女儿为妻而保持着平静。他的另一个女儿作为安抚，与苏尼亚的奥尔别良（Orbelian）家族的一位王公成婚，还有一个女儿与阿布哈兹国王成婚。[2] 除了这几人，再没有其他亚美尼亚王公重要或强大到足以挑战他；而伊比利亚（卡特利）的那支巴格拉提德家族处在阿布哈兹人和他们的亚美尼亚远亲的夹缝之中，在阿布哈兹国王的巨大威胁之下，无力阻碍阿索特扩张势力。更重要的是，阿索特拥有多文的公教长的支持，而公教长的善意态度应当对亚美尼亚民众有巨大影响。

阿索特的执政时期基本维持了和平。对亚美尼亚的王公们而言，和平可谓陌生，但阿索特似乎拥有足够的实力实现基本的和平。在对外政策上，他对巴格达保持和解态度，定期给阿塞拜疆的奥斯提甘（此时负责亚美尼亚事务的阿拉伯官员）支付岁贡。[3] 这种略倾向于阿拉伯人的政策也是亚美尼亚人惯常而最普遍的政策，在他们看来，穆斯林尽管让他们遭受血腥的异教排斥浪潮，但一向比希腊人更容易接受，因为希腊人一直记着他们是一性论的异端，认为这种受谴责的错误必须纠正。不过，阿索特统治时期，东部的情况已经改变。只要阿拉伯人统治亚美尼亚，希腊人便安于在这一地区尽量挑起混乱，并不敢在东部边境发动大规模的进攻。然而巴格拉提德家族的壮大让拜占庭帝国不复担忧阿拉伯人吞并亚美尼亚，结果就是皇帝巴西尔一世占据了亚美尼亚境内保罗派异端的领地，将边境线向东推进；而其子利奥，在兼并了幼发拉底河上游的亚美尼亚边缘领土之后，继续推进。阿索特国王担心起来，决定为了和平利益，也要讨好君士坦丁堡政府。年迈的他亲自赶往帝国的首都，而皇帝见自己宣称已久的宗主权终于得到了承认，欣然以盛大的尊荣接待了他。他在返回途中逝世，安葬在巴格拉提德家族在巴加兰的王室墓地。[4]

他的儿子森姆巴特继承了他的王位。森姆巴特的威望不及其父，很快便陷入艰难境地。他首先要应对家族内部的叛乱。似乎在亚美尼亚的体制之中，虽然国王是专制者，但军队总指挥官的职务往往由王室的庶子担任。这一习俗往往会造成问题，因为总指挥官几乎总是图谋王位，也有实力来极度威胁国王。森姆巴特和他叔父、时任总指挥官阿巴斯的关系就是如此。起初这导致了战争和动荡，而尽管阿巴斯被击败，总指挥官的职务由更忠实而合适的家人，森姆巴特之弟沙普（Schapouh）继任，森姆巴特却又因为不受欢迎而冒险的对外政策——延续并加强他父亲和拜占庭帝国的同盟关系——而激起了更大的风暴。[5]

这一政策的原因不得而知，或许大约在此时，利奥吞并了幼发拉底河另一边的特克斯地区，而森姆巴特认为他可能会继续进军。这一估计有误，因为拜占庭帝国很快就因为害怕保加利亚以及利奥不幸遭遇军事失利而分心，半忘了东部方向；与此同时，在阿塞拜疆，连续出现了两位雄心勃勃而精力充沛的奥斯提甘，阿夫欣和优素福兄弟，他们可不打算让亚美尼亚希腊化；此外，森姆巴特的政策太不受欢迎，无法得到亚美尼亚公众的支持。很快，他失去了"万王之王"的实权。亚美尼亚陷入不计其数的内战，其中瓦斯普拉坎和苏尼亚的王公往往反对巴格拉提德家族，与此同时，阿拉伯人则稳步推进，夺取梯弗利斯，甚至再度攻破多文。[6] 大约900年时曾有一段短暂的和平时期，持续到阿夫欣去世；约905年时又有另一段稍长一点的和平时期。[7] 这段和平时期最终因为优素福谋划反叛巴格达时，森姆巴特没能提供必要的支持而结束。优素福因此改变了策略，向哈里发告发森姆巴特谋反，在哈里发的官方同意之下入侵亚美尼亚。森姆巴特在这个关键时刻轻率地插手阿尔茨鲁尼家族和苏尼亚的统治者之间的冲突，支持后者，而领地广大的瓦斯普拉坎的领主加吉克·阿尔茨鲁尼，随即投靠了优素福，而优素福宣称废黜森姆巴特，立加吉克为"万王之王"。[8] 苏尼亚的王公成了森姆巴特唯一忠实的盟友，余下的所有王公更加想望以巴格拉提德家族为代价，夺权和扩张。

甚至森姆巴特的侄子，"总指挥官"阿索特（此人近期继承了其父沙普的职务）也背叛了自己的家族。拜占庭帝国没有提供任何援助。最终在913年，众叛亲离的森姆巴特（苏尼亚的统治者已经先于他失去了领地）的领地全被征服，他在最后的据点卡布达出城投降并殉道；他的遗体被人拒绝下葬，没有遮蔽地被弃在多文，而在那里，阿拉伯的奥斯提甘如今再度统治亚美尼亚。[9]

在几年的混乱、内战、饥荒之后，森姆巴特的长子，已经被邻近的阿布哈兹国王加冕为王、不时开展游击战（战果不同）的阿索特，于915年在皇太后佐伊派出的远征军支持之下，夺回了自己的先祖领地。[10] 在击败了他的"总指挥官"堂兄弟（机敏的优素福不信任朝秦暮楚的加吉克，把"总指挥官"阿索特另立为对立国王）之后，阿索特在什拉格地区（Shirag，卡尔斯、阿尼、巴加兰周边）重新稳固了他和家族的地位。但他意图收复他祖父和父亲领地的尝试却没能全部成功。多文依然在阿拉伯人和"总指挥官"手中，而阿索特的势力向东仅及瓦加沙帕特（Vagharschapat）。[11] 在北方，尽管阿索特成功收复了叛乱的沙姆舒尔德（Schamschoulde）堡垒，[12] 但他从未能触及梯弗利斯；而在东北方向，名义上属于巴格拉提德家族的乌迪（Oudi）地区，在连续两位总督莫瑟斯（Moses）和兹利克（Tslik）的统治时期长期为叛乱状态；[13] 在南方，原本进贡的曼兹科特和凡湖周边城市彻底脱离了巴格拉提德家族的控制，正在并入拜占庭帝国。[14] 阿索特的"万王之王"依然毫无意义。

约919年，在公教长的坚持下，亚美尼亚整体处于平静。两位阿索特握手言和，不久之后甚至加吉克都承认了阿索特国王的宗主权。[15] 这保证了巴格拉提德家族对亚美尼亚中部的控制，不过阿索特依然要应对岳父即伽德曼（Gardman）的大公，以及兄弟阿巴斯接连谋划的阴谋。但他的实力已经强大，足以抵御约920年返回波斯途中的优素福及其凶悍的继任者纳斯尔的进攻。

自此，巴格拉提德家族的历史便更平静了些，不过到约924年时，记载了当时内战所有细节的史家公教长约翰停笔了，我们失去了指引。阿索特统治到928年逝世，他被拜占庭帝国承认为"万王之王"（不过拜占庭人只会表述为 Archon ton archonton［众执政官之执政官］），或许他在亚美尼亚名义上也是如此。他实际统治的领土是什拉格地区，南方以阿勒山为界，北达沙姆舒尔德，东抵乌迪地区和多文周边，西则延伸到乔鲁赫河河谷所在的分水岭。巴格拉提德家族的威望或许因公教长转往瓦斯普拉坎地区而有所折损；公教长原本驻在多文，受巴格拉提德家族庇护，如今向南进入佐罗伊瓦赫，而后转往阿尔茨鲁尼家族控制的城市阿格塔马尔（Agthamar）。[16] 在政策方面，阿索特整体倾向于希腊人而非穆斯林。他很少和奥斯提甘或者哈里发保持良好关系，相反，不仅亚美尼亚部队协助希腊人作战，阿索特还和君士坦丁堡商谈过教会统一的事——当然，卡尔西顿大公会议造成的分裂太大，商谈一如既往无果而终。[17]

阿索特的继任者，他不可靠的兄弟阿巴斯，政策上对拜占庭稍有反对。阿巴斯时而又和阿拉伯人发生冲突。931年，阿塞拜疆的穆夫利赫蹂躏亚美尼亚[18]——不过巴格拉提德家族的土地或许免于战祸；936年，阿巴斯肯定必须应对多文附近的阿拉伯袭掠者，而他在瓦加沙帕特战败。[19] 然而整体上，他似乎和他们保持着和平，940年时还颇自愿地暂时臣服于赛义夫·道拉。[20] 伊斯兰世界因为希腊军队反击以及哈姆丹家族谋划独立而分心，阿巴斯因此能作为一个民族的国王来实行统治，不必过于担忧外部干涉——或许拜占庭除外。尽管年轻时在信仰东正教的阿布哈兹宫廷居住了多年，和阿布哈兹的公主成婚，但阿巴斯依然坚定支持亚美尼亚教会，建造了几座教堂，并用战争来保证这些教堂采用亚美尼亚的仪式。[21] 忏悔的东正教徒罗曼努斯一世将大批虔诚的亚美尼亚人赶出了帝国，而阿巴斯欣然接纳了他们。或许他没有过多尝试向其他王公主张权威，因此他的执政时期成了亚美尼亚历史上罕有的黄金时代之一，相对和平，艺术和商业繁盛。阿巴斯颇为长寿，在罗曼努斯失势几年之后才在 951 年逝世。[22]

"万王之王"的地位，与中世纪德意志皇帝的情况颇为类似。如果情况有利，他本人性格强势，这一头衔就有实在的意义；若非如此，附庸的王公们就会自行其是。和德意志皇帝一样，"万王之王"经常要面对对立的国王。这一时期的对立国王之中，"总指挥官"阿索特变化不定，并不重要，他是当地奥斯提甘的傀儡，失去他们的支持就无能为力。而瓦斯普拉坎的王公，仅次于巴格拉提德家族的阿尔茨鲁尼家族的领袖加吉克，要比他重要得多，也更有实权。阿尔茨鲁尼家族在 908 年由加吉克继位领导，控制着整个瓦斯普拉坎地区，范围从凡湖的东南方向延伸到阿拉斯河；在此之外，加吉克的父亲还控制了霍伊（Her）和扎拉万德（Zaravand）地区，将他的势力延伸到了奥鲁米耶湖附近；[23] 此后，甚至马兰德（Marand）都落入了阿尔茨鲁尼家族手中。[24] 加吉克的母亲索菲来自巴格拉提德家族，但婚姻并未给这两个互相妒忌的家族带来和平，森姆巴特最终还是冒犯了他妹夫的家族，将他们代代相传的城镇阿拉斯河畔的纳希切万（Nakhidchevan）交给了苏尼亚的统治家族。因此，在阿夫欣进攻之时，阿尔茨鲁尼家族就已经倾向于支持阿拉伯人了；而在优素福攻击期间，加吉克公开和他的舅舅开战，并从优素福手中得到了"万王之王"的头衔。[25]

这项王冠他戴着并不轻松。优素福的征服发展到难以对付，而身为基督徒的加吉克良心不安，又添惊恐。他时而撤军停战，玩起了格外变化无常的背叛游戏：看上去他向来宣称自己是哈里发的忠实附庸，但优素福对哈里发的忠诚则向来让人有些怀疑；而当优素福不满于他的行为，将"总指挥官"加冕为新的"万王之王"时，他在不久之后就请巴格达方面确认了自己的头衔。[26] 结果便是优素福带着殊死的仇恨追击加吉克；与此同时，阿索特二世在希腊人的协助下一度立足家乡，能和阿拉伯人达成一些协议，避免更多纷争。此时的加吉克，其领地陷入穆斯林控制地区的包围之中，遭受优素福及其继任者纳斯尔的不断攻击，特别是从优素福被巴格达方面当成叛徒逮捕后又重获恩宠时起。[27] 直到924年，加吉克才重归和平。

自此，他能够在繁荣之中统治他的领地。他偶尔和阿拉伯人出现摩擦，如936年，他逝世那年，他和阿巴斯结盟对抗控制纳希切万的阿拉伯人。这些阿拉伯人击败了不等加吉克到来就进攻的阿巴斯，然而此后又在多文城下被加吉克击败。[28] 除此之外，便是罕见的平静，而加吉克也得以沉迷于建筑爱好。他执政时期的重大纪念物便是凡湖上的岛屿城市阿格塔马尔，很快公教长就受劝居于此地，差不多变成了阿尔茨鲁尼家族的奴仆。[29] 加吉克和希腊人联系不多。凡湖和科科维特山地将他和帝国分隔开来，而在亚美尼亚内战期间，他也处于其影响范围之外。库尔库阿斯在凡湖北面和西面的征战将他拉得更近，双方似乎有一些友好交流。加吉克试图在926年或927年与君士坦丁堡商谈教会统一的事宜，而或许是在阿索特于 928 年逝世之后，加吉克被拜占庭政府承认为"众执政官之执政官"。这给我们带来了拜占庭与亚美尼亚关系史中最模糊难解的问题。现存有一封信，为罗曼努斯写给埃及埃米尔的，讨论的是亚美尼亚的事务，以及考虑将"万王之王"的头衔从加吉克转给他人的事。[30] 给埃及埃米尔这一信息应当有误。罗曼努斯给埃及写信是在 938 年，加吉克逝世两年之后，或许是此后一些糊涂的抄写者把这个错误的收信地址加在一封写给亚美尼亚的信上了。收信者应当是亚美尼亚的某个王公，至于是谁我们不得而知。当时加吉克依然在世，因为信中对收信的王公说，如果他表现良好，并和帝国保持和平，皇帝会建议加吉克和"廷臣阿帕塞奥斯（Apaseius）"与他达成协议。因此，似乎阿巴斯（阿帕塞奥斯）仅仅得到了君士坦丁堡赐予的廷臣头衔，在拜占庭帝国看来位次低于加吉克；此外拜占庭似乎每次只允许一位亚美尼亚王公取得"万王之王"的头衔。这个请求头衔者的身份无法得知，毕竟任何一个亚美尼亚王公都有理由被选。在罗曼努斯和塔隆的德伦尼克（Derenic/Tornices）打交道时，还在世的阿索特被称为"万王之王"，加吉克则仅被称为瓦斯普拉坎的"执政官"。[31] 然而，不久之后——应当是在阿索特逝世之后，毕竟拜占庭帝国不太可能冒犯盟友，而阿巴斯的表现不太令人满意——"万王之王"的头衔被交给了加吉克。此后，应当是在加吉克逝世之后，头衔又被重新交给巴格拉提德家族，然而阿尔茨鲁尼家族也存留着这个头衔；而当君士坦丁七世写下《论帝国礼仪》时，巴格拉提德家族的王公被称为"众执政官之执政官"，而阿尔茨鲁尼家族的领袖则被称为"瓦斯帕拉卡卡众执政官之执政官"。[32]

加吉克在 936 年逝世。他的儿子与继任者德伦尼克没有他的能力，瓦斯普拉坎沦为历史的背景，在罗曼努斯执政结束很久以后才重新出现于亚美尼亚历史记述中。[33]

亚美尼亚第三大家族是苏尼亚的奥尔别良家族。苏尼亚是亚美尼亚东部的广阔地区，从塞凡湖延伸到阿拉斯河最南面的河湾。苏尼亚被统治家族的不同成员进一步分割，而各领地的易手似乎颇为频繁。这个家族有两个主要分支，在森姆巴特殉道之时，长支的领袖是大王公（Grand Ishkhan）森姆巴特，控制的地区位于苏尼亚西部，包括瓦奥佐尔（Vaiotzor）和希萨甘（两地应当是从幼支的族兄弟手中取得的），[34]并拓展到纳希切万。他和阿尔茨鲁尼家族的索菲、加吉克的妹妹成婚，是亚美尼亚最显赫的人物之一。他的兄弟萨哈克（Sahac）控制着苏尼亚东部地区，都城或许在埃伦查克（Erendchac）；[35]另一个兄弟帕普根（Papgen）是家族中的恶人，控制着东部的一两座城镇，妒忌更富有的兄长们；还有一个兄弟瓦萨克（Vasac），在内战中被杀。幼支控制的领地聚集在塞凡湖周边地区。那里也有四兄弟，一人年轻时因打斗而死，余下的包括长子格里戈尔·苏凡（Grigor Souphan），以及同样名叫萨哈克和瓦萨克的两人。他们的父亲是曾经统治希萨甘的瓦萨克·加布尔（Vasac Gabourh），母亲是巴格拉提德家族的玛丽亚姆（Mariam）。[36]苏尼亚位于阿塞拜疆的边境，王公们往往最早遭受阿拉伯人的入侵，结果就是，尽管苏尼亚东部的王公会尽快和阿拉伯人签订协议（比如萨哈和背教者帕普根，此人在922年纳斯尔入侵时"与地狱签订了契约"[37]），但西部的王公为了保证后方无忧，会维持与巴格拉提德家族的密切同盟关系。在阿索特二世统治早期的战争之中，大王公森姆巴特与阿索特维持着相当稳定的同盟关系，因此遭到优素福的报复——家族失去了代代相传

罗曼努斯统治时期发行的银币，正面有罗曼努斯头像，留着胡须；背面铭文显示君士坦丁（七世）的位次排在斯蒂芬·利卡潘努斯和君士坦丁·利卡潘努斯之上

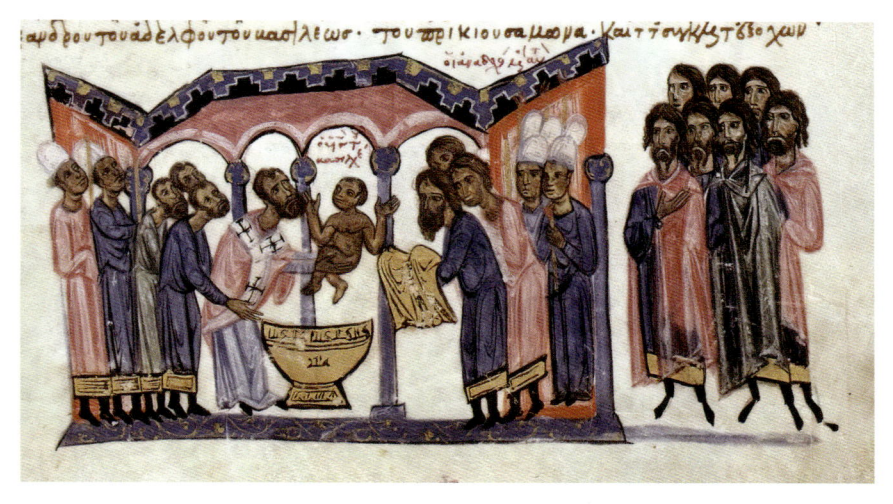

牧首尼古拉斯为君士坦丁七世施洗，尼古拉斯是罗曼努斯时期的教会领袖，十分强势，马德里《斯基里泽斯编年史》插图

基督赐福给登基的君士坦丁七世，象牙雕塑，普希金博物馆藏

拜占庭织物残片，8—10世纪，美国大都会博物馆藏

持剑卫士约翰的印戒，持剑卫士最初是皇帝侍卫，后演变为一种尊衔，10世纪，美国大都会博物馆藏

保加利亚沙皇西美昂（中坐者），穆夏"斯拉夫史诗"组图之一

保加利亚军队在安西亚洛斯大败拜占庭军队，此战中尚任海军大元帅的罗曼努斯并未解救败兵，而是带着舰队返回了，马德里《斯基里泽斯编年史》插图

在杰出统帅约翰·库尔库阿斯率领下，拜占庭军队攻入幼发拉底河上游地区，夺取穆斯林控制的重镇梅利泰内，马德里《斯基里泽斯编年史》插图

拜占庭一方接收埃德萨圣像，这幅耶稣圣像是约翰·库尔库阿斯围攻埃德萨时该城献出的

罗曼努斯统治前期的威尼斯总督彼得·坎迪亚诺二世，派其子前往君士坦丁堡觐见皇帝，其本人获首席持剑卫士头衔

威尼斯圣马可广场，乔凡尼·卡纳莱托绘，广场上的圣马可大教堂原为拜占庭风格建筑，后几次增建，融入哥特风格等元素，是东西方文化交流的体现

亚美尼亚的加吉克，在森姆巴特在位时被阿拉伯统治者优素福封为对立的"万王之王"，后与优素福决裂，曾与拜占庭帝国商讨统一教会之事

拜占庭海军用希腊火攻击罗斯人的舰船，941 年罗斯大公远征君士坦丁堡，被拜占庭军队击败

罗曼努斯去世后，遗体被运回君士坦丁堡，葬于米雷莱翁教堂，该教堂后被改建为博德鲁姆清真寺

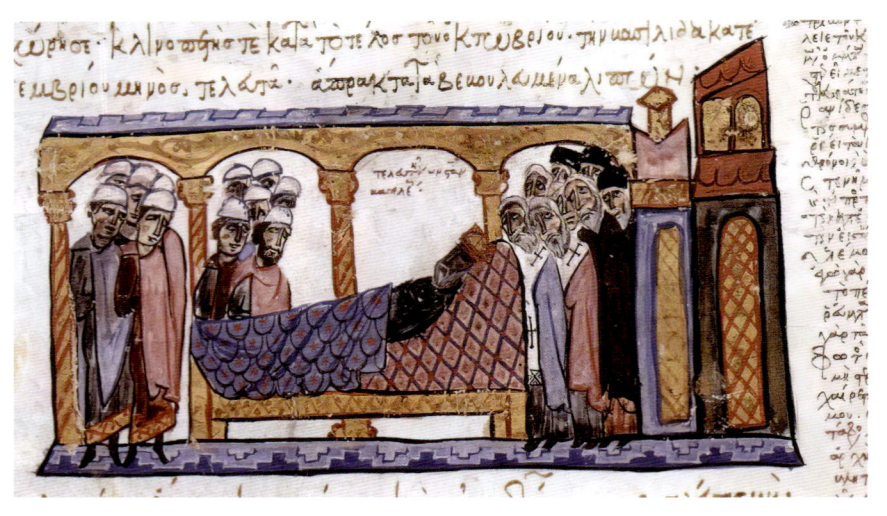

君士坦丁七世去世情景，马德里《斯基里泽斯编年史》插图

的城镇埃伦查克；而玛丽亚姆的诸子在战争之初失去了领地，成了表兄弟阿索特的最忠实帮手，在希腊大军将阿索特带回多文之时，借机收复了自己的故地。[38] 在亚美尼亚归于和平，以及公教长约翰逝世之后，苏尼亚的历史便模糊不明。《苏尼亚史》在记载教会和统治家族的安排之外几乎没有记录什么事件，史学价值不大。到目前为止，这一地区因为厌战和分裂而无法扮演重要角色，而奥尔别良家族的好日子还在后面。

其他的亚美尼亚王公之中，被公教长约翰承认为"大王公"的就只有位于塞凡湖北部的伽德曼的王公，身为阿索特不称心的岳父，他似乎不大重要；[39] 此外还有巴格拉提德家族在塔隆的王公，我将在下文介绍。南部王公，如莫赫和安泽瓦齐的王公，似乎接受阿尔茨鲁尼家族的领导，近乎其附庸；[40] 不过值得一提的是，阿尔茨鲁尼家族一个爱冒险的庶子古尔根（Gourgen）和守寡的安泽瓦齐王公夫人成婚，[41] 他们的儿子亚当因为拥有可观的财富，引来了阿拉伯袭掠者，不过他击败了这些人；在938年，他击退了伊拉克长官的副手拉赫卡里（Lachkari）的袭掠。[42] 瓦斯普拉坎以北的科科维特是阿尔茨鲁尼家族的另一领地，似乎往往由家族中的庶子继承——这一时期由加吉克的兄弟古尔根控制。[43] 巴格拉提德家族领地以及伽德曼以北，是广大的乌迪地区，其中部分土地被巴格拉提德家族控制，[44] 由他们委任的长官管理；另一部分土地则被塞沃尔蒂部（Sevortians）占据，这个外来部族最有可能源自斯拉夫人；[45] 余下部分则在阿戈万人（Aghovans）手中，他们的国家（阿尔巴尼亚）正好在其东面。[46] 严格意义上，阿戈万人并不是亚美尼亚的一部分。他们的统治者称国王，[47] 他们的教会有自己的公教长。但他们同样属于亚美尼亚教会异端，他们的公教长由亚美尼亚公教长祝圣,隶属于后者,[48]因此实际上他们算是亚美尼亚同盟的一部分。阿戈万人时而出现在公教长约翰的记述中,向来与亚美尼亚人关系良好,除此之外,他们的历史模糊不清。

我将塔隆地区放在最后叙述。这个位于凡湖西面的地区早已进入了希腊的影响范围,因而其历史也和其他地区略有不同;不过塔隆统治家族与拜占庭帝国的往来,算是亚美尼亚东部领主对帝国的典型姿态。塔隆地区大体上从凡湖延伸到帝国边境,首府位于穆什,[49]帝国通向亚美尼亚南部的主干道经过该城。塔隆和帝国的紧密关系可以确定自利奥六世吞并幼发拉底河上游地区开始。塔隆的统治家族是巴格拉提德家族的分支,在森姆巴特统治的早期,当地的大王公名叫大卫;但他似乎在不久之后去世,他的儿子继位,此人几乎可以确定就是"生于紫室者"君士坦丁七世所说的格里高利,格里高利或者他的兄弟是"总指挥官"阿索特的妹夫。塔隆的统治家族和显赫远亲的关系并不怎么好,在利奥六世执政时期,国王森姆巴特曾经到拜占庭帝国宫廷请求帝国施压,迫使塔隆领主释放他们俘虏的森姆巴特的两个侄辈。地理位置让塔隆免受阿拉伯战事带来的恐惧,而公教长约翰也时常前往这里避难。在罗曼努斯执政初期,双方约定,塔隆的格里高利定期上缴一批实物礼品,换取拜占庭国库支付的固定薪俸;而他的弟弟阿珀加内姆(Apoganem)则在君士坦丁堡得到了住宅,娶了希腊妻子。这样的安排没有起到太好的效果,阿索特二世、加吉克、伊比利亚的阿达尔纳斯都心生嫉妒,也索求薪俸;而格里高利则觉得,要满足帝国对礼品的贪婪,耗费太大。因此协议被废弃,格里高利仅仅定期支付一小笔贡赋。在这一时期,在阿珀加内姆去世之后,他在君士坦丁堡的住宅又引起了争议,格里高利宣称住宅所有权归属自己，要用它换取离自己家乡更近的克尔泽内的乡村别墅，而阿珀加内姆年少的儿子德伦尼克对此愤然抗议。在这个问题上，皇帝全程以极大的耐心应对，尽可能逐渐扩大自己的影响——让格里高利的儿子和继承者巴格拉特（Bagrat/Pancratius）与一名拜占庭姑娘成婚，她或许是利卡潘努斯家族的亚美尼亚裔亲戚；此后，皇帝又以巴格拉特虐待德伦尼克为由，吞并了部分领地，进一步分割和削弱塔隆统治家族的遗产。[50] 就这样，塔隆事实上成了帝国的省区，由此免遭亚美尼亚内战的纷扰，不过又要遭受阿拉伯人的偶尔袭掠，比如赛义夫·道拉在940年的袭掠。尽管赛义夫愿意和亚美尼亚领主保持友好关系，但他还是洗劫了塔隆首府穆什，摧毁了那里的神圣教堂。[51]

此外或许还有其他次要的亚美尼亚王公，其名字未见于历史记载，他们的重要性也不足道。[52] 而更为强大的是亚美尼亚教会，这个庞大的组织延伸到整个地区，推动各方团结，而且似乎不受世俗权力控制。公教长由教会选举，而公教长本人任命主教和其他下属，或许存在一定的任人唯亲现象。[53] 事实上教会也是这个王国最大的民族主义机构，获得了民众的感情支持，而这肯定威胁到了俗世的当权者，因此王公们不断尝试推动亚美尼亚教会和东正教会统一，而这样的尝试总是以失败告终。[54] 公教长约翰的记述，很好地展现了公教长在政治上的重要性。即使适当考虑到约翰喜欢强调自身价值，他依然是能够影响整个亚美尼亚的代表人物。更重要的是，教士也是亚美尼亚社会中最有文化的一群人，优势巨大。他们的政治影响力整体上与希腊人对立。他们厌恶的正是东正教会，他们无法接受东正教的信条，因而怀着极度的憎恨，也担心东正教会威胁亚美尼亚教会的独立地位。只有在阿拉伯人残酷迫害基督徒，再不反抗将成耻辱时，他们才开始友善地转向君士坦丁堡；若非如此，他们更愿意和穆斯林打交道。[55]

由于亚美尼亚宗教所培养的根深蒂固的观念，所有亚美尼亚人都不信任也不喜欢拜占庭帝国。尽管巴格达与他们的距离比君士坦丁堡更近几百英里，阿拉伯人的军队向来比希腊人的军队凶狠，但他们还是更喜欢阿拉伯人。阿拉伯文明和宗教与他们的不同之处太多，无法威胁他们的民族特质；然而本质上"国际性"的拜占庭帝国拥有和亚美尼亚类似的文明，只是更先进而已，宗教上仅有细微的教义差异，因而可以轻而易举地吸收他们，彻底终结他们的独立。大批亚美尼亚人已经在为帝国服役，其民族身份完全融入了帝国的国际性中，这肯定是不祥之兆，特别是这时候的皇帝和他的主将都有纯正的亚美尼亚血统。[56]因此，亚美尼亚和帝国的关系总是被恐惧与怀疑侵蚀，除了穆斯林迫害的时候，提醒着亚美尼亚人，帝国和他们一样信仰基督教；而帝国不得不尽可能抓住这些机会。亚美尼亚的王公时而乐意宣称是帝国的忠实附庸（不过他们更常向巴格达效忠），但当森姆巴特这样的亚美尼亚统治者对皇帝如同对上级一般过多地表示尊敬，如同对父亲一般过多地表示顺从时，[57]他就很快会失去公众的支持。亚美尼亚王公们差不多唯一能够达成统一意见的是，结成贸易同盟，对抗贪婪的宗主拜占庭瓦西琉斯。森姆巴特有可能变成出卖贸易同盟者，因此失势；塔隆的格里高利因为这个同盟的规矩，不得不放弃自己的薪俸；而伊比利亚的"宫廷总管"（伊比利亚人对帝国的态度与亚美尼亚人大同小异）也拒绝把科泽姆交给希腊军队，因为这也是违背同盟的规矩，会激怒其他王公。

即使如此，亚美尼亚和帝国的交往实际上不曾断绝。通往波斯的重要贸易路线穿过亚美尼亚，亚美尼亚的矿井和牧场也为君士坦丁堡的手工业源源不断提供原料，而亚美尼亚人也在帝国财富与机遇的诱惑之下离开拥挤的谷地或偏远的山区，不断流入帝国，带来持续的思想交流。亚美尼亚艺术完全继承自萨珊王朝，其风格成了拜占庭帝国艺术风格的蓝本，而阿格塔马尔和卡尔斯的宫廷也热情模仿拜占庭文化的优雅与奢华。但亚美尼亚文明被宗教、群山以及相互抗衡的希腊与阿拉伯的影响所强化，依然与众不同，特别是如今能够从波斯轻松传入的萨珊文明已经灭亡。这里的文明水平低于拜占庭，每一位历史学家的叙述都显示出亚美尼亚政客的幼稚和鼠目寸光。对比牧首尼古拉斯给公教长约翰的信与约翰本人的回信，从约翰的叙事中可以很好地认识这两种水平的差异。尼古拉斯语言简练，直入主题，表现出对亚美尼亚难题的广泛理解，并提出了合理的解决方案；而约翰的语句极为冗长芜蔓，充满拙劣的奉承，他对《圣经》的引述，展现了自己的无知而不是关于《圣经》的知识。即使在他的历史著作里，他也无意中展现了自己国家的落后。

约翰的信还揭示了另外一个事实。尽管这个文明独立（积极地独立），但在遭到严峻攻击之时会向西方求救。在真的担忧之时，它会把帝国和神圣的皇帝当作基督教文化的终极源泉。和其他基督徒一样，亚美尼亚人也会被旧罗马和新罗马的悠久历史所触动。当我们想到，虽然阿拉伯人在多文城内统治他们的肉体，但拜占庭帝国支配着他们的灵魂时，我们就能解释为什么他们会恐惧、怀有敌意，最后报以信任。[58]

亚美尼亚以北分散着高加索各部，部族的数量"只有上帝知道"。[59]他们大多被视作君士坦丁堡的附庸，但大多数情况下他们对拜占庭政客而言并不大重要，除非他们间发的战争和行动影响了亚美尼亚或者希腊人的边境附近，又或者向北牵涉到可萨人。少数部族得到了帝国的特别关注，因为他们有潜在的威胁或者价值。

距离帝国最近的就是伊比利亚诸公国，从哈尔迪亚军区边境延伸到库尔河谷，其领土法理上在巴格拉提德家族一支的成员之中分配，然而事实上几个外来的部族已经占据了一席之地。从"生于紫室者"君士坦丁的记载来看，帝国和伊比利亚的巴格拉提德家族的交往频繁而复杂。为了让读者至少能了解这一复杂情况，有必要首先弄清该家族的谱系。这个家族，出于家族的荣耀，和拔示巴的后代与圣母马利亚的亲属一样，更加愿意族内通婚。在10 世纪的前半叶，伊比利亚的巴格拉提德家族分为两个主要支系，分别在卡特利（上格鲁吉亚）和陶（Tao，在希腊边境）。信仰东正教[60]的他们向来和帝国关系密切，家族的领袖也会在君士坦丁堡获封宫廷总管的头衔。卡特利的家族，尽管代代相传宫廷总管的头衔，但此时正在衰颓。似乎亚美尼亚的阿索特一世将卡特利变成了完全附庸国，乃至宫廷总管阿达尔纳斯二世（881—923 年在位）被他所极力效忠的封君森姆巴特擢升为伊比利亚之王，得到亚美尼亚王国中一人之下的地位，对他而言可谓荣耀。[61]此后阿达尔纳斯遭遇了一场严重灾难，他的妹夫、阿布哈兹国王君士坦丁，在约 908 年攻击并吞并了卡特利大部分领土，阿达尔纳斯控制的土地或许仅剩阿尼与伊拉兹卡沃尔斯（Erazkavors）以北的狭长山区了。[62]自此，阿达尔纳斯便无足轻重，他不断阴谋推翻统治卡特利的外甥、阿布哈兹的格奥尔吉，追随阿索特国王参加很多战事。[63]在他于 922 年或 923 年去世之后，帝国甚至考虑是否要把宫廷总管的头衔转给陶的家族，特别是那时他的四个儿子为继承问题而大打出手。而最终，头衔还是落到了长子阿索特头上，他遂来到君士坦丁堡受封。[64] 此后几年卡特利的巴格拉提德家族的历史就模糊不明了。

陶的巴格拉提德家族则更为强势。直接统治陶的长支似乎从未给拜占庭帝国政治带来任何纷扰，很快就濒于绝嗣。到912年，该支只剩下两人，其一是古尔根，他的女儿与阿布哈兹的一位王公成婚，他本人在941年去世；其二是他的妹妹，改宗的赫勒斯王公的夫人。[65] 家族幼支则更重要，因为他们控制着重镇阿尔达努奇（Ardanoudj/Adranutzium），这里是进入伊比利亚和阿布哈兹的关键地区，也是亚美尼亚和高加索最大的贸易中心之一。在阿尔达努奇的森姆巴特去世（889年）之后，阿尔达努奇由他的长子巴格拉特继承，其他一些不太重要的领地由他的幼子大卫继承。而巴格拉特去世（909年）之后，他的四个儿子进一步分割了阿尔达努奇地区，[66] 并很快陷入内讧。君士坦丁的记述颇为复杂。他记载称巴格拉特的一个儿子古尔根没有后代，但是很快又提到一个名叫古尔根的人，是巴格拉特另一儿子阿索特·吉斯卡瑟斯（Ashot Ciscases）的女婿，这个阿索特从他的兄弟古尔根手中继承了阿尔达努奇。我认为后一个古尔根应该是前一个古尔根的儿子，格鲁吉亚的编年史提到了这个人。后一个古尔根决心从自己的岳父阿索特手中夺走阿尔达努奇。罗曼努斯希望和这些王公之中的最强者结盟，就派出显贵君士坦斯前去封古尔根为廷臣；但在他抵达之前，在古尔根的攻击之下不安稳地守卫阿尔达努奇的阿索特·吉斯卡瑟斯，提出宁可向希腊人献城，寻求援军，而不是让古尔根夺走这座城。无法决断的君士坦斯，还是按照旧命令，给了古尔根廷臣的头衔；在此之前他突访了卡特利的阿达尔纳斯诸子，阿达尔纳斯刚刚去世，诸子担心自己家族的宫廷总管头衔不保；之后他转往阿尔达努奇，接受阿索特·吉斯卡瑟斯献城。这次吞并激怒了贸易同盟中的伊比利亚诸王公，古尔根和卡特利的一位王公都威胁要投奔穆斯林，除非归还该城。为了安抚他们，罗曼努斯宣称君士坦斯的决定无效，这位不幸的显贵被各方指责。阿索特·吉斯卡瑟斯得到了阿尔达努奇，而卡特利的阿索特来到君士坦丁堡受封宫廷总管。但吉斯卡瑟斯没能控制阿尔达努奇多久。古尔根很快就攻取了该城，给他其他土地作为补偿，而后又将这些土地吞并。古尔根去世之后，他的寡妻，阿索特的女儿，宣称自己有权继承阿尔达努奇，但周边的势力认为女人无权继承一座城市，于是都来蚕食她的领地。该城最终落入了她父亲在幼支的堂兄弟、大卫之子森姆巴特之手，此人慷慨地给了她一小片乡村地产，此城就一直留在他的家族之中。[67]

伊比利亚的巴格拉提德家族在埃尔祖鲁姆围城战中难解的举动，前文已经提到。按君士坦丁的说法，这些恶人来自流亡的卡特利的巴格拉提德家族，此时他们残存的土地，特别是宫廷总管阿达尔纳斯之子、廷臣巴格拉特的土地，或许分布于埃尔祖鲁姆周边——不过，我们不禁怀疑，君士坦丁或许是把他们和陶的巴格拉提德家族分支弄混了，毕竟相比更远的卡特利旁支，他们的地理位置更近。[68]

伊比利亚教会信仰东正教，因此大概受君士坦丁堡牧首的管辖。即使如此，伊比利亚也有一位公教长，他无疑是这一地区的亚美尼亚教会领袖，接受亚美尼亚公教长的管辖。[69]

阿布哈兹王国则是令帝国更满意的附庸国。该国严守东正教信仰，其国王，君士坦丁堡所封的"执政领主"（exousiastes），地位略高于"执政官",自认为是正统教会的捍卫者,他的国家也是正统教会的主教管区。阿布哈兹王国沿着黑海海岸线延伸了300希腊里[①],从哈尔迪亚军区边境一直到尼科普西斯河(Nicopsis)河口,[70]背靠高加索的群山。在10世纪初,阿布哈兹王国是亚美尼亚-高加索地区最强势的政权之一。大约在908年,国王君士坦丁(906—921年在位)吞并了卡特利的巴格拉提德家族的领地,将他的国土溯里奥尼河流域拓展,跨过库尔河上游,邻近梯弗利斯和阿兰关口。[71]卡特利地区似乎是由作为总督的阿布哈兹王国王储来统治。[72]君士坦丁是拜占庭帝国在高加索和亚美尼亚影响力的代表人物。在森姆巴特支持希腊一方的战争中,他是森姆巴特的盟友,也因为和君士坦丁堡的友好关系遭到周边势力的猜忌。[73]在亚美尼亚巴格拉提德家族崩溃时期,他和森姆巴特的诸子保持着友好关系,让他的孙女婿阿巴斯避难多年,并把阿索特加冕为亚美尼亚国王。[74]他的儿子格奥尔吉(古尔根)在921年继位,延续了他和拜占庭帝国的友好关系,甚至因为在阿兰人近期皈依过程中的善行而得到牧首尼古拉斯的感谢。[75]格奥尔吉在繁荣中统治到955年逝世,唯一美中不足的是他的儿子卡特利总督君士坦丁惹出麻烦,最终被他阉割,死在了他之前。[76]

其他被"生于紫室者"君士坦丁视作附庸的高加索统治者,都不重要。君士坦丁提到了阿尔巴尼亚的"执政官"和公教长,在前文亚美尼亚的统治者部分中我已经介绍过了。他还提到了另外八地的"执政官":[77]克雷巴坦(Crebatan,一个斯拉夫名字,或许指卡巴拉[Kabalah]王国,那里有穆斯林控制的城镇,基督

---

① 1希腊里似应为185米或157.5米,具体长度存在争议。

徒居住的乡村，位于高加索山脉的东端）[78]、凯多尼亚（Cedonia/Khaïdac/Djidan，位于杰尔宾特以北，由可萨汗国控制，统治者信仰伊斯兰教，臣民信仰基督教）[79]、扎纳里亚（Tzanaria/Sanaria，一个宣称有闪米特血统的基督教部族，位于阿兰关口东南方的达利尔山道，由当地的"乡村主教"［chorepiscopus］管辖）[80]、位于扎纳里亚和阿兰人之间的萨尔班（Sarban，也是斯拉夫名，是塞里尔［Serir］的基督教王国，位于扎纳里亚以北）[81]、里海关口附近的阿基亚（Azia，或许是指阿兰关口周围的奥塞梯，也有可能是里海关口边某个未知的国度；奥塞梯或许等同于基督教国家古米克斯［Goumikes］，阿拉伯地理学家认为它在阿兰关口附近）[82]、赫里萨（Chrysa，或是奥塞梯西南方向的卡萨拉（Kasara）谷地，或是指基尔卡西亚［Circassia］，阿拉伯地理学者记载称这片位于阿布哈兹以北的土地上居住着英俊的卡夏克人［Caschakes］）[83]、布雷扎（Breza，或许是指阿尔德兰河与阿格里河之间的伊尔佐［Ertso］）[84]以及麦奥提德湖（Maeotid）畔的莫卡斯（Mocas，无疑是指穆甘地区，库拉河在此流入里海）[85]。以上所列的或许包括了高加索地区所有重要的基督教政权，[86]不过除此之外也有一些伊斯兰政权存在。梯弗利斯自约900年起成为穆斯林控制的城市；[87]东面更远处，在阿尔巴尼亚地区的里海沿岸，强大的希尔凡王国控制着里海关口；[88]北面的古尔杰（Gourdjes）国，居民信仰基督教，由穆斯林统治者管辖。[89]高加索地区的穆斯林政权正在衰落，[90]阿尔巴尼亚和伊比利亚的阿拉伯奥斯提甘或许要面对愈来愈多的抗命和叛乱，无力镇压。

高加索山脉之外，阿兰关口以北，就是阿兰人的土地阿兰尼亚，皇帝对其的态度略有不同。阿兰尼亚的"执政领主"尽管是皇帝的"教子",但并没有得到"任命状",因此严格意义上并不算是帝国附庸。[91] 阿兰人在这个世纪之初皈依基督教,而皇帝无疑希望精神上的教父地位能够带来更多物质利益。但事态发展并没有如此平稳,大主教彼得从君士坦丁堡出发,在阿兰尼亚遭遇了相当的困难,特别是在处理阿兰人对婚姻的态度方面。牧首尼古拉斯写信抚慰他,并建议他机巧一些,阿布哈兹的格奥尔吉也提供了协助。[92] 这一切都是徒劳,马库迪记载称,[93] 约932年,阿兰人把当地的所有主教和司祭都赶了出去,回归了旧日更宽松的异教信仰。即使如此,阿兰人也依然和君士坦丁堡保持着良好关系,拜占庭帝国的外交政策也充分利用他们,并非将其当作高加索的势力,而是用来控制草原上的各部,特别是可萨人。可萨人与阿兰人或许领地相邻,而如果他们相互敌对,可萨人就不敢再觊觎克尔松了。[94]

总而言之,尽管希腊-阿拉伯边境上的战争进程,会受到君士坦丁堡政府首脑个人特质的极大影响,但拜占庭帝国与亚美尼亚-高加索地区各政权的外交往来或多或少保持不变。尽管这个地区不断发生变化,但这些变化从未重大到足以让皇帝分心的地步。皇帝仅仅担心这里落入穆斯林手中,愿意为此采取暴力手段预防。其他情况下,君士坦丁堡的政府乐于让高加索自行其是,仅仅安排(或许还支付了一笔可观的薪酬)几个受托的王公,比如这一时期的阿布哈兹国王,让他们尽可能扩大帝国的影响力,特别是向高加索的部族传教。除了与边境相接的亚美尼亚和伊比利亚的政权,余下的政权距离太远,并不值得采取积极行动。直到一个世纪之后,在"生于紫室者"佐伊统治时期,吞并亚美尼亚之后,帝国才得以短暂地与高加索地区直接交流。[95]

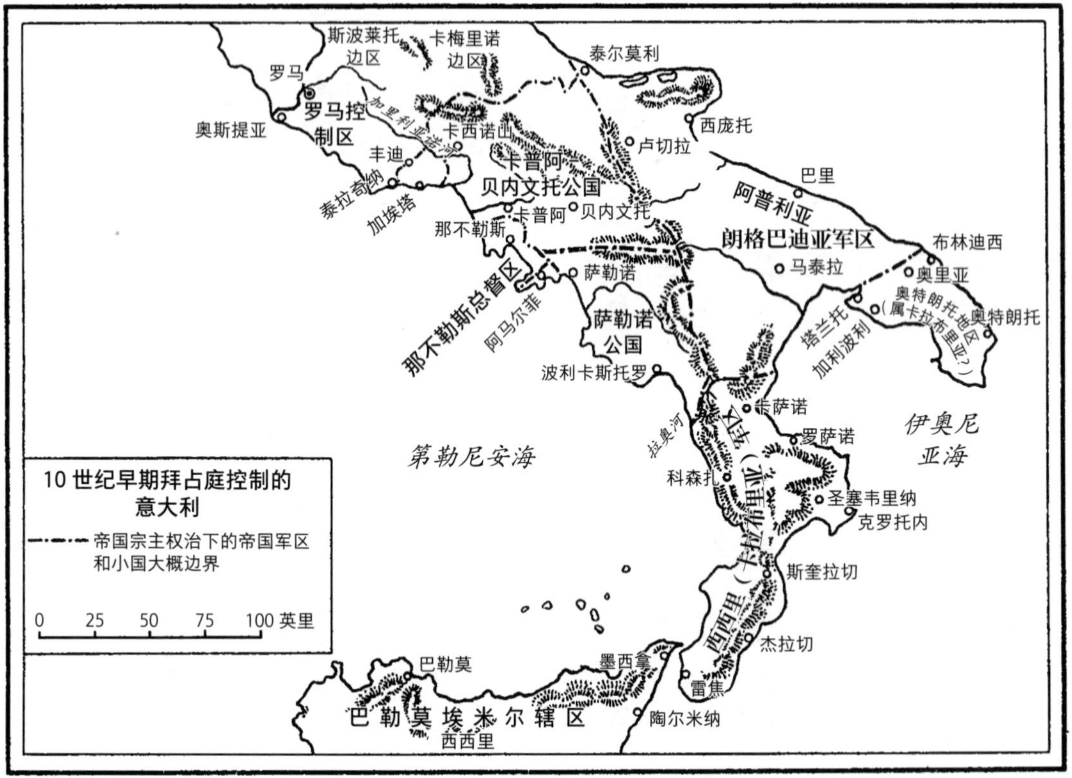

10世纪早期拜占庭控制的意大利

— · — · 帝国宗主权统治下的帝国军区和小国大概边界

0　25　50　75　100英里

第九章

拜占庭帝国的意大利领土

拜占庭帝国与穆斯林的对垒并不仅限于亚洲,在帝国的另一端,南意大利的各省区,还有另一条战线。这一地区的周边情况有很大的不同。东部边境对帝国而言必然是重中之重,它直接通往帝国心腹之地小亚细亚诸军区。而意大利则在亚得里亚海对岸,从那里前往首都要穿越一系列防线。尽管在危急时刻要牺牲西部保全东部,皇帝也从不能无视意大利,即便这里要给皇帝带来利益,有各种困难。地理意义上,尽管阿普利亚距离帝国的腹地很远,但如果落入不安分的敌人手中,那里将成为袭击阿尔巴尼亚和希腊海岸的基地;而在奥特朗托海峡对岸维持一个据点,对控制亚得里亚海及其日益繁荣的贸易而言很有价值。在外交方面,皇帝的利益更为紧迫。意大利拥有罗马,西方文明的中心、欧洲宗教威望至高无上的城市。和罗马教廷维持紧密联系,对皇帝应对事务极为有用,无论是应对西欧当权者还是自己帝国境内的居民,均是如此。

因此拜占庭帝国很注意去主导意大利的政治,然而这一任务既困难又耗费巨大。东部的敌人只有哈里发国,而且如今它日益衰退；亚美尼亚的附庸们尽管两面三刀，不可救药，却从不敢在穆斯林大军临近时公开与帝国决裂。在西部，情况就远没有这么简单了。穆斯林的北非哈里发国并没有如此衰退的迹象，仅有西西里偶尔发生暴乱。伦巴第诸王公是帝国的附庸，处在帝国领土的另一侧，远离穆斯林，因而受到保护，他们在反叛宗主时后顾无忧。此外，在边境线之外，在意大利的中部和北部，局势正在如万花筒般迅速变化，皇帝、国王、教宗和贵妇们匆匆相继登场，来来去去，在罗马或者斯波莱托，难免会出现强劲的掌权者，将贪婪的目光投向南方地区。最后，西方世界的宗教与文化中心是罗马而非君士坦丁堡，罗马必然是君士坦丁堡的对手。

"智者"利奥六世的统治在西部并不光彩。到912年即他逝世那年，帝国已经彻底失去西西里岛；穆斯林于902年攻破陶尔米纳，完成了对西西里的征服。山区还有少许基督徒的村子依然坚持抵抗，特别是所谓新陶尔米纳堡垒，野心勃勃的伊本·库尔哈卜（Ibn-Kurhub）直到912年也没能夺取它；[1] 而叛乱时有发生。然而此时收复该岛，不管怎么说都颇不现实。这一令人沮丧的境况因为穆斯林内部不和而略有缓解，不仅是西西里，北非也被内战所扰。正是在这一时期，什叶派忙着把阿格拉布（Aghlabite）家族的埃米尔赶出凯鲁万，法蒂玛王朝正在从马赫迪耶稳步确立对国家的统治权。在西西里，自913年成为巴勒莫领主的埃米尔伊本·库尔哈卜，借北非的宗主内乱之机，宣称西西里仅仅臣服于巴格达哈里发，不再服从其他任何人——哈里发的宗主权势必仅在名义上存在。[2] 伊本·库尔哈卜和他的儿子阿里花了很多时间尝试巩固他们的独立地位，越发起劲地投入其中，毕竟库尔哈卜清楚"西西里人不喜欢他"。[3] 因此，尽管此时西西里已牢固控制在穆斯林手中，但他们暂时无力将其作为发起有威胁进攻的基地。

意大利的境况则复杂得多。在巴西尔一世执政时期，拜占庭帝国政府认为收复南意大利比控制西西里岛更重要；尼基弗鲁斯·福卡斯，伟大家族的首个伟大人物，令人钦佩地完成了收复的任务。现在，从亚得里亚海滨的泰尔莫利到第勒尼安海滨的泰拉奇纳一线以南的全部地域，正式纳于瓦西琉斯的控制下。该线以北是罗马城以及斯波莱托边区，那是法兰克人的意大利王国的边境省区，皇帝并无权利主张。他名义上的属地之中要处理的事务就够多了。拜占庭帝国的意大利领土只有一部分，即卡拉布里亚、卢卡尼亚（巴西利卡塔）、阿普利亚，由帝国直接控制，这部分大致位于从泰尔莫利到拉奥河（Lao）一线以东。[4] 卡拉布里亚算是西西里军区的残余，而在君士坦丁七世的军区名单中，它只是西西里军区的下属部分。[5] 这一点只是在地理意义上有些荒唐，在其他方面说得通，因为卡拉布里亚地区涌入了大批来自西西里岛的希腊裔难民，而当地的军区将军驻守在雷焦，对该岛的基督徒依然有巨大的影响力。附属于这个军区的有另一个完全是希腊裔居民的地区，即意大利东南角的奥特朗托。[6] 该军区的边境线很难确定，不过，卢卡尼亚（当然是佩利诺山周边）[7]、塔兰托湾沿岸以及布林迪西各处的居民，也许或多或少都希腊化了，但政治意义上的边界很难如民族意义上的这么确切。卡拉布里亚以希腊人为主，不过另一个拜占庭军区，所谓朗格巴迪亚军区，则是以拉丁人为主。这个军区管辖的区域大约与今阿普利亚省重合，从泰尔莫利延伸到布林迪西，首府为巴里。这个军区事实上是由尼基弗鲁斯·福卡斯创建的，在他统治之前，这一地区仅仅名义上属于瓦西琉斯，实际上则被穆斯林和伦巴第人占据，仅仅算作凯法利尼亚军区的下属部分。如今帝国收复了朗格巴迪亚，卡普亚-贝内文托和萨勒诺也在名义上是帝国的附庸。[8]这个军区在帝国中相当独特，[9]并非当然地唯君士坦丁堡马首是瞻，反而使用拉丁语，依靠罗马。因此瓦西琉斯发现这里难以管理；而他能够统治此地这么久，说明拜占庭式的老练圆滑与政治手腕可谓成功。皇帝采用的主要是拜占庭帝国惯常的政策，即尊重当地习俗，不过皇帝或许也试图借迁移希腊人口来消除拉丁文化，毕竟近年穆斯林的破坏带来了人口迁移的机会——不过我们仅知道一例人口迁移：马其顿王朝的教母丹妮莉丝名下数以千计的奴隶重获自由之后，被送往朗格巴迪亚。[10]但这样的手段从未有大影响，朗格巴迪亚军区将军一职（此后一直被称为南意大利总督［Catapan］）向来要求出任者能力出众。

在名义上的帝国领地边界内，有五个自治的公国，即伦巴第公国卡普亚-贝内文托、萨勒诺，以及海港城邦那不勒斯、阿马尔菲、加埃塔。伦巴第诸公国在三个世纪前伦巴第人初期入侵时已经形成。它们的命运随着意大利历史浮沉，当意大利没有强权存在时，它们无所顾忌地自立山头，肆意妄为；反之，它们则倾向于臣服于（至少名义上如此）最有权势者。尼基弗鲁斯·福卡斯提醒它们瓦西琉斯的存在，而穆斯林的威胁仍然足以令它们担忧，保证它们对瓦西琉斯忠诚。这些政权之中，相对而言最重要的是卡普亚-贝内文托公国。899年，卡普亚公爵阿滕诺尔夫一世（Atenolf I）从撕裂堂兄弟贝内文托公爵家族的纷争中得利，他成功赶走了他们，霸占了整个公国。到他去世时（909年），他控制了整个南意大利中部从加里利亚诺到巴西利卡塔的土地。当前公国的统治者是他的两个儿子（联合执政），兰多尔夫一世（Landolf I）

和阿滕诺尔夫二世；他们依然谨慎地尊重君士坦丁堡，909年时兰多尔夫甚至被送往那里，获封帝国显贵之衔。[11]

另一个伦巴第公国是萨勒诺公国，其狭长领土沿第勒尼安海沿岸展开，从萨勒诺到卡拉布里亚边境。自901年起，当地的统治者是盖马尔二世（Guaimar II），他没有什么气势，娶了盖特尔格里玛（Gaitelgrima），成为卡普亚王公的妹夫，[12]倾向于听从卡普亚王公的领导。他也忠实臣属于皇帝，曾经访问君士坦丁堡，同样获封显贵头衔。[13]

航海城邦则有更纯粹的意大利起源，其控制的地域都是海港、海港郊区及少量周边领地。其中那不勒斯最大也最突出。这座富裕的商业城市在塞尔吉乌斯家族诸总督（Consul et Dux）的领导下正在安定下来，享受着自在的独立状态。当前的总督是格里高利，统治家族创立者的孙子。[14]不久前，那不勒斯免于变成当地主教统治的教会国家，但到如今，俗世世袭统治权力已经稳固。当地文化依然是希腊与拉丁相混杂，而拉丁文化占据主导地位。此时城中依然有希腊修士与希腊教会教堂，所有受过教育的人都会说希腊语，但前一个世纪末发生的文学复兴运动完全是拉丁语成分，且拉丁语也是大众的语言。即使如此，那不勒斯也保持关注东方事务，而拜占庭艺术品与奢侈品也在上流社会中颇为流行。[15]在发展的手工业城镇与郊区之外，那不勒斯人也控制着维苏威火山脚周边那一小条肥沃的土地。他们在对外政策上有背教倾向，尽管当地总督和卡普亚统治家族有姻亲，[16]但他们发觉与穆斯林结盟更加有利，因此他们与其结盟，无视随之而来的教宗的诅咒。

那不勒斯往南是狭小的阿马尔菲城邦国，[17]它成功抵挡了那不勒斯与萨勒诺吞并自己的尝试。它长久以来比周边地区更近于共和国，但近期两名政务长官一年一换届的体系已经瓦解，统治开始转为世袭。当前的统治者，或者是有拜占庭候补持剑卫士（Spathatius Candidatus）头衔的曼森（Manson），或者是他的儿子，915年时肯定在执政的马斯塔鲁斯一世（Mastalus I）。阿马尔菲的强大实力源自其商船队，该城已经是意大利最大的贸易城邦，而且有理由相信它在遥远的安条克也有贸易站，同样，可以肯定它承担了第勒尼安海沿岸绝大部分运输业。这一切，很大程度上是因为它以有利可图的不虔诚姿态，和穆斯林保持着良好关系。

最后一个附庸城邦就是加埃塔，[18]这个小国的领土沿着第勒尼安海沿岸，从加里利亚诺延伸到泰拉奇纳，位于罗马东南方向仅约50英里处。类似于那不勒斯与阿马尔菲（加埃塔和它一样，也和穆斯林结盟），加埃塔也保留着相当的希腊文化痕迹，受过教育的阶层经常说希腊语，写希腊文，当地的主要行政长官约867年开始世袭，通常被希腊人称为"希帕图斯"（Hypatus）。目前的统治家族的创立者多基比利斯一世（Docibilis I），于近期（909—913年中某一年）去世，或许912年时，行政长官已经由他的儿子约翰一世担任。有意思的是，君士坦丁堡对卡普亚、萨勒诺、那不勒斯的统治者的称呼源自各自拉丁语称号的转写（卡普亚和萨勒诺的统治者称"prigkips"，那不勒斯总督则称"doux"），但阿马尔菲和加埃塔的统治者则只是被称作"archon"。我们难免认为，这意味着这两个城邦的希腊化程度比周边地区更深。[19]

在拜占庭帝国势力范围之外，余下的意大利领土陷入了罕见的混乱。罗马城由城中贵族统治，或者不如说是由狄奥菲拉克特家族那些骇人的贵妇即"女元老"狄奥多拉和马洛齐娅等所掌控。[20]此时的教宗，默默无闻的阿纳斯塔修斯三世，完全受她们摆布，因此他在基督教世界中没什么威望。位于半岛中央的斯波莱托公爵领，近期因公爵兰贝特成为罗马皇帝而一度成为意大利的主要强权，然而898年皇帝逝世后它就丧失了重要地位，如今则成了马洛齐娅热衷冒险的丈夫阿尔贝里克侯爵的封地。北意大利唯一的强权人物是弗留利的贝伦加尔，此人于905年成为意大利国王，不安稳地统治着伦巴第平原，同时在名义上掌控着拜占庭边境线之外的整个意大利，觊觎着皇冠。[21]

这一时期，整个意大利需要面对的最大威胁就是穆斯林。巴西尔一世时代夺取巴里之后，亚得里亚海沿岸便罕有穆斯林侵扰，然而在第勒尼安海这边，他们依然是不祥的势力。在利奥六世逝世之前，拜占庭帝国通过漫长的战争，成功把他们赶出了帝国的军区；然而伦巴第王公们却没有这么成功，这主要是因为航海城邦背教的外交策略。此时在卡普亚公国，加里利亚诺河岸边，依然有一大片防御坚固的穆斯林聚居地未被收复，穆斯林能从这里出发，轻松地袭掠整个意大利中部，乃至抵达罗马城下，这座老彼得的城市，他们发誓要摧毁它。只要这个掠夺者的聚居地依然存在，意大利便永无宁日。

除了遭遇来自加里利亚诺堡垒的可怕侵袭，意大利特别是卡拉布里亚的滨海地域，几乎每年都要遭受来自西西里和北非的阿拉伯海盗的袭掠，而意大利北部还要忍受来自弗雷瑞斯（Frejus）附近另一个穆斯林聚居地的袭扰。

这就是912年皇帝亚历山大继位时所见的意大利景况——西西里完全被穆斯林征服，而南意大利的省区则不断遭到穆斯林袭掠；皇帝的附庸国已经事实上独立，它们维持温顺的姿态仅仅是因为畏惧穆斯林；卡拉布里亚的臣民大多是贫困的难民，而阿普利亚则是不安分的拉丁人。不论好还是坏,在皇帝的领地之外,半岛上再无强权,唯一持续存在的芒刺就是加里利亚诺的穆斯林据点。这里是需要急迫解决的创口,若不能把穆斯林赶出坎帕尼亚的堡垒,意大利将一片混乱。人们意识到了这一问题,这促使意大利的基督徒当权者暂时保持和平。

一如所料,皇帝亚历山大在意大利毫无作为。在他13个月的执政时期中,没有任何有关拜占庭帝国在意大利行动的记载,唯一的事件似乎就是阿拉伯海盗袭掠卡拉布里亚。[22]他死后,摄政会议执政时间太短又太不安稳,无力干涉意大利的事务。然而913年秋季,精力充沛而好斗的皇太后佐伊在掌权,为了在皇帝的名义下组织意大利联军对抗异教徒,佐伊等人随即忙碌地展开协商工作。914年,尼古拉斯·皮辛利在牧首的劝说下勉强同意就任朗格巴迪亚军区将军,[23]而当地的拜占庭军力得到了可观的加强。

幸运的是,914年时教宗之位空缺,"女元老"狄奥多拉决定让自己的一个旧情人拉韦纳大主教充任。这名大主教由此靠着肉体魅力成为新教宗约翰十世,不过他在其他方面倒配得上教宗之位。他的差不多第一个举措就是和君士坦丁堡接洽,而商谈很顺利,因为佐伊和她的亡夫一样觉得和教宗结盟有利于对抗牧首;或许是在他的鼓动下,帝国给皮辛利增了兵。915年时万事俱备,尼古拉斯·皮辛利从南部出兵,那不勒斯总督和加埃塔行政长官则在威逼和许诺头衔的引诱之下断绝了与穆斯林的所有联系(不过加埃塔行政长官坚持签订了一份特别条约,确认丰迪和其他教廷属地由他掌握),甚至出兵追随。教宗则亲自与斯波莱托的阿尔贝里克从北方赶来,把穆斯林赶出了台伯河流域。而附近的卡普亚的兰多尔夫则从东面赶来。在如此联军面前,穆斯林不可能久持。西西里的同教兄弟无法援助他们，在那里，伊本·库尔哈卜正在和法蒂玛王朝开战；而希腊舰船开进河中之后，联军完成了对堡垒的封锁，现在封锁非常严密。断粮的穆斯林试图逃往山区，但据说在圣彼得和圣保罗（他们在这一战中出现）的庇佑下，他们没有一人逃脱，大多被杀，少数人成了俘虏。穆斯林在意大利的最后一个据点就此被拔除。[24]

这是拜占庭帝国在意大利统治的顶峰。加里利亚诺的胜利，主要是拜占庭帝国的胜利，此战由拜占庭将军组织和指挥。拜占庭帝国也获益了，实现了理想的统治边界线。卡普亚、萨勒诺的王公，那不勒斯总督和加埃塔行政长官接受了帝国的宗主权，也荣获了帝国显贵的头衔。希腊人成了意大利的主导者。915 年 12 月，弗留利的贝伦加尔，或许出于对希腊人的嫉妒，南下罗马加冕称帝；然而此举只是在帝国的边境外引起混乱。[25] 西西里的阿拉伯人在忙于内战——914 年伊本·库尔哈卜袭掠卡拉布里亚，然而法蒂玛王朝随即入侵西西里岛，使袭掠活动仓促结束[26]——此时在意大利，无人可与瓦西琉斯对抗。不幸的是，这种理想状态很短暂。

拜占庭帝国在这一地区力量的衰微，有三个主要的诱因。其一，916 年颇为和平地过去了，但加里利亚诺的胜利扫除了令伦巴第人顺服的恐惧；其二，917 年局势生变，巴勒莫埃米尔丧失独立地位，法蒂玛王朝现在成了西西里不容置疑的统治者，可以转移注意力，对意大利发动有利可图的袭掠了；其三，对意大利影响更大的是，皇太后佐伊决定集结全部军力对抗保加利亚的西美昂。在 916 年末或 917 年初，在加里利亚诺之战前派去增援皮辛利的部队被召回色雷斯；同时皮辛利调回（他无疑乐意），接替他管理朗格巴迪亚的乌尔西利昂（Ursileon）能力远不及他。[27]

皇太后调整决定，或许主要是因为此前意大利政策的成功，而她打算借机与法蒂玛王朝和谈，巩固这一成果。卡拉布里亚军区将军尤斯塔西奥斯同意每年支付穆斯林2.2万金币的岁贡。[28]这一协议达成的日期无法确定，阿马里（Amari）称协议签署于伊本·库尔哈卜执政时，也就是说，不晚于916年；[29]盖伊则声称签署时间在918年或919年，北非方面夺取雷焦之后，而他也用凯德莱努斯的说法，即当时帝国与保加尔人刚刚开战，来佐证他的判断。[30]但凯德莱努斯的说法，尤其是考虑上下文，更适合于917年，即皇太后决定集中兵力对抗保加利亚那一年；而认为尤斯塔西奥斯的协议与帝国和东方穆斯林的协议没有关联，似乎并不合理。此外，917年时法蒂玛王朝刚刚控制西西里岛，此时签署和约更为可取。阿拉伯人夺取雷焦则是发生在914—922年阶段的孤立事件，不难解读。尤斯塔西奥斯在签署协议之后不久即被召回，约翰·穆扎隆（John Muzalon/Bizalon）受命继任。或许由于将军交接而拖延了岁贡，又或许是穆扎隆认为他不必遵守前任将军的诺言，结果就是阿拉伯人自然而然地采取了激烈行动，提醒卡拉布里亚人要履行承诺。918年，在西西里埃米尔塞利姆（Selim）的指挥之下，北非的部队航行抵达雷焦，攻破并洗劫了该城，不过他们没打算停留。结果是穆扎隆此后每年被迫定期给付岁贡——这是卡拉布里亚人的苦痛，他们因此遭受盘剥。[31]

在卡拉布里亚的北方，加里利亚诺胜利的记忆依然存留，附庸的王公很安定，忠顺地炫耀着他们的帝国头衔。然而帝国的威势正在衰弱。帝国军队几乎可以肯定被削减了[32]——而军队是让意大利人顺服的最有力的保障。帝国惨败于保加尔人的消息肯定会传到意大利，而在罗曼努斯爬上皇位之时，中央政府的羸弱肯定在一定程度上会在地方反映出来，让皇帝威信扫地。更重要的是，教宗不可能欣然接受佐伊失势、牧首掌权的情况——而约翰十世在意大利有相当的影响力。或许就在这一时期（约920年），牧首尼古拉斯焦虑地给某个不知其名的罗马人和一个名叫盖多（Gedo）的要人写信，寻求教廷支持；他在一封夸夸其谈的所谓辩解书中恳求教宗，次年又在另一封信中抱怨没有收到教宗回复。[33] 然而约翰十世对尼古拉斯坚定反对三婚四婚的长篇大论无动于衷，罗马和君士坦丁堡的冷淡关系持续了数年，而拜占庭帝国在意大利的利益因此受损。

不过，问题首先在希腊人控制的南部地区出现。920年或921年，卡拉布里亚居民暴动，反抗并杀死了军区将军约翰·穆扎隆。按照圣埃利亚斯的传记作者记载，他们暴动的原因是穆扎隆打算背叛帝国，不过这无疑是他们的借口。更可能的原因是给穆斯林的岁贡；军区将军必须压榨卡拉布里亚居民来取得钱财，而穆扎隆或许和许多贪婪的地方官一样，会榨取更多，自己留下多余的部分。这次暴动是孤立事件，既不算罕见也不算重要典型。在佐伊摄政时期，据说雅典居民就发动了类似的暴动，在帕台农神庙中把不受欢迎的军区将军哈瑟斯石刑处死。穆扎隆的继任者不想丧命，似乎减少了税收，因为922年阿拉伯人再度开始袭掠。[34]

但同时期的阿普利亚爆发了一次重大叛乱。当地的拉丁居民在921年起而反抗军区将军乌尔西利昂，并成功获得了卡普亚两位"帝国显贵"兰多尔夫和阿滕诺尔夫的援助。拜占庭驻军和叛军于当年4月在阿斯科利（Ascoli）爆发了血战，叛军大胜，军区将军本人被杀，兰多尔夫成为阿普利亚的统治者。[35] 失去阿普利亚让君士坦丁堡大为震惊,因其显示了帝国威信的衰弱;可以推测,能从与保加尔人的战争中抽调出来的所有部队或许都被派往了意大利。阿普利亚人随后仓促给瓦西琉斯送去辩解书,将起事的原因归咎于军区将军的不公行为,并提出应当任命兰多尔夫接任朗格巴迪亚军区将军,作为和平的基础。[36] 帝国宫廷自然惊愕于如此真正索要自治权的行为,对拜占庭而言,兰多尔夫就是胆大妄为的造反者,就是罪魁祸首,因为他的恶行而奖赏他则很荒唐——这会开启灾难的先例,也会致命打击帝国的威望。负责谈判的牧首尼古拉斯圆滑地回复"我们无权如此",[37] 帝国的军队也开始着手收复这个地区。这一任务何时完成我们不得而知,可以确知的是,到了929年,兰多尔夫再度进攻帝国。或许谈判进行了两三年,但在925年最终结束,毕竟在那一年之后兰多尔夫和阿滕诺尔夫都彻底放弃了帝国加封的头衔。这场风波尖刻而清楚地展示了希腊人在拉丁人的意大利所维持的统治是何等脆弱。柳特普兰德甚至声称为了收复这一地区,希腊人不得不向北非的埃米尔求助。[38]

922年,穆扎隆被杀导致阿拉伯人再度发动孤立的袭掠。那年阿拉伯埃米尔马库德(Mac'ud)夺取了雷焦附近的圣阿加莎堡垒。[39] 同年,意大利的纷扰因为匈牙利人一次深入坎帕尼亚的袭掠而加剧。[40] 923年,帝国或许与阿拉伯人延长了和约,当年没有发生袭掠;而或许是在这一年,保加利亚的西美昂在最后一次准备大举进攻君士坦丁堡,派出使节前往北非寻求法蒂玛王朝舰队的支援,以补充他急需的海军力量。他的使节成功了,并带着法蒂玛一方的使节返回,然而途中他们全被卡拉布里亚军区的舰队俘虏。罗曼努斯得知此事之后扣押了保加利亚使节,而明智地把法蒂玛的使节礼送回国,送给他们贵重的礼物,并提出延长此前的和约，支付尤斯塔西奥斯定下的岁贡。按照记载此事的唯一权威凯德莱努斯的说法，法蒂玛的君主对这一友好举动如此欣喜，甚至同意将原岁贡减半；而卡拉布里亚每年支付 1.1 万金币，直到尼基弗鲁斯·福卡斯即位。[41] 但和约似乎经常被打破。925—928 年，阿拉伯人频繁袭掠，而希腊人从不会继续无用地支付钱财。盖伊认为和约是在夺取奥里亚（Oria）之后签署的，即 925 年；[42] 但凯德莱努斯并未说明年份，因此认为和约是在西美昂最后一次进攻君士坦丁堡之前的 924 年签署的，要更为合理。924 年之后西美昂再未进攻帝国都城，因此不再需要阿拉伯舰队的协助。此外，若是和约商谈发生在 923 年，也能够解释为什么 923 年与 924 年，阿拉伯人没有袭掠卡拉布里亚。

925 年，阿拉伯人再度袭掠，或许保加利亚的威胁大减之后，希腊人也失去了支付岁贡的动力。7 月，大规模的阿拉伯远征军从北非出发，在掠夺了意大利沿岸地区之后在塔兰托附近登陆，向内陆进军约 15 英里，到达富裕城镇奥里亚，那里似乎是军区将军驻扎之地。城镇在 7 月 9 日的突然袭击中陷落，并被彻底洗劫。阿拉伯人声称杀死了 6000 人，俘虏了 1 万人（包括著名的犹太医生多姆诺洛）；鲁珀斯（Lupus）仅仅记载了所有男子都被杀。军区将军本人被俘，支付了大笔赎金之后才得以和城镇获得自由。[43] 这场胜利让阿拉伯人满足了一年多，926 年卡拉布里亚得以和平度日。然而意大利并不能免于掠夺。7 月，扎库卢米亚（Zachlumia）的王公米海尔，达尔马提亚的首恶，帝国敌对者的坚定盟友，率部渡过亚得里亚海，于 7 月 10 日洗劫了西庞托（Siponto）。[44] 927 年，阿拉伯人重演了从塔兰托袭掠奥里亚的行动，宦官塞因或萨比尔（Saïn/Sabir）率领舰队掠夺了沿岸地区之后夺取了城镇赫兰

（Heran，或为杰拉切？），在 8 月开始进攻塔兰托；城破后，和在奥里亚一样，所有在服役年龄的男子均被杀，余下的人则被掳走。阿拉伯人继续进军，意图在奥特朗托再取胜利，然而这次他们手伸得太远了，在攻破该城之前，他们就遭遇严重瘟疫，不得不可怜地返回北非。[45] 928 年，萨比尔再度袭掠，再夺赫兰，并夺取了卡拉哈萨布（Cal'at-al-Hasab，或为波利卡斯特罗）；不过，这一年他沿第勒尼安海沿岸进军，抵达萨勒诺和那不勒斯，这两个城邦急忙支付金钱与财物换取平安。[46] 在这一次掠夺之后，希腊人匆忙与北非重修和约，[47] 和约或许在次年最终签署，因为 929 年时萨比尔又袭掠了卡拉布里亚，在海上取得小胜之后进军内陆，抵达并洗劫了蒂廖洛。[48] 这是他最后一次掠夺，此后帝国与北非的关系似乎保持友好，甚至非常友好；这无疑造成了柳特普兰德的时代流行的说法，即拜占庭帝国靠北非的支持而统治意大利；[49] 而北非的埃米尔也得到了拜占庭宫廷赋予的"穆斯林之主"的头衔——只有巴格达的哈里发最为适合要求此头衔。[50] 双方关系唯一一次紧张是因为阿格里真托的暴动，当时希腊人有能力进攻西西里。在与保加尔人的战争结束之后，拜占庭控制的意大利领土境况显著改善。罗曼努斯在解决了巴尔干的纷扰之后，或许增援了卡拉布里亚，因此阿拉伯人觉得更明智的做法是安于现状，等着每年 1.1 万金币的岁贡。

自此，拜占庭帝国在意大利统治的主要对手便是其附庸伦巴第贵族。926 年，卡普亚公爵和他的侄子，此前忠于帝国的萨勒诺公爵，最终放弃了帝国加封的头衔。[51] 929 年，兰多尔夫再度入侵阿普利亚，这一地区被他控制了七年。[52] 在他和希腊人之间唯一见于记载的激战之中，希腊人取得了胜利，但斯波莱托的狄奥巴尔德（Theobald）率部越境援助伦巴第人，让他们恢复了统治。[53] 与此同时，萨勒诺公爵入侵卢卡尼亚，和希腊人发生了几次小规模战斗，其中一次在巴森泰洛（Basentello）的战斗，被记载下来。[54] 这种势头几乎没有受到遏制，直到 934 年；不过也应指出，这一时期的可信资料非常稀少。实际上，阿普利亚的内陆地区以及卢卡尼亚和卡拉布里亚的大片土地，脱离了拜占庭帝国的控制。

然而，意大利其他地区的情况却对拜占庭帝国更有利。924 年，罗马皇帝贝伦加尔在维罗纳被杀。926 年，他的对手普罗旺斯的于格成功在帕维亚加冕为意大利国王，[55] 并很快将王国地域延伸到了罗马周边。此时他的野心集中到掌控罗马城上。在罗马城中，精力充沛的约翰十世在 928 年已经被他此前的女恩主之女、女元老马洛齐娅剥夺了权力，他的地位被马洛齐娅的儿子（据说和教宗塞尔吉乌斯三世所生）、仍未成年的约翰十一世取代。[56] 932 年，这个不祥的贵妇统治着罗马城而又恰好守寡，她和近期成为鳏夫的于格商定通过婚姻来合并统治地区。而后在圣安杰洛城堡中发生了戏剧性的一幕，马洛齐娅的另一儿子（与侯爵阿尔贝里克所生）、图斯库鲁姆（Tusculum）的伯爵阿尔贝里克转而反对她的母亲，在新婚之夜赶走了于格，将母亲囚禁到她去世。[57] 在罗马城贵族的帮助下，阿尔贝里克继承了罗马的统治权，此后的 14 年间，意大利历史的中心是于格与阿尔贝里克争夺罗马城，直到于格被伊夫雷亚的贝伦加尔击败。这一切纷扰的结果是，阿尔贝里克和于格都急于付出大代价寻求拜占庭帝国的支持。尽管伦巴第人反叛，拜占庭依然是南意大利的强权，而与之结盟将确保胜利。罗曼努斯充分利用了这个机会，先戏弄一个，再戏弄另一个。933 年，阿尔贝里克派出使节，带着教宗（阿尔贝里克的异父兄弟约翰十一世，现在是他的囚徒）的祝福前去参加新牧首、皇子狄奥菲拉克特的就职典礼。[58]次年于格又和罗曼努斯谈判，准备联合进攻伦巴第人，可以确定935年时双方结盟。[59]

这意味着兰多尔夫在阿普利亚的七年统治终结。934年时，与兰多尔夫打过交道的塞萨洛尼基显贵科斯马斯，由一支部队威风地护卫着，从东方前来意大利谈判。科斯马斯和兰多尔夫会面之后，要求兰多尔夫撤出阿普利亚，兰多尔夫尽管在会谈期间礼貌地默认了这一要求，却没有完全遵从。[60]而次年，首席持剑卫士伊皮法尼奥斯抵达，带给意大利国王于格和他的附庸各种礼物，伦巴第人的游戏到此为止。得到北方大军的支持后，拜占庭帝国的军力难以阻挡，伦巴第人被迫臣服，在936年撤出阿普利亚。[61]然而这一次和加里利亚诺之战后的臣服截然不同，伦巴第王公们没有恢复使用此前帝国授予的头衔，甚至开始在他们的特许令上省略拜占庭皇帝的统治年份，他们的附庸关系几乎有名无实。此外，他们也没有保持顺从。936年，或许就在于格部队北撤，希腊部队返回东方之后，贝内文托的阿滕诺尔夫便袭掠了西庞托。[62]而940年，伦巴第人和军区将军发生了一场激战，或许是军区将军取胜。[63]伦巴第王公和军区将军的关系自此一直冷淡。955年，君士坦丁堡不得不派出另一支大规模部队前去征讨。[64]

航海城邦和帝国的关系要好得多。大约920年，此前向来背教的阿马尔菲充分转变政策，向君士坦丁堡寻求援助，以赎回被穆斯林俘虏的市民。[65]此后，大约在935年，那不勒斯在和卡普亚签署和约时，加入了本城效忠皇帝的条款，[66]尽管到955年那不勒斯人将成为恶名昭彰的叛乱者，此时的情况却不同。但他们在这一时期和帝国的关系的记载模糊，那不勒斯滋长的反叛态势或许让加埃塔和阿马尔菲对帝国愈发忠诚，而我们确知的是，在罗曼努斯失势之时，君士坦丁堡城中有加埃塔和阿马尔菲的使节。[67]此外，城邦与伦巴第政权的冲突，以及拜占庭海军重新在第勒尼安海沿岸的活动，也导致它们与帝国保持友好关系。

因此，自936年起，拜占庭帝国控制的意大利领土享受着与以往最好时一样多的和平。自929年起，穆斯林不再造成威胁，而希腊人也在很大程度上恢复了对海洋的掌控。事实上，931年时还有一支希腊舰队追击阿拉伯海盗，一路追到了他们的港口弗雷瑞斯。[68] 938年，希腊人自己能够发起进攻了，因为当年西西里岛爆发了反对穆斯林的暴动。岛上各地的居民在阿格里真托居民的领导下揭竿而起。大部分地区很快被北非派来的部队镇压，然而阿格里真托却维持了一段时间的独立。该城得到了来自拜占庭领土的人员支援特别是物资支援。西西里的统治者哈利勒（Halil）首次围攻该城未能取胜，直到941年9月，持续了11个月的第二次围攻后才破城，即使那时，城中堡垒还在坚持。绝大部分居民获准渡海前往卡拉布里亚，余下的人则被背信的穆斯林军队押往巴勒莫，这让城中堡垒的守军惊恐，他们就投降了。城中更显赫的市民被送上一艘漏水的船驶向公海，随即溺毙，[69]而西西里就此再度臣服。

尽管暴动以悲剧告终，拜占庭帝国却最得便利。不但卡拉布里亚填补了大批忠实的希腊难民——他们对拜占庭控制的意大利十分有利——而且阿拉伯人的力量在三年多的时间里丧失了战斗力。拜占庭帝国的进攻势头延续到了罗曼努斯失势。941年，为了谋划摧毁声名狼藉的弗雷瑞斯穆斯林据点，两方使节在帕维亚和君士坦丁堡之间往来；国王于格将从陆上进攻，希腊一方将出动海军。次年双方联合出击，和加里利亚诺之战一样，希腊舰船势如破竹，而水手们和意大利军队一同突袭城镇。然而入城之后，于格突然发神经，遣散了希腊舰队，和穆斯林结盟对付自己的对手伊夫雷亚的贝伦加尔。事实证明穆斯林并不是可靠的盟友，而联军的全部努力也化为乌有。[70]

与此同时，罗曼努斯则尽可能从阿尔贝里克与于格的对立之中获益。急于求援的两人帮他解决了伦巴第人的难题，不过他谨慎地避免投入过多——至少在与阿尔贝里克的关系上如此，毕竟于格实力更强。阿尔贝里克希望通过联姻来确立同盟，他想要和希腊公主结婚，[71]同时提出让他的妹妹与一位年轻皇帝成婚。罗曼努斯觉得这样的做法会让自己的态度显得有点过于明确，因而礼貌地宣称他的儿子不能如阿尔贝里克所希望的那样前往罗马，但新娘可以和她的母亲（也是最合适的女伴）来到君士坦丁堡。[72]阿尔贝里克当然不会蠢到答应这个本身没恶意的请求：他的母亲正是马洛齐娅，尽管正在狱中苟延残喘，但仍然是重要人物。拜占庭帝国就是以这种方式获取最有力的外交筹码——外国王位觊觎者。联姻的商谈悄然结束。在于格这边，罗曼努斯觉得关系可以更进一步。他在给自己年龄最大的孙辈、"生于紫室者"君士坦丁之子罗曼努斯物色新娘，而在筹划联合进攻弗雷瑞斯时，他就曾询问于格是否有合适的女儿。于格有些羞怯地回复称，自己只有一个私生女未嫁，不过她格外美貌。罗曼努斯收到这个消息之后，想到小罗曼努斯毕竟不是亲孙子，就接受了于格的私生女贝尔塔（Bertha）。[73]944年，这位少女在朗格巴迪亚军区将军帕萨里奥斯（Paschalius）陪同下离开意大利前往君士坦丁堡，年长的帕尔马主教带着厚礼随行。她在君士坦丁堡改名欧多西亚（马其顿家族的常用名），在 9 月嫁给了年轻的罗曼努斯。[74] 她在五年后亡故，依然是处子之身——成了第一位在东方以悲剧收场的西欧公主。

这也是于格和罗曼努斯打交道过程中的最后一件大事。945 年初，当于格和阿尔贝里克依然在罗马城外争执不休，伊夫雷亚的贝伦加尔在背后蠢蠢欲动时，传来了罗曼努斯和利卡潘努斯家族失势，"生于紫室者"君士坦丁重新掌权的消息。

在罗曼努斯执政时期，拜占庭帝国在东部边境的势力不断增长，而在西部边境的统治则有些衰退。在希腊人控制的卡拉布里亚和奥特朗托周边地区，拜占庭帝国的统治依然稳固，帝国的影响力也和在帝国其他地方一样强势——希腊语将会持续使用数个世纪，而拜占庭法律也融入了这一地区，甚至会保留到诺曼人统治时期。[75] 然而帝国对拉丁人居多的朗格巴迪亚军区以及对那些附庸政权的统治，只能用羸弱来形容。难题并不在于种族上的差异——拜占庭帝国曾在其他地方克服了这种问题——而在于宗教与文化差异。拉丁文化的意大利并不依靠君士坦丁堡的统治，也不会使用作为帝国官方语言的希腊语。罗马才是半岛的掌控者，它所取得的成功也是拜占庭帝国所无法企及的。只要教宗和皇帝能够达成一致，一切都会维持稳定，特别是帝国的军队能赶来驱逐穆斯林并提醒当地人，帝国虽远，却依然警惕而强大；尤其是意大利北方的统治者，无论国王还是皇帝，都是一个冒险者取代另一个冒险者，没有哪个政权能代代相传。然而衰退的种子已经种下，它随着东正教会和天主教会的分歧日深而生长，在教宗和德意志皇帝的浇灌下结果成熟，并被诺曼人收割走。这种衰退，君士坦丁堡无法阻止。

对罗曼努斯而言颇为不幸的是，他开始执政时，拜占庭帝国在南意大利的威望因加里利亚诺的大胜而达到顶峰，臣民感激帝国，附庸殷勤恭顺；而他结束执政时，附庸已经公开不从，还在挑唆臣民叛乱。但将责任归于罗曼努斯未免荒谬，加里利亚诺的大胜让拜占庭帝国威望达到顶峰，却也消除了迫使帝国的附庸臣服的恐惧，而帝国与保加利亚作战期间中央政府的混乱也给了他们极好的机会。罗曼努斯值得赞扬的是，面对如此困境，他不仅解决了穆斯林，还靠外交与偶尔使用的武力，最终成功迫使伦巴第人安定于他们自己的边界内，让拜占庭帝国的意大利领土保持了短暂而罕见的和平；而周边势力热切地争取拉拢他，也展现了他的政策的外部影响。一位瓦西琉斯没法做得更多了。

无论是罗曼努斯，还是他之前的摄政政府，似乎都没有与比意大利更远的西欧政权打过交道。君士坦丁堡与法国或德意志的宫廷互通使节并不算什么新鲜事，而中欧的德意志事务、匈牙利或克罗地亚的德意志事务，往往会产生新的友好关系或纠纷范围。[76] 然而在罗曼努斯执政时期并没有发生这类情况，罗曼努斯也不需要顾及意大利之外的政局，和他有关系的统治者之中，距离最远的不过是普罗旺斯的于格，而于格的大本营固定在伦巴第。帝国似乎和科尔多瓦的伊斯兰政权关系不错，来往不断，特别是在罗曼努斯失势之前那些年。[77] 这种交流几乎没有什么实际成果，或许是为了向阿拔斯王朝示威，毕竟西班牙的穆斯林是后者的宿敌。

西地中海岛屿的历史我们所知甚少。巴利阿里群岛由西班牙的穆斯林统治，科西嘉岛或许处于完全无法无天的状态，而撒丁岛则是公认的拜占庭属地。不过，我们所知的只有撒丁岛会遭受穆斯林掠夺；[78] 那里由一位"执政官"统治，接受皇帝的"任命状",[79] 而且"执政官"会使用希腊文；偶尔有"执政官"获得首席持剑卫士的头衔，通常被称为"Turcotorius"。[80] 至于这种附庸关系对他有没有负担，我们就不得而知了。

君士坦丁堡和罗马的关系有必要进一步论述，这段关系在历史上微妙而独特。如我前文所说，罗马在很大程度上既是拜占庭帝国在意大利统治的手段，也是目的，但罗马人和拜占庭人只要以逻辑审视对方，就能看出双方之间不可能存在和平，罗马与新罗马的对立不可避免。拜占庭人就是"罗马人"，希腊语就是"罗马人的语言"，他们的领土也被世人称作"罗马人的土地"，而他们的瓦西琉斯是法统不曾断绝的罗马帝国皇帝。而罗马尽管在政治延续性上无法与君士坦丁堡相比，但毕竟是罗马，宗教意义上的传承不曾被玷污，罗马有一长列主教，以圣彼得为首，他们随之而来的至高地位在某方面为整个基督教世界所承认。或许瓦西琉斯是基督教世界的皇帝，但教宗是教会之主，而且自认为教会权威足以扶立对立的皇帝，比如查理曼、查理曼继承人以及此后的诸奥托。这违背了瓦西琉斯的独占之权；对拜占庭而言，这些对立的皇帝，无论控制着多么广大的领土，都不过是"王"（Rex），而罗马教廷立他们为皇帝，逻辑上意味着和君士坦丁堡断绝关系。对一段良好关系而言，宗教问题同样致命，教宗职能与认为君权高于教权的皇帝职能之间必然冲突；而说希腊语的东方不可能接受说拉丁语的西方的统治。这一难题，被近年来牧首佛提乌等激烈争论者的举动以及西里尔与美多德的传教行为（二人的体系等于与罗马派出的传教士直接对立）所加重，同时，教义分歧引发的裂痕也在悄然扩大。

考虑到所有这些问题之后，罗马和君士坦丁堡若达成任何协议，而非成为死敌，都会令人惊讶。然而在罗曼努斯执政的大部分时间，双方的关系热诚而友好。尽管教宗和皇帝不可能从根本意义上避免分歧和对立，但双方一直倾向于保持友好关系。皇帝经常因为维持高于教会的君权而和君士坦丁堡牧首卷入争执，因此皇帝认为寻求圣彼得在人间的代理人支持，有巨大的价值，可以作为一张王牌；即使在东方，罗马教宗的威望也要高于更晚出现的君士坦丁堡牧首，而教宗出于自己的利益也愿意提供支持，毕竟这等于加强他的尊贵地位，而且他也清楚他不可能对东方的教会实行比这更密切的统治。同样，对南意大利的帝国政府而言，在面对不安分的拉丁人时，与教宗结盟的价值不可估量；而教宗或者说罗马和教廷的实际统治者，往往认为西欧国王或者皇帝的实力太强，很有威胁，为了与之抗衡，他们渴望寻求南意大利强权的支援。因此，双方使节频繁往来，皇帝准备称教宗为他的教父，[81]并不算奇怪，甚至牧首在更有争议的问题上都愿意寻求教宗的支持。

君士坦丁堡清楚与罗马教廷结盟的价值，但结盟并非总能轻易达成。在10世纪早期，利奥六世和他的寡妻与牧首尼古拉斯的决裂，迫使帝国宫廷与罗马教廷恢复密切的友好关系，而这一政策的直接结果之一，便是佐伊摄政时期加里利亚诺之战的胜利与伦巴第附庸的臣服。而罗曼努斯成为皇帝之后，尼古拉斯占了上风，与教廷的同盟随即终结，而这在相当程度上助长了南意大利同时爆发的一系列纷乱。罗曼努斯本人向来急于恢复双方的良好关系，但尼古拉斯却是不可逾越的障碍。尽管牧首写下了辩解信——无疑是应皇帝的要求（而信中的谦卑看上去总是有点勉强）——但他不可能和如此在意教宗尊贵地位的约翰十世成为可容忍的朋友。最终，在923年，教宗屈尊向君士坦丁堡派出使节，用自己的影响力劝说保加利亚和帝国和谈。然而尽管尼古拉斯做出巨大让步，承认教宗影响力的价值，甚至请求教宗施加影响，由此展现拜占庭一方弥合裂痕的热望，但双方的和解却不了了之；约翰并没有真正原谅尼古拉斯。当时，保加尔人无视教宗使团，不过两年后他们接待的另一使团的使命截然不同。约翰批准了保加利亚君主取得的皇帝头衔，这相当冒犯拜占庭皇帝。与此同时，他也在斯帕拉托召开了两次宗教会议，[82] 将克罗地亚教会纳入了罗马教会，让拜占庭一方受损。尼古拉斯于925年逝世，约翰在928年失势，双方紧张的态势得以缓解，而继承教宗冠冕的几个无名之辈不那么愿意拒绝罗曼努斯的主动姿态。最终，当932年罗马和教宗落入阿尔贝里克手中时，罗曼努斯的耐心得到了回报。阿尔贝里克急于维持他在罗马的统治，因而愿意以一切条件来换取拜占庭帝国的支持，教宗现在也不会再拒绝皇帝的什么要求了。罗曼努斯保证了教宗支持，解除了教会的批评姿态，他利用此机会，做出一生最为玩世不恭的君权高于教会的举动：把一个爱马的儿子推上牧首之位。而与教宗结盟，尤其是和教宗的狂热对手北意大利强权联合，让罗曼努斯可以轻易控制他的拉丁臣民和附庸。教宗和皇帝的协议维持到了罗曼努斯执政时代结束之后，直到萨克森诸王来到罗马时为止。本质上，这一协议既虚假又不情愿，但拜占庭的外交家堪称圆滑的老手，用谨慎的知而不言与可亲的视而不见，掩盖了逻辑上的裂口。这种掩盖的必要意义在一个世纪之后展现出来，那时米海尔·凯德莱努斯以教条主义的实诚将掩盖之物撕碎，将裂痕昭示天下，而拜占庭帝国就此永远失去了意大利。

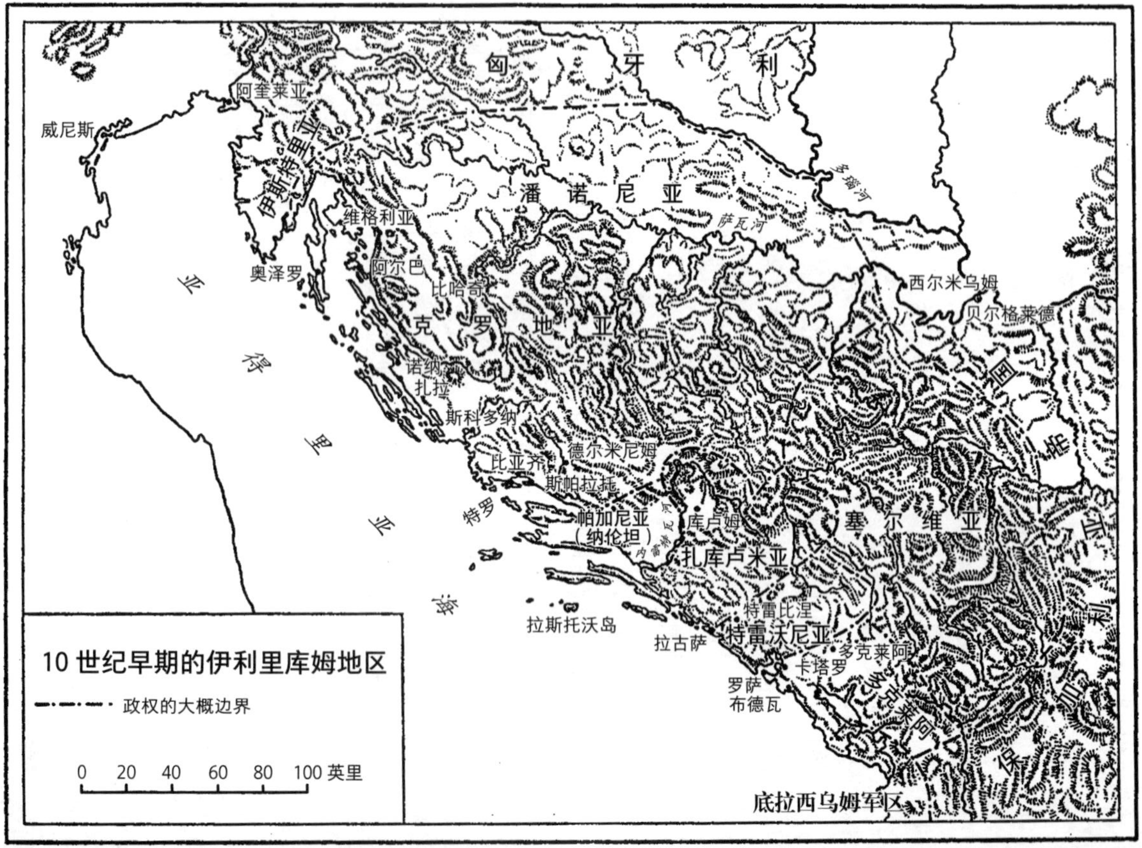

10世纪早期的伊利里库姆地区

---- 政权的大概边界

0 20 40 60 80 100 英里

第十章

南斯拉夫与伊利里库姆

在巴尔干半岛西部，沿伊利里亚海岸地区往北，一直到海域那头的威尼斯，是拜占庭帝国的第三组附庸政权，塞尔维亚和克罗地亚各公国以及达尔马提亚的海港城镇。对博斯普鲁斯海峡的政治家而言，这些相对孤立的附庸地区重要性不如亚洲和意大利的附庸。不过，近期多种局势的变化将它们带入不寻常的突出位置，给皇帝带来了几个恼人的问题。这一地区即伊利里库姆地区正在经历的危机受到了西方世界的关注。

当地各附庸势力的民族与政权形式各不相同。滨海的达尔马提亚城镇，拉古萨、斯帕拉托、特罗、扎拉、阿尔巴、维格利亚和奥泽罗，名义上依然算是帝国的一个军区，军区将军驻扎在扎拉；[1] 不过实际上帝国对待它们就如对待独立的附庸城邦，而它们确实如此。其居民是拉丁人、古伊利里亚人和斯拉夫人的混合，在文化上完全属于拉丁世界，和海对岸的阿普利亚人一样将罗马视作文化之母与信仰归属。两个多世纪以来，他们几乎遗忘了和皇帝的关系，毕竟帝国的舰队已经不在他们的海域巡航，且皇帝居于更远的地方，而心怀敌意的异教徒斯拉夫人离他们更近。直到近年西里尔的传教活动和帝国海军的重整，才改变了这一切，巴西尔一世从穆斯林手中解救了拉古萨，提醒当地人对帝国效忠。与此同时，诸城悠久的文化以及让人印象深刻的一系列殉道者和教堂，也让它们在这一地区拥有巨大的威望。

这些城邦的周边地区以及内陆地区则完全是斯拉夫人的政权。自希拉克略的时代起，这些南斯拉夫人名义上就是拜占庭帝国的附庸，[2] 此后圣西里尔的传教和帝国的复兴让这种附庸关系脱离了无效状态。然而事实上，客观地理情况将这些政权分为两个分明的部分，而历史也随着地缘展开。其一是内陆塞尔维亚地区，相对较小，距离保加利亚和君士坦丁堡更近；其二是外侧的克罗地亚和滨海塞尔维亚地区，相对较大，面向达尔马提亚海滨，望向海对岸的罗马，有些不祥的意味。事实上，克罗地亚和加洛林王朝的交流，比和拜占庭帝国皇帝的交流要多得多。

因而，内陆塞尔维亚，真正的塞尔维亚，在拜占庭帝国眼中是最重要也最令人满意的附庸。这一地区包括摩拉瓦河、德里纳河、波斯尼亚河的下游流域，不过波斯尼亚仍是单独的行政区域。[3] 当地的文化发展或许略逊于保加利亚，已经出现了城镇，并有一条重要的贸易路线穿过，但绝大部分塞尔维亚人还是农民。其政治体制大体上基于封建制，由一位大公统领一批王公（Zupan）；不过一些王公只是没有领地权力的大封建主，但也有一些是有领地的豪强，其中一些人，如特雷沃尼亚（Terbunia/Travunia）王公，公开表示独立。大公或许名义上由各王公推举，[4] 而事实上所有大公都来自同一个家族，这个庞大而纷扰的家族中，每一个男性成员都有坐上王位的野心。宗教方面，由于圣西里尔的功绩，他们全部皈依了东正教，而皈依之后，他们实际上进入了拜占庭帝国的影响范围。

这种影响随着保加利亚的崛起而加强。比起皇帝，塞尔维亚大公更惧怕保加尔人的侵犯，共同的敌人必然会促成结盟。事实上，在 10 世纪的前半叶，塞尔维亚历史完全被西美昂的战争及其后续影响所占据。

10 世纪之初，塞尔维亚大公是彼得，他大概在 893 年从堂兄手中抢走了大公之位。[5] 他之前的执政可谓成功，那时保加利亚和帝国尚保持和平关系，他还是帝国忠实的附庸，可以无阻碍地发展自己的国家。大约 915 年，他甚至拓展了领土，吞并了尚未成年的"塞尔维亚之王"提西米尔（Tiescimir，基本可以肯定是波斯尼亚的统治者）的国家，将边境拓展到海岸线附近，和扎库卢米亚王公米海尔瓜分了战利品。[6] 然而同时，帝国和保加利亚的西美昂开战，不久之后彼得不可避免地被拉进皇太后佐伊的积极外交之网。大约在安西亚洛斯惨败时（917 年 8 月），扎库卢米亚王公米海尔（此人向来反对帝国，或许还与彼得因划分提西米尔的领土而起了争端）向西美昂泄露了拜占庭与塞尔维亚协商联合的进展程度，而西美昂趁希腊军力崩溃之机，决定先下手为强。918 年，他入侵了塞尔维亚，带上了彼得的堂弟保罗（他的父亲在很久以前被彼得刺瞎），要把他推上大公之位，取代彼得。战败的彼得被迫投降，被背信的西美昂带到保加利亚囚禁，他在那里死去，而保罗则取代了他。

保罗在保加利亚人安排的大公之位上并未平静多久。920 年，拜占庭帝国在新皇帝罗曼努斯执政之下正在复兴，开始煽动并协助流亡到君士坦丁堡的扎哈里亚斯（大公的另一堂弟）进攻保罗。在保加尔人协助之下，保罗打败了侵犯者，为了表示感谢，他把扎哈里亚斯送到保加利亚作为囚徒人质。然而三年之后，在拜占庭外交使节的劝诱下,保罗终于意识到和保加尔人结盟的不合理,便背弃了自己的恩主。保加利亚的军事力量一如既往取得了胜利,曾经的人质扎哈里亚斯代替保罗成为大公。然而之后,那不可避免的循环又恢复了。扎哈里亚斯回忆起青年时在君士坦丁堡的生活,决定遵从塞尔维亚的固有政策,他在不久之后和保加尔人断交,并成功抵抗了一段时间。西美昂安排的第一次惩戒打击(925年)由麾下将军马尔马姆和狄奥多尔·西格利泽(此前击败彼得的指挥官)率领,以惨败告终,两名将军的首级被作为礼物献给了罗曼努斯。但扎哈里亚斯只是拖延了他的宿命。次年西美昂派出另一支大军,并推出新的王位觊觎者,有一半保加利亚血统的泽斯特拉夫(Tzeesthlav),以加强其气势。扎哈里亚斯无法抵御,被迫逃往克罗地亚的安全无名之地。塞尔维亚诸王公随即被召集,他们得到了安全通行权的承诺,将承认泽斯特拉夫为大公;然而在他们抵达之后,他们和新大公都被捕,被押到保加利亚的囚牢,而保加尔人无人可挡,准备征服这个地区。

　　保加尔人征服的彻底与凶悍,即使如今也引人注意。整个地区变得凄凉荒芜,绝望的居民逃向希腊人或克罗地亚人的土地。尽管当年年末,保加尔军队在克罗地亚遭遇灾难,而次年5月西美昂逝世,帝国轰然崩溃,但塞尔维亚人直到933年才敢试图夺回独立地位。在那一年,泽斯特拉夫从拘禁地逃走,返回塞尔维亚。他发现塞尔维亚已成荒凉之地,曾经的大城市普雷斯拉夫只剩50个男人,没有妇孺。然而,罗曼努斯渴望用如此得力的盟友迎合自己,就给泽斯特拉夫送去了钱财和绸衣,帮助他重建公国,而流离失所的人也渐渐从周边返回家乡。感激的泽斯特拉夫许诺忠于帝国,也履行了承诺。在这样令人满意的境况之下,无论"生于紫室者"君士坦丁七世,还是同时代的人,对塞尔维亚的记述都到此为止了。[7]

塞尔维亚全心全意顺从拜占庭的影响力,成为巴尔干国家。若是保加利亚人少些威胁,塞尔维亚可能容易与君士坦丁堡对抗,而后和滨海的邻国一同转向西欧世界;然而事实上,地缘上塞尔维亚距离保加利亚太近,庞大的保加利亚难免威胁塞尔维亚人的独立地位,而塞尔维亚人将被迫寻求皇帝的援助。一旦和拜占庭帝国结盟,多年来正在脱离多神教和蛮夷状态的塞尔维亚,必然会折服于拜占庭的文化魔力。这几十年决定了塞尔维亚人未来整个历史的基调,一方面让他们产生了建立巴尔干帝国的危险渴望,另一方面又给了他们西里尔的东正教会,随之而来的斯拉夫民族主义将会让他们穿过重重灾难,成为如今南斯拉夫各国的领军者。忠实的附庸得到了及时的回报。

但塞尔维亚是异类。南斯拉夫附庸之中,西面各部的情况远没有这么令人满意。其中最重要的就是克罗地亚。10世纪的克罗地亚大概包括目前的克罗地亚、斯洛文尼亚、波斯尼亚西部,从里耶卡沿着亚得里亚海滨延伸到采蒂纳河。[8]这一地区的北部区域属于独立的潘诺尼亚王国,但在托米斯拉夫(Tomislav)执政时期,肯定属于克罗地亚。[9]地理位置对克罗地亚而言非常重要。克罗地亚距离拜占庭帝国足够远,能够免于军事威胁,不过在必要时又可以通过海路便利地抵达君士坦丁堡。另一方面,达尔马提亚的拉丁城市分布在滨海地域,与意大利及罗马长期保持联系,这种关系必然会对克罗地亚产生影响,尤其是克罗地亚的君主一直被达尔马提亚城市的文化与宗教所吸引。甚至克罗地亚最大的外部威胁其实来自西方的拉丁世界,即庞大的加洛林帝国——9

世纪时它确实曾对克罗地亚人确立了宗主权。然而如今德意志国力衰微，仅有的威胁来自多瑙河平原中部，在那里，野蛮的匈牙利人正在巩固政权。

得益于这些和外部的联系，克罗地亚文化发展程度比塞尔维亚要高得多。其政治体制同样是半封建制，国王或者说大公统领14位王公（北部三个地区的王公称"Ban"），他们拥有地方统治权和一定的司法权。[10] 但相比塞尔维亚散乱的河谷地域，克罗地亚更容易统治：君主没有遭受塞尔维亚统治者那样的灾难，王位往往和平地父死子继；而在诺纳（Nona）或比亚齐（Biaci）的宫殿之中，他们发布并记录法令，其方式是塞尔维亚人难以想象的。[11] 他们也拥有强大的军队，君士坦丁七世估计近期他们的兵力达约6万骑兵和10万步兵。[12] 然而尽管有如此文化和国力，克罗地亚的历史却颇为模糊，甚至说清楚10世纪克罗地亚君主的名字与顺序都不可能。

在9世纪绝大部分时间，加洛林王朝以及教宗的外交文件作为补充资料，让我们得以辨识克罗地亚统治者的名字与顺序。我们得知登上王位者依次是弗拉迪斯拉夫（Vladislav，约821—835年在位，具体日期皆不确定）、米斯拉夫（Mislav，约835—845年在位）、创立了新王朝的特皮米尔（Trpimir，约845—865年在位）以及继承特皮米尔的多马戈伊（Domagoi，约865—876年在位），多马戈伊来自另一个家族，或许是米斯拉夫的亲属。多马戈伊的儿子伊利科（Iliko，876—878年在位）继承了其父之位，但很快就被特皮米尔的儿子兹代斯拉夫（Zdeslav，878—879年在位）推翻，而兹代斯拉夫则又被来自未知家族的布拉尼米尔（Branimir，879—892年在位）推翻。在布拉尼米尔死后，特皮米尔的幼子、兹代斯拉夫的弟弟穆蒂米尔（Mutimir）继位，我们所知的顺序到此为止。[13]

"生于紫室者"君士坦丁七世留下了关于接下来数年的克罗地亚唯一连贯的记述。他提到当地的统治者特皮米尔和他的儿子克雷西米尔（Crasimir，但未必继承）以及他的孙子米罗斯拉夫（Miroslav），此人在执政四年之后被王公普里布尼亚（Pribunia）叛乱推翻。[14]他的记载到此结束，没有提到年份，而除了关于克罗地亚皈依基督教的传奇般的混乱记述，他也没有提及早前克罗地亚的历史情况。另一方面，从大辅祭（Archidiaconus）托马斯的记述以及斯帕拉托宗教会议的记录中，可以确定在914年、925年、927年是托米斯拉夫执政。[15]多克莱阿（Dioclea）的司祭尽管宣称要记述南斯拉夫的全史，但他的记载在这个问题上却没有帮助，因为他提供的名单无法对应确知的实际情况。[16]直到另一位名叫克雷西米尔的统治者、某个海伦娜的丈夫、斯特凡·德尔日奇斯拉夫（Stephen Drzislav，约969—997年在位）的父亲出现，我们才重新踏上稳固的历史基础。

法拉提（Farlati），伊利里库姆的第一位严肃史学家，试图解决这个问题，认定穆蒂米尔在约900年去世，由他的兄弟克雷西米尔继位。克雷西米尔在约914年去世，他的儿子米罗斯拉夫统治了四年，而后被叛乱的普里布尼亚赶走；普里布尼亚在两年的内战之后，被家世不明的王公托米斯拉夫打败；托米斯拉夫统治了约20年，直到约940年，他的继承者是戈迪米尔（Godimir），之后是克雷西米尔二世。[17]法拉提推断年代的证据和戈迪米尔这个名字的出处，我不得而知，他提供的资料总是不说明任何来源，而即使他有可能获得口耳相传的传说，或者如今已经散佚的文字资料，也不大可信。可以确定的是，他无视了大辅祭托马斯的一段明确断言："大主教约安内斯在天主诞生第 914 年时，托米斯拉夫统治的时期……"[18] 这至少表示 914 年时托米斯拉夫在位。法拉提的观点延续多年，直到德里诺夫（Drinov）明确声称，在穆蒂米尔和托米斯拉夫之前排下任何统治者都是站不住脚的，他把"生于紫室者"君士坦丁七世提到的四位君主依次排到了托米斯拉夫死后的时代。[19] 如今的克罗地亚学界，在希希奇（Šišić）的领导之下，出于爱国热情，希望填补这段历史的空白，就接受并引申了这种说法。希希奇认为穆蒂米尔在约 910 年去世，托米斯拉夫（910—928 年在位）、特皮米尔二世（928—935 年在位）、克雷西米尔（935—945 年在位）、米罗斯拉夫（945—949 年在位）、篡位者普里布尼亚（949 年在位）和克雷西米尔二世（949—969 年在位）相继统治克罗地亚。[20] 但对克罗地亚人愉快地完善克罗地亚历史的赞同，不应该让我们忘记一个事实：毕竟这一段推论的关键证据来自君士坦丁七世的《论帝国管理》。《论帝国管理》大约在 950 年成书，伯里教授的研究相当肯定地认为，有关克罗地亚人的章节在 948 年或 949 年写成，[21] 如果认定希希奇的断代可信，那么君士坦丁七世对这一时期克罗地亚的事务的了解堪称迅速灵通，这与他对伊利里亚其他国家情况的了解的迟滞对比明显。君士坦丁对伊利里亚其他政权的记载，年代最晚的不过是扎库卢米亚的米海尔，而且仅仅记载了米海尔在 917 年的行动。[22] 米海尔在 926 年无礼掠夺拜占庭帝国的意大利领土之类的事件，他仿佛完全不曾得知。以沉默来论证未免轻率，但没有别的论证理由时，沉默就是强制的。君士坦丁没有提到斯帕拉托宗教会议的事，更没有提到托米斯拉夫的名字，[23] 保加尔人在 926 年入侵克罗地亚时的情况，他明显只采信了塞尔维亚人与保加利亚人的说法。因此，更合理的结论是，君士坦丁七世并未获得关于克罗地亚和伊利里库姆其他政权的新近信息——由于达尔马提亚和克罗地亚诸政权和君士坦丁堡之间显而易见的冷淡关系，双方已经多年没有互通外交使节，因而君士坦丁记述的只能是陈年旧事。确实，克罗地亚在这一时期的举动肯定阻碍了双方建立友好关系，君士坦丁七世实际上肯定不可能跟进克罗地亚的最新情况。

考虑到这一点，回顾法拉提的说法，修正其年代，似乎比较合理。没有必要认为有两位特皮米尔存在；如果认定穆蒂米尔在900年去世，由他的兄弟、特皮米尔之子克雷西米尔继位，则现存的稀少证据就最令人确信了。此时克雷西米尔应该年事已高，不会执政多久，大概到908年由其子米罗斯拉夫继位；米罗斯拉夫执政四年，在约912年被叛乱的普里布尼亚杀死，在由此而来的纷扰中，克罗地亚的国力迅速衰减，君士坦丁堡得到的可信的克罗地亚资料就此为止。与保加尔人的战争转移了拜占庭帝国的注意力，而和罗马教廷的决裂以及克罗地亚统治者的独立姿态，让双方的关系无法恢复，因而君士坦丁七世无法记载克罗地亚在托米斯拉夫治下恢复国力的历史。托米斯拉夫应该是在普里布尼亚叛乱后的混乱中登上王位的（约913年），并统治到了930年，甚至更久之后。

这些君主之中，只有托米斯拉夫留下了名字之外的更多记述，不过即使是他，我们也所知甚少。他出席了斯帕拉托的宗教会议，[24] 他获得了国王的头衔，[25] 基本可以肯定是他在926年击败了入侵的保加尔人，而西美昂发动战争的原因或许是嫉妒他的权势，以及担忧他染指塞尔维亚。[26] 头脑不清的多克莱阿的司祭还声称他战胜了匈牙利国王阿提拉的入侵；[27] 不过他确实很可能要迎战匈牙利入侵者，也很可能击退了他们。他的宗教政策表明，他是罗马教宗的好友，教宗认可他的国王头衔，以示奖赏，并在 927 年安排他和保加尔人和谈。托米斯拉夫去世的日期不得而知，我们也同样不清楚他的继承者是谁，究竟是不是法拉提所说的戈迪米尔；克雷西米尔二世的执政时期也只能不严谨地推测。承认我们如此无知，实在令人沮丧；然而希希奇和他的追随者们的方案，尽管得出了光鲜的结论，却无法和现存的稀少证据对应起来。克罗地亚人可以自我安慰，历史上有十几年或几十年缺少记载，也不算丢脸；确实，接受这一事实，就如同老人把剩下的头发散开遮住秃顶，并没有更不体面。

克罗地亚以南，在波斯尼亚、塞尔维亚、亚得里亚海之间，有一批塞尔维亚-克罗地亚小公国。最北面的就是纳伦坦部（Narentans）的领土，从采蒂纳河畔延伸到内雷特瓦河畔，由三位王公各自统治。纳伦坦部信仰多神教，好掠夺，文化发展水平很低，君士坦丁七世称他们的土地为"异教之地"，提到当地交通不便，既无法被征服，也无法开化。当地有少数定居城镇，但隶属此地的岛屿，如库佐拉（Cuzzola）、布拉扎（Brazza）、梅里达（Meleda），上面曾经兴盛的城镇如今全部废弃。[28] 这个部族的历史，或统治者的名字，都不为人知。当地的居民以有利可图的海盗为业，似乎横行无忌，除了 870 年遭遇尼基塔斯·奥里法斯（Nicetas Oryphas）的小规模进攻，以及 888 年被威尼斯人攻击而惨败；[29] 最终在 948 年，威尼斯人（或许是这些海盗最大的苦主）动用 34 艘战舰出征，暂时压制了他们的活动。[30]

纳伦坦部以南，下至拉古萨城墙之外，是扎库卢米亚公国的领土。扎库卢米亚人信仰基督教，文明程度更高，君士坦丁七世称他们源自塞尔维亚人；他们有五座定居城市。他们的王公米海尔，布泽布策（Buzebutze）之子，可以确定至少在913—926年执政，也是当时塞尔维亚-克罗地亚地区南部权势最大的统治者，似乎还能对周边政权发号施令。他一度和帝国政府保持外交联系，获得了显贵兼执政长官的头衔，[31] 但他的附庸表现很快就令人不满。尽管拥有帝国的封号和基督徒身份，他却实际以海盗为业，主要掠夺帝国以及当时帝国的忠实盟友威尼斯，此后又和帝国的死敌保加利亚的西美昂结盟。913年，米海尔在威尼斯总督的儿子出访君士坦丁堡后返程途中将他俘虏，把他作为礼物献给了西美昂。[32] 917年他向西美昂报告了拜占庭帝国和塞尔维亚谋划联军的消息，让西美昂得以先下手为强。[33] 926年，他甚至渡过了亚得里亚海，洗劫了拜占庭帝国的意大利领土境内的西庞托。[34] 他也和托米斯拉夫一样，在宗教上听命于罗马教廷，也出席了斯帕拉托的宗教会议。[35] 他敌对帝国的表现，或许仅仅是因为要和帝国的附庸塞尔维亚对抗——然而他趁波斯尼亚的提西米尔年幼而瓜分波斯尼亚的领土时，和塞尔维亚还保持着同盟关系，双方的纷争或许由此开始。不过，米海尔似乎已采取明确政策，阻止帝国在伊利里库姆恢复影响力。对巴西尔舰队的记忆还未消散，但米海尔坚信这样的情况不会再发生了。米海尔何时去世，此后的扎库卢米亚境况如何，我们不得而知。[36]

扎库卢米亚以南，在拉古萨与卡塔罗（Cattaro）之间，是特雷沃尼亚或卡纳勒（Canale）公国，这个塞尔维亚政权名义上臣服于塞尔维亚大公。当地有五个城镇，由图泽米尔（Tutsemer）统治，他是法里米尔（Phalimer）之子，塞尔维亚大公弗拉斯提米尔（Vlastimer）的曾孙。[37] 图泽米尔所处的年代，以及他的政权的其他历史，我们不得而知。这一时期的塞尔维亚历史记载完全没有提到这一地区，由此我们可以推断，其对塞尔维亚大公没有多少效忠成分。

这些政权之中位于最南端的是多克莱阿，大约是今黑山共和国所在地区，因当地一个已被废弃的城市而得名。该国有三个人口多的城市，但大部分地区地形崎岖，未被征服，也没有历史记录。[38] 或许匈牙利人和西方诸国所谓的"拉西亚"（Rascia）就是指该国。其边境以南就是帝国的底拉西乌姆军区。

在伊利里库姆地区漫长的海岸线上，分布着达尔马提亚诸城，在斯拉夫人与大海之间处境不稳。它们的传统、文化、居民全部源自拉丁世界，但它们名义上已经臣服于君士坦丁堡几个世纪之久。当地以圣人和圣物而闻名，因而在新皈依基督教的斯拉夫人看来颇有威望；然而它们在政治上并未得到相应的尊敬，被迫向内陆的王公支付岁贡。岁贡数额各不相同，斯帕拉托给克罗地亚的岁贡是200诺米斯玛；而拉古萨的岁贡是72诺米斯玛，一半给扎库卢米亚，另一半给特雷沃尼亚。[39] 在这些城镇之中，拉古萨最为自由，君士坦丁七世在一段记述中声称拉古萨是这里的大都会，可以确定该城是包括布德瓦（Budua）、罗萨（Rosa）、卡塔罗的小城镇群的领导者。[40] 幸运的是，该城的腹地仅有互相对抗的扎库卢米亚和特雷沃尼亚王公，而不是强势的克罗地亚国王。多亏如此，拉古萨已经发展为独立的城邦，并维持了几个世纪。尽管君士坦丁七世称其为都会，不过它正在迅速脱离达尔马提亚，形成自己的历史。该城10世纪早期的历史记载仅有时而暴发的瘟疫。[41] 这一地区的真正中心是斯帕拉托，其岁贡的数额说明其应该是庞大与繁荣的。更重要的是，它也是宗教的都会；斯帕拉托大主教是达尔马提亚地区的首席主教，由此在地方管理上有领导地位，他一次次出现在达尔马提亚的历史之中。不过，达尔马提亚有一位由君士坦丁堡政府任命的军区将军。[42] 担任此将军者的名字仅在两处记载中留存，他是当地权贵，扎拉城长官。[43] 因此，扎拉必然是希腊在达尔马提亚的管理体系的中心，希腊文化的影响力从这里辐射开来。值得注意的是诺纳距离扎拉有 20 英里远，诺纳的主教是西里尔教派的主要支持者。

近年来希腊在伊利里库姆的影响力已有复兴。拜占庭帝国对达尔马提亚的宗主权甚至一直被加洛林王朝所承认，而对斯拉夫人的宗主权则在希拉克略的时代已正式承认。[44] 但到了 9 世纪前半叶，这种关系仅仅名义上存在。改变发生在巴西尔一世执政时期，当时西里尔和美多德在斯拉夫人之中热忱传教。南斯拉夫诸部的宗教皈依，如他们的政治臣服一样，原本基于希拉克略的声望，但他们的基督教信仰不甚稳定，时常改变。西里尔向摩拉维亚的传教让教会得以新生，而他引入斯拉夫语的教会仪式，让整个斯拉夫民族得以理解基督教。最初的热情之中，所有人都对西里尔所来自的君士坦丁堡心怀感激和敬意，而帝国在这一地区的威望也达到了前所未有的高度。与此同时，受斯拉夫人挤压和纳伦坦部劫掠的达尔马提亚诸城市，在已于南意大利建立据点的穆斯林的攻击下，境况愈发艰难。最终，穆斯林大举围攻拉古萨，迫使它们向可能会支援的拜占庭帝国求助。巴西尔清楚穆斯林的威胁，因而派出海军元帅尼基塔斯·奥里法斯和一支小舰队，舰队解救了拉古萨，而后在沿岸招摇巡游，提醒当地居民皇帝给了他们恩惠。这样的炫耀起到了效果，不久之后达尔马提亚人便在感激中履行附庸的义务，派出部队协助帝国远征军从穆斯林手中收复意大利领土。与此同时，巴西尔减少了君士坦丁堡要求他们支付的贡赋数额（或许本来很少交付），出面为他们交给斯拉夫人的贡赋定下标准，进一步缓和他们的处境。这是必须做的，借慷慨善政的名义稳固达尔马提亚的忠诚；甚至克罗地亚也被帝国舰船和认真的协议所打动，短暂而恭顺地臣服于帝国。[45]

不幸的是，在奥里法斯的舰队返回底拉西乌姆之后，帝国新威望的根基也随之消失。衰退由此开始。在利奥六世执政时期，拜占庭帝国忙于应付更靠近本土的问题，无法顾及遥远无害的达尔马提亚军区；而达尔马提亚地区此时免于穆斯林的侵扰，又和斯拉夫人达成了合意的协议，有条件摆脱拜占庭帝国了。与此同时，斯拉夫诸王公渴望羡慕地盯着达尔马提亚城市积聚的圣物，对达尔马提亚的基督教会即罗马教会的印象更深了；和之前的保加利亚统治者一样，他们发现从君士坦丁堡得不到的，可以从罗马得到。他们决定忽略拜占庭帝国。

很难说清在利奥六世逝世之后，拜占庭帝国在伊利里库姆还存留多少影响力。接下来数年伊利里亚历史的一系列大事件中，没有帝国施加影响的记录，除了扎库卢米亚的米海尔；相反的是，这一时期最主要的事件，斯帕拉托的宗教会议，没有任何帝国官员参与，公然挑衅了帝国政策。甚至托米斯拉夫和西美昂的战争，一次应当令拜占庭外交者高兴的冲突，或许也仅仅是塞尔维亚王室内部斗争所引发的，而未受拜占庭外交政策的一点儿影响。托米斯拉夫的宗教活动和国王头衔，意味着他可以无视帝国；结果是君士坦丁七世无法得知克罗地亚近期的信息。南面的扎库卢米亚受帝国的影响更大，不过米海尔身为帝国显贵兼执政长官，却能够莽撞地冒犯帝国而不受惩罚。特雷沃尼亚和多克莱阿倾向于遵从塞尔维亚的领导，因此或许可以自如地承认帝国的宗主权，然而这些崎岖而野蛮的地区并不重要。纳伦坦实际上独立于任何势力的控制，令人苦恼。达尔马提亚诸城或许更为恭顺，确实一直坚定支持正式的帝国礼节；[46]尽管在斯帕拉托会议上，他们或许没有提及皇帝，但他们实际上从未忘记帝国的存在——斯拉夫人一直可能威胁他们的自由，他们将必须再次向帝国求救。[47]与此同时，皇帝并不担忧伊利里库姆（只要塞尔维亚保持忠诚）有什么事分散他的注意，将亚得里亚海的警戒任务交给威尼斯人，他就满足了。

拜占庭帝国在伊利里库姆影响力衰退的一个重要证据就是斯帕拉托宗教会议的决议问题。一段时间以来，伊利里亚教会的地位颇为尴尬。一方面，滨海各城市的达尔马提亚教士讲拉丁语，接受斯帕拉托大主教的管辖，几个世纪以来忠实于罗马教廷；另一方面，近期西里尔的传教活动，将斯拉夫教士带入内陆，他们采用斯拉夫语的礼拜仪式，没那么小心翼翼地承认教宗权威。冲突不可避免，达尔马提亚的主教们忠于他们的传统信仰，见到这些新皈依的斯拉夫人在教堂中使用蛮族语言礼拜，又不听从教宗的指令，既生气又惊骇；斯拉夫主教们则自豪于他们的大众礼拜仪式，唯恐失去自由。而此时，世俗的力量有点不确定该如何行动，便静待变化。

914年，活跃的约翰三世继任斯帕拉托大主教，他决心不惜一切代价消除斯拉夫语礼拜仪式；而几乎同时，约翰十世继承了教宗之位，他将是10世纪最活跃的教宗。追随西里尔的教士们由诺纳的主教领导。此前诺纳主教狄奥多西奥斯与教宗之间的联络已经颇不愉快，而狄奥多西奥斯的继任者阿德弗里德（Adelfrid）则采取行动反对斯帕拉托大主教彼得二世。[48]然而约翰三世将其与诺纳主教格里高利的争执推进到底，而教宗也决定出手干预，偏袒斯帕拉托大主教和拉丁教会，彻底解决这次纷争。924年，教宗的使节来到克罗地亚和达尔马提亚，要求在斯帕拉托召开宗教会议。教宗本人写下两封信，一封正式信件送给大主教，宣称反对西里尔和美多德的教义和方法；第二封信则向克罗地亚国王托米斯拉夫、扎库卢米亚王公米海尔、斯帕拉托大主教约翰以及其他所有的王公、主教和斯洛文尼亚与达尔马提亚民众宣布，坚决谴责在教堂中使用斯拉夫语。宗教会议于当年召开，由于拉丁主教更多，或许还寻求了支援，拉丁教会轻而易举地取得了胜利。宗教会议颁布的教令禁止了斯拉夫语礼拜仪式，仔细定义和限制了诺纳主教的职权，将整个克罗地亚地区划到斯帕拉托大主教的权威下。这样的激烈决定没有立即带来和平，主教格里高利被种种约束激怒，开始寻找对手的破绽。最终，在926年，教宗再度给大主教送信，召他和格里高利一同前往罗马，最终解决问题。这一想法并不现实，因此次年，教宗使节马达尔贝特在代表教宗批准西美昂的皇帝头衔后返回途中，到斯帕拉托召开了第二次宗教会议；这次会议参加的人数没有第一次多，但同样是拉丁教会占上风。会上再度确认了924年的教令，并坚持了斯帕拉托大主教的权利。在马达尔贝特返回罗马途中，新教宗利奥六世于928年6月接替约翰十世上任，他同意了马达尔贝特的决定，紧急给作为达尔马提亚和克罗地亚首席主教的约翰送去大主教披肩。与此同时，他也给这一地区的主教们写信，命他们遵守斯帕拉托大主教的命令。[49]

拉丁教会取得了胜利，而伊利里库姆也没有再抵抗过罗马教廷对教会的控制。又一个十年，约翰三世继续居于当地教会的最高位置，他于940年去世。而后大主教弗伦提安努斯（Fruntianus）任职了30年，期间没有发生什么值得记述的大事，[50]也就是说，伊利里库姆的基督教会继续维持着平静。

扎库卢米亚以及其附属部分波斯尼亚，随克罗地亚一同进入罗马教会。特雷沃尼亚在两者之间摇摆，只有南面的多克莱阿和山另一边的塞尔维亚保留着西里尔教派和东正教信仰，忠于君士坦丁堡的文化。[51]伊利里库姆依然存留少量孤立的西里尔派据点，继续使用斯拉夫语礼拜仪式，还有奇特的格拉哥里字母，直到今天。但这些稀少而不重要的孑遗，最终被罗马教会好心容忍，以东仪天主教的形式被接纳。

这样的结果足够自然。冲突是不可避免的，而在冲突之中，远比斯拉夫教士精明的拉丁教士，有历史（伊利里库姆难道不是向来被视为罗马的地盘？）和对教会可敬时代的意识，绝对不可能屈服。而斯拉夫人则没有这样的背景，他们只是新来者，原本率领他们的圣徒兄弟已经离世；君士坦丁堡尽管愿意支持，却鞭长莫及，只要召开会议，他们就必然在人数和才智上不如拉丁人。即使如此，若是当地统治者出手，克罗地亚或许还有保留西里尔教派的可能，然而托米斯拉夫和米海尔站到了拉丁人那一边。我认为，原因也不难揣测。除了达尔马提亚城市的基督教历史对斯拉夫人的影响——王公们过去往往希望葬在它们的教堂地界——托米斯拉夫和米海尔之类野心勃勃的统治者，必然想要完全控制沿海地区；而如果他们在宗教上完全支持达尔马提亚教会，这样的目标会更容易实现——尤其是这些城市的宗主拜占庭皇帝，庇护着一个越发分裂的基督教体系。此外，教宗比皇帝更愿意授予头衔，在这方面讨人喜欢。托米斯拉夫和米海尔被这些考虑打动，被教宗的诱饵所俘，将他们的国家带入了西方国家的大家庭。

即使如此，我们难免怀疑这样的举动是否明智。保加利亚的君主懂得逗弄罗马去反对君士坦丁堡，自己并不投入，政治手腕比克罗地亚的统治者更高。保加利亚基于本民族的斯拉夫语，赢得了独立的教会；尽管几次失去独立地位，但这种民族主义依然留存，维持着保加尔人的意识，以度过各种黑暗。塞尔维亚同样把斯拉夫教会视作有活力的民族力量，而信仰天主教的波斯尼亚和克罗地亚就没有这种骨气了。波斯尼亚在遭受了远比其他地区剧烈的鲍格米勒派异端（一群斯拉夫人徒劳地寻求建立斯拉夫教会，其发源地保加利亚能够解决他们）骚乱之后心生厌倦，最终在土耳其征服后转投穆斯林，民族意识就此丧失；克罗地亚遭受异端的影响更少，落入了更大的基督教政权匈牙利的控制。它们尽管最终和其他斯拉夫人政权联合起来，但一直觉得自己是一个大国家的从属部分，甚至如今仍是如此。西欧和北欧的大国，在粗野的发展早期便接纳了天主教，而在发展中期意图缓和乃至摆脱教会控制，后者对个人主义的发展是致命威胁。然而在东南欧，在遭受一次次灾难性入侵而长久衰弱的地方，超越国别的大教会只会造成愈发衰弱的结果。饱受非议的希腊人卢卡斯·诺塔拉斯，宁肯接受土耳其的头巾，而不愿接受枢机主教的冠冕，他是思想深邃的政治家。长期意义上，异教徒的损害反倒更少。

当伊利里库姆公开寻求独立，走过这座危险的里程碑之时，君士坦丁堡政府则全程漠不关心。托米斯拉夫称王并倒向拉丁教会，会损伤帝国的荣耀，显现帝国的无力，但无关紧要。匈牙利人的崛起，打破了一度似乎要支配东欧的斯拉夫人坚固集团，而如今伊利里库姆毫无威胁，可以忽略。只要希腊人保持对塞尔维亚的首要影响，威尼斯人压制住亚得里亚海的海盗，就没有其他要紧的事了。甚至达尔马提亚诸城，尽管算是帝国的军区，却也没有给帝国带来什么收入，几乎没有战略意义。扎拉的希腊将军足以守卫当地希腊人所剩无几的利益。凯法利尼亚和底拉西乌姆的将军们用舰船维持通向意大利航路的通畅，更远的亚得里亚海，皇帝乐于交给威尼斯人负责。只要正式礼节的表面文章做好就足够了。绝大部分情况下这些礼节也得到了遵守：达尔马提亚谨慎保持正确的礼节形式达一个多世纪，直到帝国在曼兹科特的惨败；即使是克罗地亚，排除托米斯拉夫的蛮干，也直到同一场惨败之后才彻底摆脱帝国控制，国王斯沃尼米尔（Svinimir）成为教宗加冕的独立君主。

威尼斯，拜占庭帝国东方财富的未来继承人，此时还未显现出未来辉煌的迹象。此处详述威尼斯的历史并不合适，只需要描述威尼斯与拜占庭帝国以及与拜占庭帝国的意大利和亚得里亚海政策的关系即可。到 10 世纪初，这个城邦已经在里亚尔托建立了一个多世纪，而其总督制已有两个世纪的历史。此时，尽管城邦依然以民主为基，大众在必要时依然掌握法律，但大家族对政府的掌控越来越强，总督也显示出正在转变为完全世袭制的迹象。[52] 在官方行为方面，威尼斯人或许可谓帝国最忠实的附庸，直到 976 年，皇帝的名字依然出现在每一份城邦文件的抬头，教堂为皇帝祈祷，而皇帝诏书中所写的运输义务完全被城邦接受。学界往往认为这种忠实是纯粹的表面文章，但鉴于威尼斯此时在东方已有相当的贸易利益，[53]很明显它必须讨好东方最强大的政权。威尼斯无疑在文化和生活方式上关注东部帝国，而在艺术这面能最真实地映出一个民族灵魂的镜子上，拜占庭帝国的影响根深蒂固，几乎排除了其他所有影响。

尽管威尼斯是微缩的拜占庭，不过拜占庭帝国却把亚得里亚海北部和北意大利的事务交给威尼斯独自负责，仅仅限制威尼斯针对帝国死敌的行动。[54]这是由于君士坦丁堡对这片遥远土地的漠不关心。威尼斯在加洛林王朝最兴盛时已经表示拒绝成为西部帝国的一部分，它向来友好倒向东方的宗主，因此允许威尼斯控制亚得里亚海北部乃至发展成地域国家，对帝国而言很安全；而威尼斯在和变化不定的北意大利诸王国交往时，帝国也没有干预。威尼斯自行和意大利的君主签署协议：924年，国王鲁道夫（二世）承认了威尼斯的铸币权；[55]约930年时，国王于格延长了协议。[56]大约在933年，威尼斯人为了解决海盗问题，夺取了科马基奥（Commachio）并吞并了查士丁诺波利斯（Justinopolis），[57]通过贸易封锁的方式击败了妒忌的伊斯特里亚侯爵。[58] 948年，威尼斯人自行对纳伦坦部的海盗发起大规模远征。

威尼斯舰队已经发展成亚得里亚海最强的海军力量。在840年，威尼斯人能够出动60艘战船，在那次不幸的塔兰托远征中协助希腊人对抗穆斯林。948年，征讨纳伦坦部的舰队有34艘战船，而这些战船或许是运输舰，或者大型的双层桨座战船，而不是出征塔兰托时的小型舰船。拜占庭帝国自然有权在需要时征召这支舰队，而这一权利在9世纪初经常使用。在10世纪时，拜占庭帝国在海军力量很大程度上复兴之后，似乎不再需要威尼斯人的协助了，就任他们留在亚得里亚海的北部；直到巴西尔二世和君士坦丁八世的时代，将警戒任务正式交给他们负责，而他们的未来发展就此得到了保证。

这一时期的威尼斯总督首先是奥尔索·帕提西帕奇奥二世（Ursus Particiacus Ⅱ，912—932年在位），他曾派自己的儿子前往君士坦丁堡以表敬意。小奥尔索得到了礼遇，但在返程中不幸被扎库卢米亚的米海尔俘虏，米海尔为了激怒拜占庭，把他送到了保加利亚的西美昂手中，据说交了大笔赎金后他才得以脱身。奥尔索的继任者是彼得·坎迪亚诺二世（Peter Candianus Ⅱ），即彼得二世，他的父亲是887年被斯拉夫海盗杀死的威尼斯总督。彼得和奥尔索一样，派儿子前往君士坦丁堡致敬，而彼得这次结果要更幸运一些，这个年轻人安全返回，并带给他父亲首席持剑卫士的头衔。939年，奥尔索二世的孙子彼得·巴多尔·帕提西帕奇奥继任总督之位，他在942年去世，坎迪亚诺家族的彼得三世继任。正是彼得三世在两年后派去君士坦丁堡的使节，在信中详细记述了利卡潘努斯家族的失势。[59]

若是拜占庭帝国能预见到之后十字军和威尼斯实力的发展，以及1204年骇人的十字军入侵，决不会如此迁就威尼斯。然而这场灾难是未来的事，就连塞尔柱人此时还在中亚。此时，保持和拜占庭帝国的友好关系对威尼斯有利，而拜占庭帝国则借威尼斯之手处理亚得里亚海北部的事务，免去了许多不必要的烦扰和耗费。与此同时，威尼斯也在与文明世界的首都的交流中获益，而这交流的成果，就是圣马可大教堂。

第十一章

土地法令和其他立法

罗曼努斯执政时期，主要令人关注之处与重要之处在于他的外事和殖民成就，在于帝国在几条边境上的胜利与拓殖。然而在国内问题上，他负责颁布了对帝国而言意义最为重大的一部法令，决意抑制毁坏帝国政府根基的趋势。这就是土地占有问题，罗曼努斯的先辈们考虑过却没有解决的难题，而如今帝国必须做出解答。皇帝面临的问题是，地方各省区的小农消失，农村人口减少，而威胁最大的是，单一权贵家族（他们的世袭权力开始类似于西欧封建领主）所控制的大地产日益积聚。帝国的体制多年以来保持着高效的中央集权，此时开始出现分权的迹象。

为了理解帝国面对的困难，我们必须回溯到帝国初期。当时很大一部分土地由居住在村社的农民持有，而帝国出于税收便利的考虑，以各村社为单位征税——这样的安排有点不公，但农民因此需要关心邻里的福祉，这间接保证了农民细心的耕种。余下的土地则被分割并入富裕者的大地产，而在这些土地上耕作的农民分为两种：一种是自由佃农，自己耕作土地并向地主支付地租，享受完全的自由权利，只是在租佃30年之后，农民和他的家属将被视为依附于土地；另一种是地主雇用的劳工，名义上同样自由，但事实上是依附于土地的农奴，相比奴隶，仅仅是多了几项权利而地位高一些而已。

蛮族入侵与帝国官方主持的人口迁移改变了土地体系，在其他的变革之外，应当提及的是，共同拥有耕地的村社出现了。伊苏里亚王朝的皇帝明确制定了应对政策，即废除农奴制，将佃农与地主置于更加自由的新关系中。地主自然顽固反对这一政策，而且这一政策确实会导致农村人口减少。热衷冒险的农民之子，比如马其顿人巴西尔，会离开自己的家乡，来到城镇碰运气。无论如何，巴西尔一世屈服于地主的压力，或许也出于他本人的经验与判断（不过在半封建的大家族崛起之后，地主阶级的力量大增，这种压力明显难以抵抗），废止了伊苏里亚王朝的改革之策，佃农沦为农奴。

这对地主而言更加有利，他们的地产随即极大拓展。在拜占庭世界，由于恶劣的罗马信贷体系[1]一直妨碍贸易，只有两种投资稳赚不赔：兼并土地与贿买次要官职。两者都可以通过钱财购买，也都可以带来可观的回报，相比之下土地更有吸引力。因此，富裕者尽可能迅速地购买土地。到了9世纪末，大地产已经形成，如曾经资助巴西尔一世的寡妇丹妮莉丝几乎占有了整个伯罗奔尼撒半岛的土地。[2]这些地产，特别是土地上人数稳定的佃农定期支付的租金或付出的劳役，给地主带来了危险的权势与重要地位。虔诚也产生了同样的结果，土地所有者可能会受召唤进入修道院成为修士，并把他们的土地交给修道院管理，或者临死时遗赠给修道院。因此大修道院院长和贵族竞争，而他们又都与皇帝争利。

皇帝开始担忧。富裕的权贵投资了如此多财富，对帝国的权威是种威胁,而 11 世纪后半叶的一系列问题将证明这一点。10世纪时,问题正在变得显而易见,此时拜占庭帝国已经出现第一批半封建大家族:福卡斯、阿尔吉罗斯、杜卡斯家族,其权势代代相传。君士坦丁堡政府为防止封建制出现,斗争了数个世纪,如今封建制悄然产生。同样,大地产的发展,除了损害农业生产,也对帝国的财政不利。权贵购买了小地产主的土地之后,对村社的干涉不仅对其中的其他小地产主不利,也会扰乱村社税务。此外大地产也伤害军队。帝国的士兵绝大多数来自世袭阶层,军饷很大程度上靠帝国所赠予而名义上不可转让的小地产来支付,但如今权贵采用各种可能的手段兼并这些家传的小地产,而此后数代征兵就需要新兵源了。因此,无怪乎帝国政策坚定反对权贵扩张土地。

马其顿王朝前期的几位皇帝正在转向这样的政策,而罗曼努斯则是第一位付诸积极行动的皇帝。或许更明智的做法是改革乃至推翻信贷法律,创造可靠的投资新方式,然而对 10 世纪的人而言,这是不可想象的。罗曼努斯的举动要更加直接。922年,他颁布了第一部有关强制购买的著名法律。其中规定,权贵(dynatoi)只能从小地产者亲属手中购买或获赠地产,而且无论如何,在交易后必须过十年,这些地产才成为永久私产,在此期间卖方能赎回土地。在购买土地的顺序中,亲属拥有第一优先权,其次是土地共有者,再之后是近邻,而后是同一税收单位的其他成员,最后是同一村社的居民。该法律中也以类似的限制条款,试图阻止和补救士兵转让军役地产的行为。[3]

这样的手段不太可能成功,而天气也帮了权贵的忙。928 年的冬季格外寒冷,君士坦丁堡的土地封冻了 120 天。这造成了一次严重的饥荒,[4] 更不幸的是接下来又连年歉收。在这样的情况下,农民若是想免于饿死,就只能把土地抵押给权贵——土地也是权贵唯一接受的抵押物。而且很明显,农民不可能在必需的十年之内富裕到足以赎回土地。罗曼努斯再度出手解救他们。934年秋,他颁布了新法令,宣布 927 年 9 月 1 日之后的所有土地转让无效;不过他并没有冒险严格执行,且谨慎地安排补偿措施以求改善状况,尽管他的目的还是尽可能减少权贵获利。同时,法令规定对未来任何试图违反法律的行为施加重罚。其中某项条款还规定,成为修士的土地拥有者只能将土地变卖后,将钱财捐赠到修道院。[5]

这些激烈的法令是罗曼努斯遏制恶势力发展的勇敢尝试,在当时取得了一定的成功。这些法令确实有效,在南意大利之类的遥远省区也有仿效。但是,无论罗曼努斯如何良好地执行——他似乎算是杰出的管理者——这些法律,其效力也不可能持久。在他失势三年之后,"生于紫室者"君士坦丁七世被迫颁行了类似的新法令,而这类法令也在这个世纪余下的时间里接连出现。对拜占庭人而言,悲哀而意外的是,国家的干预以失败告终,情况也愈发恶劣。11 世纪的帝国乡村人口越来越少,权贵也更为富裕与强势。欧洲地区的地方权贵世家崛起,与亚洲的类似家族共同对皇帝的权威造成灾难性的伤害。

罗曼努斯执政时期的其他法令重要性更小。他的前任皇帝几乎都热衷立法,而近期的巴西尔一世和利奥六世,正好将利奥三世修订过的《查士丁尼法典》全部更新完毕。罗曼努斯可以吃这些老本,只需要按照拜占庭仁慈专制的传统,专注于慈善的政府规划即可。他为首都增加了娱乐场所,还有一个有用的新举措,即建造旅舍供从地方前来的诉讼者住宿。他存留至今的特许令，几乎全部都是关于向教堂和修道院捐献之事，在这方面他的关注颇受称赞，不过后世的写作者往往会认为这是被误导的虔诚之行，实际上损害了帝国的利益。他偶尔也会做出临时任意的慈善之举，仁慈而或许鲁莽地从国库掏钱支付所有臣民的欠债和租金——证明他执政时期的财政情况应该令人满意。他的法令，似乎得到了有效执行，而他执政时期的整个行政体系也平顺而高效地运行。

拜占庭帝国的立法都有家长式的基调。皇帝待民如子，如同家长一般调解他们的纷争，掌控他们的工作和日常生活，偶尔以随意的赠物救济他们。这样的体系并非完全失败，不过它处理严重的经济难题时会悲哀地崩溃。我们必须意识到那个时代经济理论的状况，以及帝国在蛮族环伺之下的处境，用宽容的眼光，看待那些依照自己的理解积极解决问题的皇帝。

第十二章

利卡潘努斯家族失势

强势的篡位者可以统治一生，羸弱的篡位者却无路可走。日渐年迈的罗曼努斯·利卡潘努斯，身体不再健康，精力不复当年，内心所受的谴责愈演愈烈，放松了对帝国政府的掌控。利卡潘努斯家族的年轻人在父亲的掌控之下焦躁已久，如今又发现他宣称要把皇位归还给合法的皇室家族，让早已被人遗忘的"生于紫室者"君士坦丁七世在皇权中居于次席，[1]他们意识到如果再不先下手为强，未来就没有机会了。然而他们的姐姐，君士坦丁七世之妻，和利卡潘努斯家族的其他人一样野心勃勃，此时为了自己丈夫的利益，正沉着地监视着他们的行动。宫廷之中气氛颇为紧张，只有老皇帝，或者在忙完公务后休息疲惫的身体，或者和修士虔诚讨论长达几个小时，似乎从未注意到风暴将至。

城中居民已经注意到了这一点，因为征兆指引了他们的目光。943年12月，大竞技场中位于皇帝包厢正对面的"党派总部"（Demi）在一次风暴之中垮塌。[2]几个月之后，一对身体面对面相连的"连体双胞胎"从亚美尼亚来到君士坦丁堡。罗曼努斯感到厌恶，坚决将这不祥之人赶走。[3]而后又开始流传关于埃德萨圣像入城仪式的凶兆传言。似乎确实有什么事将要发生。

埃德萨圣像入城仪式是罗曼努斯一世执政时期的高潮，然而仪式上致敬圣像的赞歌成了利卡潘努斯家族的最后一曲。同时代的希腊人认为，获得圣像是约翰·库尔库阿斯诸多胜利中最有价值的战果；确实，这完全可以视作征服东部的新精神的象征。因此圣像抵达时，伴随着最为虔敬的仪式。944 年 8 月，圣像抵达博斯普鲁斯海峡畔，内廷总管狄奥法内斯在萨加里斯河（Sagaris）畔迎接，而后圣像过河，到达首都以北的欧洲地界。罗曼努斯赶到布雷契耐，亲自向圣像致敬。而后在 8 月 15 日，圣像正式穿过金门，三位年轻皇帝和牧首前去迎接——罗曼努斯本人身体不适无法公开露面。这几位被选定的大人物引领凯旋队列抬着圣像穿城而过，来到圣索菲亚大教堂，安放圣像。然而奇异的神迹折损了利卡潘努斯家族的自豪：据说罗曼努斯的两个儿子只能看到圣像上有模糊的面容，但"生于紫室者"君士坦丁清楚分辨出了耶稣的容貌——修士塞尔吉奥斯认为这对利卡潘努斯家族而言是非常不利的不祥之兆。此外，在圣像穿过街道时，一个人仿佛神灵附身，突然喊道："君士坦丁堡！接受荣耀与祝福吧！君士坦丁！接受皇位吧！"[4]

利卡潘努斯家族的两位年轻皇帝的作为并未提升他们的地位。年老多病的罗曼努斯没有努力约束他们，而是任他们肆意妄为，塞尔吉奥斯时常把他们比作以利的诸子。[5] 关于他们个人的无度之举，如今仅留模糊的线索，但他们在政治上的胡闹，有明确的例子。943 年，罗曼努斯希望给自己最年长的孙辈、君士坦丁七世与海伦娜所生的罗曼努斯[6] 物色新娘，他想到了自己忠诚而杰出的朋友约翰·库尔库阿斯，选中了他的女儿尤弗罗斯内

（Euphrosyne）。然而这一婚事，会让合法继承人与当世英雄的利益结合，完全不合利卡潘努斯家族的年轻皇帝之意；两皇帝坚持要求取消婚约，因而小罗曼努斯在不久之后迎娶了来自意大利的私生公主。但自此之后，利卡潘努斯家族的年轻皇帝便开始怀疑猜忌库尔库阿斯——他有权势又得民心，必然会怨恨让自己女儿失去皇后地位的人。他们的第一个举动就是在罗曼努斯面前诋毁他，起初他们失败了，然而他们的坚持最终取得了成功。944年末，库尔库阿斯被解职，皇亲潘瑟里奥斯接替他担任禁军元帅。[7]拜占庭帝国在东部的军队几乎立马遭遇惨败。[8]

罗曼努斯本人此时已经被良心的谴责所控制。他似乎大限将至，因而心中恐慌。他靠着阴谋与伪证窃据皇位，因此负罪感沉重地压着他。他只是个未受过教育的迷信水手，强烈倾向于宗教习惯。他开始近乎放纵地忏悔。他一直被修士群体吸引，而如今他几乎只和修士接触了。他最亲密的朋友包括佛提乌的侄辈、因不妥协的美德而知名的塞尔吉乌斯，以及此后成为牧首的普利尤克特（Polyeuct）。[9]在他们的影响之下，他开始行善，行许多让人难以忍受的虔诚之事或任意的慈善之事。前者包括将所有的犹太教徒以及没有皈依东正教的亚美尼亚人全部驱逐出境；[10]后者包括在公款开支上过于慷慨，他甚至一度免除了首都中所有的欠款和租金，代价就是帝国财源损失了超过19个设防农舍（centenarium）的收益。[11]但他本无权支配帝国的公帑；佐纳拉斯有道理地评论称，他就像是烹饪一头牛，只把牛蹄给穷人，还提到无论这样的悔过在上天看来意义如何，在世人的眼中绝对是不成功的。[12]罗曼努斯本人意识到了这一点，其良心依然受折磨。943年他定下遗嘱时，明确把女婿"生于紫室者"君士坦丁七世的位次排到了自己亲儿子之前；确保在最后能补偿过失之后，他返回了修士们身边。[13]

然而结局来得比他预期的要早。他的儿子们很清楚，在他逝世时，如果他们的姐夫执政，他们一定会被推入黑暗，隐退到修道院可能算是他们所希望的最好结局了。他们的机会只剩下突然政变。他们的举动可谓不孝，但也是人之常情，仅仅恐惧就能支配人的行动，更何况他们野心勃勃。这场阴谋如何开始，记载略有不同。此后的编年史家出于某种原因而厌恶"生于紫室者"，指控他挑唆父子不和；但无论妻子海伦娜做了什么，这样狡猾的恶行都与他可亲的温和个性格格不入。似乎斯蒂芬·利卡潘努斯是政变的主导者，而他的兄弟君士坦丁性格更好，是不情愿地卷入其中——毕竟年长的斯蒂芬更加利害攸关。与他们同谋的还有曾为修士的马里安诺斯·阿尔吉罗斯，以及首席持剑卫士巴西尔·佩提诺斯（Basil Petinus，凯德莱努斯则记载称他是君士坦丁七世的邪恶代理者），以及曼努埃尔·库尔提克斯（Manuel Curtices），还有其他地位较低的参与者，包括将军戴奥真尼斯（Diogenes）以及名叫克拉多（Clado）和菲利普的人。[14]

习俗上，所有人在日中的六个小时都要离开皇宫，期间不得进入宫殿区。944年12月20日，罗曼努斯一世掌权25年加2天时，他已经病倒在卧室。斯蒂芬和君士坦丁兄弟悄悄把支持者放了进来，在日中这个无人阻拦的时段把病弱的老父亲挟走，送到皇宫专用港口的一艘船上。在城中居民还未意识到的情况下，罗曼努斯已经被送往海上的普罗提岛（Prote）——王子群岛中距离首都最近的岛——并在那里成为僧侣，或许他也愿意如此。就这样，他的执政悄然而平稳地结束了。他的儿子们此时开始考虑如何对付他们的姐夫。

然而流言很快传遍了全城：罗曼努斯已经被废黜，而"生于紫室者"君士坦丁有生命危险。市民得知老皇帝的结局后并不激动——他们喜欢他，但他终归是年迈的篡位者——然而合法皇帝受威胁的消息让他们愤怒。多年以后，人们终于首次想起了利奥皇帝的儿子、巴西尔皇帝的孙子"生于紫室者"，这个曾经历过如此多风浪的人。市民们聚集到宫门外叫喊着要求合法皇帝现身，若是"生于紫室者"君士坦丁不能免冠出现在他们的面前，他们就不散去。利卡潘努斯兄弟大惊，他们赶走自己的父亲可不是为了被姐夫统治，但他们不敢违背如此坚决表达出的民意。本来他们打算把君士坦丁七世送去老皇帝那里，但君士坦丁受臣民难以解释的爱戴的守护，以及罗马教廷和普罗旺斯大使与加埃塔和阿马尔菲使节的支持，他们只得承认君士坦丁七世为大皇帝。[15]

这样的尴尬境况维持了不止 40 天，即使如此，这一时期三位皇帝依然保持着表面的和睦，三人瓜分了掌权后的战利品。"生于紫室者"君士坦丁七世作为大皇帝，任免了一批最重要的职务，利卡潘努斯家族的潘瑟里奥斯被解职，由祖上与利卡潘努斯家族有仇的巴尔达斯·福卡斯继任禁军统帅；[16] 海军由君士坦丁·贡吉留斯掌管，他的家族此前坚定支持皇太后佐伊，而他甚至可能是 25 年前皇太后的重要支持者贡吉留斯兄弟中之一人。但利卡潘努斯家族的政变参与者也得到了回报。巴西尔·佩提诺斯成了显贵和随从卫队总长，马里安诺斯成了马厩长，而库尔提克斯成了显贵和警戒军团统领。[17] 两个派系的人员整体改变了。

这样的安排明显是暂时的，考虑到公众的干预，看来只有一个结局——皇后海伦娜不断催促她的丈夫推动这个结局加速到来。[18] 最终，在利卡潘努斯兄弟试图引诱君士坦丁七世参加致命的早餐会而徒劳无果后,轮到君士坦丁了,他在 945 年 1 月 27 日的晚宴上突然逮捕了他们,把他们送去他们父亲的软禁之地。[19] 就这样,利卡潘努斯家族的整个故事不光彩地结束了。

斯蒂芬和君士坦丁兄弟首先被带到王子群岛,在普罗提岛的岸边,他们的父亲等待着他们。按照热衷引述《圣经》的希腊编年史家的说法,他重复着以赛亚的话语(《以》1: 2);但柳特普兰德则记载罗曼努斯说了一段不同而更可信的话,在这段苦涩的讽刺中,他感谢他的儿子们没有无视他,并为修士们不清楚迎接皇帝的正确礼节而道歉。这两个可悲的年轻人不久之后就不必忍受老父亲的说教了,斯蒂芬被送往普罗克尼斯岛(Proeconnese)囚禁,而后又转往罗得岛,再转往米蒂利尼;君士坦丁则被押往特内多斯岛,而后转往萨莫色雷斯岛。[20]

与此同时,余下的利卡潘努斯家族成员也被逐出皇宫。作为明智的防备办法,罗曼努斯的孙子们都被温和地剥夺了继承皇位的权利。克里斯多夫的儿子米海尔被降为平民,做了教士,之后成为廷臣和教长。[21] 君士坦丁·利卡潘努斯的儿子罗曼努斯被阉割,此后升为显贵,出任首都政务官。[22] 被废黜的皇帝们的妻子逐渐消失于历史,无疑是被软禁到了修女院;罗曼努斯的女儿们因各自的婚姻,降为安全的无公职身份——唯一的例外是海伦娜,她现在是取胜的唯一的奥古斯塔。家族另外两名成员,牧首狄奥菲拉克特和远嫁保加利亚的玛丽亚,则无法处理。然而灾祸中还有另一人幸存,即罗曼努斯的唯一私生子巴西尔(与保加利亚侍妾所生),他此时依然年幼,受异母姐姐海伦娜庇护;海伦娜注定要在他的未来扮演重要角色。斯蒂芬的盟友及时抛弃了他,因而逃过了他的失势之灾。但是,让虔诚的编年史家高兴的是,所有人都没能得善终。巴西尔·佩提诺斯在漫长而丢脸的政治生涯末期，被罗曼努斯二世流放，郁郁死去；马里安诺斯·阿尔吉罗斯本应在不久之后指挥大军远征意大利，却被一名妇女扔下的匾牌砸死；库尔提克斯在949年的克里特岛远征中丧生；将军戴奥真尼斯因长枪刺伤不治而死；克拉多和菲利普等人此后则因为参与阴谋而被割掉了耳鼻。[23] 罗曼努斯此前的臣属之中，只有出色的狄奥法内斯任职时间稍长。而仿佛标志一个时代结束一般，一场地震正好在罗曼努斯一世的女婿罗曼努斯·萨隆尼特斯与约翰·库尔库阿斯的宅邸之间震开了一道裂缝。[24]

在普罗提岛上，罗曼努斯毫无怨言，在真诚的忏悔中度日。他的良心依然受折磨，某一天夜里他做了一个噩梦：他的儿子君士坦丁和赫拉克利亚主教阿纳斯塔修斯被赶进了地狱，而当他即将随之被赶进地狱时，圣母马利亚伸出手解救了他。不久之后他得知，不但主教在那天晚上死去，而且君士坦丁杀死典狱长企图逃狱，而被狱卒杀死了。这场噩梦如此准确地成真，刺激罗曼努斯更努力地忏悔；他希望借公开向公众承认罪责、公开承受羞辱来获得救赎。在圣星期四（946年？[25]），300名因虔诚而被选中的修士，甚至有来自罗马的代表，见证罗曼努斯从一本书中逐条读出自己的罪业，一一请求宽恕，同时他们共同唱诵"愿主垂怜"（Kyrie Eleison）。而后，在圣餐桌前，他接受一名新受圣职的司祭的鞭笞与斥责，见证者无不落泪。这本记述他罪业的书被小心送到奥林匹斯山，交给虔诚的修士德尔莫凯特斯（Dermocaetes），一同送去的还有一笔钱财加一个请求：请他和修士伙伴为老皇帝的灵魂祈祷两星期。这位修士接受了请求。某一天，当他正在祈祷时，一个声音三度响起："上帝的慈爱战胜一切。"他起身检视那本书，发现书页已经变成了空白。修士们赞颂上帝的神迹，将书送还了罗曼努斯，最终此书与他一同下葬。[26]

上帝接受了最后的赎罪，而罗曼努斯能安心了。即使如此，他也无法抵挡俗世的纷扰。他忠实的朋友狄奥法内斯和牧首狄奥菲拉克特再次密谋推动他复位，而在一番劝说之后，他同意了他们的计划。然而计划完全没有付诸实施，政府很快发现了这场阴谋。狄奥菲拉克特的地位不可侵犯，可以安然回去养马，而狄奥法内斯则被解职并流放，他的同谋，首席持剑卫士格奥尔吉和一等侍从（Primicerius）托马斯被一并流放。罗曼努斯依然是普罗提岛上的虔诚修士。947年12月，一场新的阴谋又被揭发。米海尔·迪亚沃利诺斯（Michael Diabolinus）供出了一大批支持斯蒂芬·利卡潘努斯的官员。这些人都丧失了地位，或被割掉耳鼻，或受鞭笞以及当众羞辱。[27]

斯蒂芬和罗曼努斯都是在死后返回君士坦丁堡。这个归期，罗曼努斯没有等太久。948年6月15日，罗曼努斯一世逝世。他的遗体被运回君士坦丁堡的米雷莱翁修道院，安葬在妻子身边。[28]

家族余下的成员没有多少可写的。被废黜的君士坦丁已经死去。被废黜的斯蒂芬得到了见者的尊敬，在流放了19年之后，突然死亡，而和同一时期的一系列突然死亡一样，人们认定这是皇后狄奥法诺的阴谋。牧首狄奥菲拉克特在教会生活之余享受赛马，但最后因为赛马而离世：954年，他因一次严重的骑马事故而彻底瘫痪，于两年后逝世。[29]下一代人之中，玛丽亚作为保加尔人的皇后又生活了近20年，于965年逝世。[30]米海尔和罗曼努斯的生活虽然并非默默无闻，但足够远离公众视线的焦点，乃至历史记载没有提及他们的结局。只有皇后海伦娜和私生子巴西尔取得了完全胜利。巴西尔在狄奥法内斯被流放之后继任内廷总管，据说在他的皇帝姐夫忙于写作、绘画、宴饮时，任此显赫之职的他帮助异母姐姐愉快地卖官鬻爵。[31] 巴西尔的官僚生涯漫长而显赫，大部分时间堪称成功，直到 40 多年之后被海伦娜的孙子赶走。海伦娜本人则和她父亲一样，被一个不孝子送进了修道院。利卡潘努斯家族之名随着他们的逝去而消逝。

利卡潘努斯家族，马其顿王朝所遭遇的最大的合法性挑战，就此消亡。尽管若不是罗曼努斯诸子鲁莽，罗曼努斯本可以皇帝身份逝去，但结局不可避免。马其顿皇室，由创建者巴西尔一世和"智者"利奥六世打下了稳固的根基。而利卡潘努斯家族的统治持续了仅仅 25 年，不足以与最终延续了近两个世纪的马其顿王朝相比，也无法与拜占庭的千年历史同日而语，只是一段微小的插曲。即使如此，这一段插曲也非全然可耻，在历史中有其合适的位置。

第十三章

罗曼努斯一世及其统治的历史地位

现在,我们要对这一时期做恰当的评价。拜占庭帝国在7世纪与8世纪陷入了漫长的衰退。穆斯林的冲击,众多蛮族入侵的高潮,让帝国无力承受;帝国的力量用来维持小亚细亚乃至首都本身。东方和南方的省区全部丢失,而西方也逐渐从帝国的手中滑落,只剩下西西里岛。伊苏里亚王朝的皇帝是伟大的改革者,他们努力重组帝国内部机制,但他们因为破坏圣像的愚行而失去了执政的根基。直到9世纪中期,帝国才重归宗教统一;而随着旧日的罗马体制消失,代之以全新的强力中央集权管理体系,即我们所说的拜占庭体系时,帝国终于能停歇下来重新审视周边的世界了。正是在此时,马其顿人巴西尔登上了历史舞台。

巴西尔可谓得天时。在狄奥菲罗斯执政以及促成教会和平的圣狄奥多拉摄政时期,帝国日渐繁盛;而醉鬼米海尔的放纵恶劣得足以让民众欢迎篡位者,不过在恺撒巴尔达斯的照管下,情况没有那么糟,还未极大损害帝国的繁荣。更重要的是,尽管在西部,穆斯林正在占据西西里岛,但在东方,哈里发国正在衰颓,此消彼长之间,帝国重焕荣光。而在北方,庞大的斯拉夫族群正在一系列出色的传教士指引下接受文明,安定下来。巴西尔利用了天时。在东方,通过摧垮保罗派,他宣示帝国不会与异端叛徒闲扯;在西方,他的将军收复了南意大利。在国内,他牢固掌控政权,并全面更新管理体系和法律。但他依然留下了两个未解决的问题。其一是保加利亚;在黑暗的数世纪,庞大的保加利亚帝国已在巴尔干半岛崛起,而保加尔人接受了基督教,却没有产生拜占庭政客所希望的结果。保加利亚的君主太精明,不会甘当瓦西琉斯的谦卑附庸,他们开始自以为可与瓦西琉斯相提并论。其二是教会与政府的关系,一个被牧首佛提乌凸显的问题。在巴西尔的继承者利奥执政时期,双方关系愈发紧张。保加利亚的鲍里斯逊位之后,继承者西美昂比父亲更有野心,也更善战。而一系列的不幸事件,把教会与政府的不和升级成了危机。利奥不幸的婚姻经历撕裂了帝国,也威胁了王朝的存续。利奥本人取得了胜利,但胜利仅仅在生前维持;他死后,灾祸必会降临。与此同时,巴格达的哈里发国暂时有所恢复。

当利奥撒手人寰之时,顺境似乎将结束。放荡的亚历山大不会费心管理帝国,任兄长在教会的敌人展开报复。派系之争随即在整个帝国爆发。同时,保加利亚对帝国宣战,西美昂决心登上帝国恺撒之位。此后的摄政会议的统治并不比亚历山大的统治更好,陷入了混乱。在皇太后佐伊掌权之后,出现了复兴。在亚美尼亚和意大利,她的部队表明帝国依然是第一强权。但佐伊只是另一个派系的领袖,也不幸犯下了错误。她将一切赌注押在彻底击败保加尔人身上,但她的将军或者失败,或者背叛,让她输掉了赌局。灾难之后急转直下的形势冲垮了她的政府;然而随后浮出水面并取得胜利的是一个不甚知名的人,海军元帅罗曼努斯·利卡潘努斯。

罗曼努斯仅凭极度的小心谨慎取胜并维持权力。他的力量只有他的舰队，庞大而未受损，明显对他忠诚。另一方面，他也背叛了自己的国家。他脱颖而出，只是作为派系领袖，对抗皇太后和支持她的贵族；他出身低微——乃至帝国所有的野心家都认为自己与新君主差不多，想要效仿他——而所有更具威望的老官员（比如廷臣斯蒂芬）都拒绝和他合作；他发下的伪誓，太过粗劣无耻。但他成功了。他机巧地利用乃至掌控了牧首尼古拉斯，他的克制与温和让绝大多数反对者逐渐放下了敌意。无论他心里如何希望"生于紫室者"死亡，他从未对"生于紫室者"的生命安全做出丝毫威胁之举，反而是把其当作家人；他总是在官方层面回避对失败的敌人施加酷刑。[1] 但他无时无刻不在密切监视情况，以及时掐灭所有阴谋诡计。他的知人善任也进一步帮助了他。就这样，他一步步，最后完全而稳固地掌控了整个帝国政府组织。

在稳固掌控了帝国之后，他就能面对利奥六世曾面对的问题了：教会和保加利亚。应对这两个问题，他都采用了简单的办法：耐心。处理教会问题时，他奉承哄骗好斗的老牧首尼古拉斯，直到尼古拉斯逝世；而后他与平日的虔诚截然相反，以玩世不恭的方式先后任命了两个傀儡牧首，再把自己的爱子推上牧首之位，避免了牧首抗命的麻烦。处理保加利亚问题时，他没有试图派远征军队劫掠并一举摧毁西美昂的帝国，这样的方式已经失败了；他安于在君士坦丁堡等待，充分防卫首都，时而派出部队保护郊区。当西美昂一次次在坚城之下受挫时，他以逸待劳，又隔几年就挑唆塞尔维亚人进攻西美昂的后方，进一步阻碍西美昂。这样的手段意味着牺牲色雷斯地区，然而是值得的。西美昂可以不受抵抗，抵达首都城下，可以最终击溃塞尔维亚人，但这漫长的消耗最终拖垮了保加利亚。西美昂一死,铁腕统治一松懈,他的帝国就倒塌了,保加尔人前来屈膝求和。罗曼努斯再度展现了他的智慧。名号上的让步对他来说无关紧要,他随意让步,获取实际的好处:首先是和平,而后是土地,再之后是影响力。保加尔人,拜占庭帝国一百多年来的威胁,就这样突然之间安分了。

就这样,在执政不到八年的时间里,罗曼努斯就解决了帝国两个最大的问题。现在他转向东方。在那里,帝国的军队在几个世纪以来都维持着防御态势。偶尔会有狄奥菲罗斯和巴西尔这样的皇帝攻入穆斯林的土地,但他们的远征本质上只是大规模的反袭掠战。巴西尔越过边境吞并领地,迈出新的一步,但他控制的只有保罗派异端曾占据的土地。[2] 利奥追随父亲的步伐,也吞并了亚美尼亚人的一些土地,幼发拉底河上游的特克斯公国——此举对边境态势的发展意义重大。佐伊的进展更远,在917年和约签署之时,她似乎已经夺取了足够多的穆斯林土地或争议地区,得以将利坎多斯边境防区升级为军区;正是这份和约,让帝国在遭受与保加尔人的战争的最坏打击时,免于穆斯林攻击。不过,要等到罗曼努斯来改变整个态势。从与保加尔人和谈的一年之前,直到罗曼努斯统治末期,罗曼努斯委任的总指挥官约翰·库尔库阿斯,发动了一连串进攻,深入亚美尼亚人和穆斯林的领地,而且这些进攻不只是劫掠突袭,而是明显的征服。在934年,帝国攻破梅利泰内,吞并其全部领地,让世界突然睁眼,看看发生了什么。哈里发国的短暂复兴已经结束,穆斯林的大帝国四分五裂,即使是英勇而有权势的赛义夫·道拉,也无力阻挡基督徒进军的步伐。在罗曼努斯失势之时,帝国的边境已经穿过了底格里斯河上游,且许多穆斯林城市,如萨莫萨塔、凡湖诸城、埃尔祖鲁姆,全部承认了瓦西琉斯的至高地位。这些征服活动的规模确实不大,却是第一步;它们标志着历史的转折。自此,旧日的格局改变,现在基督徒开始进攻,穆斯林则徒劳地抵挡。约翰·库尔库阿斯给东方前线的士兵注入了新的精神,为帝国的大军开辟了道路,让他们再度行进到黎巴嫩以及波斯的群山。

他在意大利的统治就没有如此重要的意义。拜占庭帝国在这一地区的统治在佐伊摄政时期取得加里利亚诺的胜利之时达到顶峰,而罗曼努斯所做的只是延缓在所难免的衰退。在伊利里库姆这个罗曼努斯不曾费心的地区,帝国的统治基础反而已经丧失。但他的政府对北方的各国极为重视。保加利亚的崩溃让拜占庭帝国在多年中断之后突然要大量接触庞杂的游牧各部。罗曼努斯和他的大臣努力安排应当着手的相关应对之策,这些明智而精妙的政策被"生于紫室者"君士坦丁七世所记录,留给了子孙后代。这些政策尽管都是按照适当的拜占庭传统设计的,不过明显是优秀才智的成果,此后也成功沿用了许多年。

罗曼努斯的内政,除了解决了教会问题,不需更多评述。他是第一位推行土地法律以控制权贵的皇帝,但在这方面,和他其他所有内政举措一样,他仅仅是遵从马其顿王朝的传统。甚至把皇子立为牧首来控制教会的事,他也只是借用了巴西尔一世和利奥六世所发展的设想。

正是在对外事务方面,罗曼努斯的统治取得了极高地位,这方面不应当被遗忘。在他的统治时期,帝国摆脱了纷扰,崛起并达最高的辉煌;在他的统治时期,帝国转过最后一个弯,即将走上那些伟大的将军皇帝如尼基弗鲁斯二世、约翰一世、巴西尔二世治下的金色道路。在这方面,他的统治值得纪念。

这些在多大程度上应当归功于罗曼努斯本人,我们很难说清。另一个人登上皇位的话,也能达到同样的成功吗?某种意义上,罗曼努斯确实好运。哈里发国的衰退,让他在东部前线得到机会;而西美昂的后继者的无能,必然会削弱保加利亚。此时帝国内部,除了教会的纠纷,局面井井有条。军事胜利几乎完全归功于约翰·库尔库阿斯,而外交上的成就或许是狄奥法内斯实现的。

即便如此,无论保加利亚和阿拔斯王朝的虚弱起到了多少帮助,换作另一个人,也很难利用这些机会。罗曼努斯若是没登上皇位,那么皇太后佐伊和利奥·福卡斯的婚姻几乎肯定将联结新的政府;佐伊尽管聪明,却草率而冲动,而利奥甚至不够聪明。很难想象他们能抓住这样的机会,能耐心等候西美昂油尽灯枯。罗曼努斯在拜占庭帝国的灾难时刻出现,排除低微的出身和地位上的困难,不但足够稳固地掌控了权力,关注对外战争,而且营造了充分的和平和稳定条件,从而保证了对外行动的效果。拜占庭帝国政府的最高层若是不能协调一致,则帝国的一切精巧组织将毫无用处。而且,尽管约翰·库尔库阿斯和狄奥法内斯是这一时期绝大多数胜利的实际实现者,不过一切最终还是依靠皇帝来决断。是他发现并任命了他们,是他支持他们,不然他们将无所作为。所有关于他执政情况的记载,提及的都是一些个人事务:是他在928年冬季歉收时安排救济贫民,是他在941年那些不眠夜思考如何迎战罗斯海盗。他是皇帝,统治时期的荣耀理当属于他。

然而,尽管有如此出色的治国之才,罗曼努斯一世本人的形象却模糊不清,在东部帝国皇帝惊人的群像之中,他显得暗淡平凡。他唯一留存的肖像只有他发行的硬币上的粗糙形象,那只是描绘了一个可敬的长须老人而已。他的恶行特别少,除了他为登上皇位而做的伪誓,以及任命牧首所体现的俗世的玩世不恭,这或许可以拿他的君权高于教权的真诚信仰作为理由来辩解;而且他也非常真诚地为他篡位的罪业忏悔,尽管他并没有提出在世时就把皇位归还原主。按中世纪君主的标准,他堪称有道德,只留下了一个私生子,还是妻子亡故多年之后所生。他以老水手的粗朴虔诚,谦卑地对待上帝。他处事慷慨,特别是在公共开支问题上。他为人仁慈,厌恶并几乎总是避免流血,除非对付蛮族海盗。他是深情的丈夫,是慈爱的父亲,不过对待儿子过于宽容忍耐了。

然而这一切卓越的美德和政治家的优秀品质,让他本人平淡无奇,失去了魅力。他的仆人似乎爱戴他,忠心为他效力;他指挥舰队时,部下似乎也献身于他;大众因为他的慷慨、善良和可敬的虔诚而喜爱他。然而当他失势时,没有人伸出手来解救他,除了狄奥法内斯和无能的狄奥菲拉克特。他曾经给予大众甚多,但他们几乎没有注意到他的失势,把所有的热情关心都留给了没有为他们做过任何事的"生于紫室者"。这应该部分是因为他缺乏教养,毕竟拜占庭帝国中满是受过教育的自命不凡者,一系列有文化的皇帝中出了他这样的岔子,在他们看来有损国家的自豪感。然而罗曼努斯唤起了一人心中非凡而令人费解的友情;此人即神秘的"财政官",他留下的编年史构成了这一时期历史的基础资料,他在利卡潘努斯家族已经失势的时代,以明显的钟爱与钦佩之情记载罗曼努斯一世的经历,乃至文中无一事能有完全合理的解释;他甚至在多年之后还表现了他对这个家族的感情,在流放的斯蒂芬·利卡潘努斯去世之时,为之写了一小段挽歌。或许罗曼努斯有长须的温和面容下隐藏着某种吸引力,只有诸如狄奥法内斯和"财政官"的少数几人完全了解且从未忘记。他的执政堪称伟大，而他本人也应该有堪称伟大之处。

而他尽管平凡朴实，也能留给我们教化后人的根据。大体上看去，他的经历如同寓言：一个忘恩负义的野心家，靠着不诚和伪誓，一步步登上皇位，而后在显赫中统治，为帝国带来荣耀。但他最终遭了报应，日日夜夜充斥着良心的疼痛。他展现了皇帝能展现的一切虔诚慈善之举，他谨慎地安排受害者拿回一切权利。不过上帝不为所动，给他降下苦难。他失去了皇权，剃发成为修士，疲倦的他感到疑惑：这一切都值得吗？最终，他悟出了答案："那侍奉上帝仆人的谦卑者，比世上大罪人的号令者，其统治更加荣耀。"[3]

罗曼努斯得到了严厉惩罚，但这是野心的代价。只有当基督教世界最圣洁的修士听他坦白一切罪业，为谦卑的他唱诵"愿主垂怜"；只有当上帝以神迹抹去了他的罪迹；只有那时，他才能平静地等待死神可怕的召唤，目光转过深色大海那边首都闪光的穹顶和高塔，坚定地望向终年积雪的奥林匹斯圣山之巅……

安息吧，瓦西琉斯，万皇之皇，万主之主。

附录一

罗曼努斯和西美昂会面的日期

确定拜占庭与保加利亚战争的年代，首先要确定罗曼努斯和西美昂会面的日期。希腊语编年史资料，作为这一决定性事件的主要资料来源，给出的日期全都不可信。鉴于牧首尼古拉斯也是参与者，这次会谈应当是发生在他逝世的那年即 925 年的 5 月之前。编年史资料中，在这次会谈之前，最后一次提到的日期是 922 年 2 月，皇后狄奥多拉逝世之时；但按照编年史记载的介于这两个时间点之间的事件来看，此事不可能早于 923 年。

希腊编年史家们一致认定西美昂入侵色雷斯之事（此次作战以会谈告终）发生在小纪第 2 年 9 月，即 913 年或 928 年 9 月；这两个年份都明显不可能。对会谈日期的记载则没有那么一致。最早的那批编年史家都声称会谈发生在 "pempti himera"（第五天，廷臣西蒙补充为 "pempti himera tes hebdomados"［一周的第五天］），《格奥尔吉奥斯·莫纳修斯续篇》声称那一天是 11 月 19 日，语法学家利奥、梅利泰内的狄奥多西奥斯、《狄奥法内斯续篇》，以及年代更晚的凯德莱努斯和佐纳拉斯，声称是 11 月 9 日；格奥尔吉奥斯·哈马托罗斯（穆拉特编辑版）和廷臣西蒙的记述是9月9日。斯拉夫语版的财政官编年史将"pempti himera"译为星期四,标出日期为11月9日。内斯托尔利用了希腊语资料,将日期定在929年11月19日,星期四,他自觉满意地解决了问题;但他的记述可以忽略。①

兹拉塔尔斯基教授尝试将这次会谈定在923年,他认为"pempti himera"是说西美昂抵达首都城下第五天。采取"pempti himera tes hebdomados"这一说法的只有廷臣西蒙,而他的编年史年代最晚,价值也最低。因此此事发生在这一周的哪一天,都无所谓。兹拉塔尔斯基教授的这一理论虽然巧妙,但在我看来站不住脚。同时代希腊语常使用"pempti himera"的说法代指星期四,因此此处这一说法若有别的含义而不加注明,则不大可能。兹拉塔尔斯基教授也无视了斯拉夫语版财政官编年史中的"星期四"的说法(他提出理论是在1896年,那时斯拉夫语版尚未出版;然而出版之后他并没有修正自己的理论),而这一说法表明,斯拉夫语译者如廷臣西蒙编年史的编订者一样,很自然地理解其意思是指星期四;而我们也没有理由接受不同的译法。

若是坚信这一天是星期四,可能的年份就少了许多。在这十年之中,只有929年的11月19日、920年与926年的11月9日、924年的9月9日是星期四。克鲁格(Krug)认为924年9月9日的说法最可信,他指出粗心的抄写者很容易混淆月和日,而把两者都抄写为9;而廷臣西蒙编年史的编订者注意到并修正了这一错误,却没有修正小纪纪年问题。克鲁格的这一看法可信,穆

---

① 朗西曼爵士未能参考的《斯基里泽斯编年史》同样认定西美昂是9月出发,与罗曼努斯在小纪第2年的11月9日会面,并将这件事放在西美昂攻破哈德良堡(923年)与牧首尼古拉斯逝世(925年)之间。

拉特也接受了。不过,照此推论,该小纪纪年也可能指向923年;因为抄写者会很容易混淆小纪第2年与第12年,但几乎不会混淆第2年与第13年。不过923年并没有足够合适的星期四。

资料本身的考据就写到这里。从外部事件寻找日期证据时,我们首先应当注意到,西美昂几乎不可能在11月这么晚的时候将部队带到君士坦丁堡城下;任何一个清醒的指挥官都不会在这个时候冒着巴尔干半岛的冬寒开始远征。不过如果他是9月入侵色雷斯,在没有受到阻拦、没有打围城战、没有偏离路线的情况下,无法想象他如何花两个月之久才走完最多100英里的路程,抵达君士坦丁堡城下。因此,考虑到作战季节和路途耗时,9月开始远征的可能性更大——我们可以合理地推测,或许他是在8月末越过边境,不过若他急行军,意图突然攻击,则不需要做时间修正。

按照9月而非11月的设想,最明智的做法就是采纳924年9月9日星期四这一日期,并放弃解释小纪纪年的错误。此外,纵观帝国历史,我们也可以找到额外决定性的证据证实这一推论。保加利亚的历史记载帮助不大;我们知道在923年或924年,保加尔人发动了对塞尔维亚的远征,因此他们在那一年不可能入侵君士坦丁堡,但具体哪一年都说得通。帝国历史本身更明确。首先,我们应当注意,牧首尼古拉斯在这次会面与他逝世之间,仅仅给西美昂写过两封信,从语气来看两封信似乎都是在会面后不久写的,而且第二封信提到他身体每况愈下,或许写于他去世前不久。不过最有参考性的证据在于罗曼努斯在923年和924年对穆斯林方面的政策。924年,罗曼努斯的使节突然来到哈里发的宫廷寻求停战。就东部边境的状况而言,并无理由做出如此举动,但罗曼努斯急切渴求和平，甚至忍下了穆斯林直到夏季袭掠结束后才承认停战协议生效的屈辱。很明显，罗曼努斯在担忧帝国其他方向的某些威胁。923年，他并没有表现出这样的担忧，因此唯一的可能的推断，就是924年时他收到了西美昂准备大规模进攻帝国首都的消息。[1]

与穆斯林商谈的日期已知，这似乎是最后的证据。因此，我毫不犹豫地认定，西美昂和罗曼努斯的会面发生在924年9月9日星期四。[2]

附录二

阿索特访问君士坦丁堡的年份

亚美尼亚国王阿索特访问君士坦丁堡的年份问题,对绝大多数亚美尼亚历史学家而言都是无法逾越的阻碍。我们可以确定的是,亚美尼亚在森姆巴特执政时期崩溃,被入侵的穆斯林劫掠之后,森姆巴特的儿子阿索特旅行到君士坦丁堡,而后在希腊军队的支援下复位。这一事件的年份对希腊-阿拉伯战争史而言自然相当重要。圣马丁,治亚美尼亚史的第一位西方大家,认为此事发生在921年,此后的史学家,除了德尔格(Dölger),全都遵从了他的说法。

这一问题的证据有三个方向可查,即希腊语资料、阿拉伯语资料、亚美尼亚语资料。希腊编年史家一致认定阿索特访问君士坦丁堡是在皇太后佐伊摄政时期,她隆重接待了阿索特。资料中提到此事发生在914年9月,哈德良堡陷落之前。阿拉伯编年史家并不在意亚美尼亚王公去君士坦丁堡的事,然而他们记述了希腊军队在亚美尼亚的征战。915年,希腊军队在幼发拉底河方向和塔尔苏斯方向发动了大规模进攻并取胜;921年的记载没有提到远征;922年时,他们对梅利泰内发动的小规模攻击(也是这一年他们唯一的进攻行动）以失败告终。亚美尼亚史家的记载则各不相同。其中同时代唯一的记述者公教长约翰，很可惜，在作品中仅仅两次给出年代，其中一次还差了约 40 年；而对这一时期的年份，他只字未提。另一方面，在讲到他给帝国宫廷写信答复邀请阿索特前往帝国一事时，他说收信者是皇帝君士坦丁，而不是罗曼努斯。另外，考虑到公教长约翰在 925 年逝世，在 924 年显然已经停止写作，他似乎不太可能对 913—921 年的各种事件记述极少，却对最后三年记述极多。[1] 其他亚美尼亚史家之中，阿尼的萨穆埃尔（Samuel of Ani）声称森姆巴特死于 915 年，还提到亚美尼亚的统治者之位空缺了七年；阿索吉克（Asoghic）记载称在森姆巴特去世（没有说明时间）后，他的儿子阿索特逃亡君士坦丁堡，投奔皇帝利奥，而罗曼努斯在他统治的第二年派禁军元帅进军多文；而瓦尔坦（Vartan）则记载称阿索特在 921 年被皇帝利奥加冕，而后记述了他与加吉克和"总指挥官"的战争；苏尼亚地区的历史记载称森姆巴特于 913 年被杀，在下一页就提到阿索特在皇帝罗曼努斯的支持下复位，仿佛这件事是紧接着发生的；托马斯·阿尔茨鲁尼没有提到任何相关的时间。年代更近于现代的查米赫声称阿索特在 921 年返回，但他没有给出来源。

各资料似乎一致赞同此事发生在 921—922 年。不过，同时代人公教长约翰留下的记述最有价值，但也含糊，似乎倾向于此事发生得更早。其他人的说法，凭借亚美尼亚人（像意大利的柳特普兰德那样）认为"罗曼努斯·利卡潘努斯在亚历山大死后立即登上了皇位"这一事实，可以在一定程度上得到解释。这意味着阿索吉克和来自苏尼亚的记述也可能指更早的时间——另外，关于阿索吉克的记载，我们要注意到，922 年时禁军元帅正在全心忙于色雷斯的事务，不可能前往多文。阿尼的萨穆埃尔的记述一开始就有错误，森姆巴特确实是在913年被杀，但也可以认为亚美尼亚出现了七年的领导人空缺，毕竟内战和混乱在森姆巴特死亡之前就已经开始，而且要在阿索特返回之后一段时间才结束。只有瓦尔坦明确认定年份为921年，或许可以忽略；一个错误是可以理解的。

当然，在亚美尼亚人给出了不标注年代或自相矛盾的记述的地方，没有理由不采信时间记载更清楚的希腊编年史家的说法，后者认定阿索特被皇太后佐伊接待；除了可疑的亚美尼亚记述，没有理由对此存疑，特别是阿拉伯编年史的记述也与这一说法吻合。圣马丁选择了更晚的年代，或者是因为他记述亚美尼亚历史时没有参考相关的希腊语记载，又或者是他认定年代更晚的亚美尼亚语记述比几乎同时代的希腊语记述更可信，而无论哪一种情况，都表现出了历史意识的匮乏，这是极为丢脸的。不可思议的是，竟然有如此多历史学家遵从他的说法。了解并重视希腊语资料的朗博，竟在一页中讲920年尼古拉斯邀请阿索特前往君士坦丁堡，在下一页讲阿索特应邀前来，发现尼古拉斯已经失势，由皇太后佐伊掌权。朗博应该清楚，920年时的佐伊已经在最终退隐的修女院中被软禁一年了。德尔格是第一位指出圣马丁忽视了希腊语资料的历史学家，但他的作品属于希腊语文献学研究范畴，因此没有受到亚美尼亚史研究者的关注。无论如何，希望学界能够早日意识到无视希腊语资料的愚蠢，并确定阿索特是在914年访问君士坦丁堡的。[2]

附录三

固定利率与零售利润率

讨论罗曼努斯的土地立法，乃至整个拜占庭帝国的财政状况，最好的参考或许就是"罗得岛法典"，该法固定了投资资金所能获取的利率，因此迫使富人寻求向不动产和土地投资。在帝国早年，普通的交易利率固定在 6%；若是权贵放贷，利率为 4%；若是专业放贷，利率则为 8%；而跨海投资，利率则是 72%——这既说明商船在茫茫大海上远航的危险，也能说明成功的跨海投资能带来何等收益。在 10 世纪时，情况略有变化，对放款者有利。计算单位变为 72，因为 72 诺米斯玛金币的价值相当于 1 罗马磅黄金，普通利率因此算为 6/72，即 8.33%，以此类推，权贵放贷利率为 5.55%，专业放贷则是 11.11%。因此，靠投资可以获得可观的收益，即使权贵也是如此；但权贵所受的限制让他们投资的收益少于其他阶层，他们自然会不满。不过，土地除了让土地拥有者得到一定的政治权力，通常也可以带来更好的收益。因此无怪乎权贵会把财富投入到积聚大地产上，这令帝国政府担忧。

然而，还有一种优质投资可以得到保证，那就是购买头衔，获取终身年金，比如首席持剑卫士可以终身获得占花费 10% 的回报；而不那么贪婪而更节俭的人，可以一次性购买其他的宫廷低级官职，能获得约 2.5% 的收益。这些头衔既可以转卖，也可以继承。

零售贸易也受到类似的约束。商人们零售货物的利润率固定为 16.75%，因此中间商无法存在；各种零售商依照行业聚在一起，组成行会，行会购买原材料或者批发商品，并分配给成员。商店主还要遵守其他很多规章制度，违反者要支付大笔罚金；首都政务官代表帝国政府设定薪酬和营业时间，监管货物质量，并负责打击囤积居奇，在短缺时平抑物价。规章制度中还包括宗教限制——比如制肥皂者，就不能在大斋期使用动物脂肪。君士坦丁堡市政府的主要任务就是保证君士坦丁堡各种各样的必需品供应。因而出口贸易（奢侈品除外）被无视乃至受阻碍，比如腌鱼不允许出口。商人行会在严格的限制之下无法发展成政治力量。此外，政府也会要求他们担负特定的市政任务，比如财产估值，以及城市的安保工作；而如果政府有要求，他们必须为其工作，且没有契约。

最后，还应该提及，在拜占庭帝国，依然有大笔的资金用于购置奴隶，奴隶或者来自罗斯商人，或者出自战俘。此时家养奴隶已经少见，但仍有大量奴隶在田地做粗工，矿场与手工业作坊中则更多。帝国政府显然是最大的奴隶主，不过富裕的个人也拥有大批奴隶，如寡妇丹妮莉丝在去世时就将自己数以千计的奴隶遗赠给了皇帝。私人奴隶总体上能得到更好的待遇，而国家奴隶的生活则相当艰苦。[1]

附录四

统治世系

I. 利卡潘努斯家族 [1]

II. 巴尔干地区的王室和王公家族 [2]
　　1. 保加利亚沙皇
　　2. 塞尔维亚大公

III. 亚美尼亚王室和王公家族
　　1. 亚美尼亚巴格拉提德王室家族
　　2. 塔隆的巴格拉提德家族
　　3. 瓦斯普拉坎的阿尔茨鲁尼家族
　　4. 苏尼亚的奥尔别良家族

IV. 伊比利亚的王公家族
　　1. 卡特利的巴格拉提德家族（头衔为宫廷总管）
　　2. 陶和阿尔达努奇的巴格拉提德家族

V. 阿布哈兹王室

注　释

前　言

1. Krumbacher, p. 362.
2. 《格奥尔吉奥斯·莫纳修斯续篇》的波恩版（Combesis 编）和 Muralt 编辑版有一两处细微差异。
3. 这一时期（912—948 年）的说法存在差异的部分仅有：西美昂和罗曼努斯会面的日期，各个编年史的说法都不够可信；关于尤弗罗斯内·库尔库阿斯的未婚夫的身份，斯拉夫语版本称其为君士坦丁七世的儿子，而其他三个希腊语版和《狄奥法内斯续篇》则称其是君士坦丁·利卡潘努斯的儿子，斯拉夫语版本的记载更合理。
4. 如阿加莎·利卡潘娜嫁给罗曼努斯·阿尔吉罗斯。
5. 特别是约翰·库尔库阿斯，以及他的兄弟狄奥菲罗斯。
6. 如罗曼努斯一世执政时期南意大利的情况。
7. 涉及这一时期的作品还有所谓的《萨塞斯大纲》（*Synopsis Sathas*，以及据说与之有关的基齐库斯的狄奥多尔 [Theodore of Cyzicus] 的作品，未出版）、格里卡斯（Glycas）的作品以及约尔（Joel）创作的不太重要的韵文，其中对这一时期的记述过于简略，不必关注。
8. 君士坦丁七世的纯史学著作意义有限，除了《圣巴西尔生平》（*Vita Basilii*）的少量文段，以及最无足轻重的《埃德萨圣像》（*Image of Edessa*）的最后几页。《论帝国礼仪》和《论帝国管理》展现了一些重要问题，但伯里教授已经出色地处理了这些问题，详见参考书目，此处不再赘述。
9. Leger 的校勘编辑版详细论述了该书来源问题。
10. 比如，《出使报告》（*Legatio*）之中反对希腊人的情绪就远高于《报复书》，因为写后一本书时，柳特普兰德得到了君士坦丁七世的礼遇，写前一本书时却因为尼基弗鲁斯二世的冷遇而恼怒。
11. 62 页：无论阿索特何时来到君士坦丁堡，都绝非在 923 年；那次冬季严寒发生在 928 年，并非 933 年。63 页：牧首职出缺的时间是 15 个月，而非 18 个月，而且是在 931 年结束，不过狄奥菲拉克特是在 933 年才得到罗马教廷承认；埃德萨圣像抵达君士坦丁堡是在 944 年，而非 942 年；库尔库阿斯为获取圣像，交出了 200 名俘虏，而非 100 名。此外，狄奥多拉或许是在 920 年加冕，而非 921 年，而编年史中称她于 922 年 2 月逝世的说法，也没有理由不采信；索菲亚应当是在狄奥多拉加冕一月之后加冕，而不是拖到了 923 年。我不明白，M. 沃格特为什么犯了这么多错误。

第一章

1. Gibbon, *Decline and Fall*, ed. Bury, v, p. 209.
2. Finlay, *History of Greece*, II, p. 291.
3. F. W. Bussell, *Constitutional History of the Roman Empire*, II, P. 208.
4. D. T. p. 36.
5. 德维尔托斯和安西亚洛斯在皇太后狄奥多拉摄政时期割让给保加尔人（Theoph. Cont. p. 165）。墨森布里亚在巴西尔一世执政时期依然属于拜占庭帝国（ibid. p. 308），而且在与保加利亚的战争期间也依然由帝国控制。详见下文。
6. Cameniates, *De Excidio*, p. 496. Cedrenus, II, p. 344.
7. D. T. p. 51. *Vita S. Lucae Minoris*, in *M. P. G.* CXI, p. 449.
8. 见第九章。
9. 见第六章。
10. 元老院最后一次作为机构公开露面是在皇太后狄奥多拉摄政时期行将结束时，当时她向全体元老打开了国库，展示其中充盈的财富；巴西尔一世上位之后也以类似的方式，展示国库已然一贫如洗（Theoph. Cont. pp. 171, 255）。利奥六世在弥留之际宣称把儿子托付给元老院（Cedrenus, II, p. 273）。此外记载也提到 924 年罗曼努斯一世和西美昂谈判时元老院在城墙之上见证了全过程（Theoph. Cont. p. 407）。这些例证说明，元老院此时纯粹只担负礼仪职能，不参与小皇帝君士坦丁的摄政会议。
11. 不过我不清楚，皇宫里是否同时存在过不止两位"奥古斯塔"。
12. 纵览帝国的整个历史，除尼西亚帝国的 60 年时期，每一次少主当国都是由皇太后暂时摄政，有时摄政至其成年。有关"奥古斯塔"的地位和权力的小结，见 Diehl, *Figures Byzantines*, I, chap. 1。
13. 伯里教授在其作品 *Imperial Administration in the Ninth Century* 中尽可能地研究了这些职权，并附上了菲罗西奥斯（Philotheus）为利奥六世记录的官员位次列表。
14. 如首席持剑卫士、显贵等。（详见附录一）
15. 米海尔三世执政时期，内廷总管是未来的巴西尔一世；巴西尔执政期间未任命任何人担任此职；而利奥六世执政时期，最早任职的是邪恶人物萨摩纳斯（Samonas），而后继任的宦官君士坦丁将在本书下文多次出现。
16. 包括克尔松，但不包括达尔马提亚，后者事实上只控制着一系列附庸小城。
17. 农村的情况详见第十一章。
18. Macri, *L'Economie Urbaine*, p. 7.
19. Macri, op. cit. pp. 16, 18, 23.
20. *Le Livre du Préfet* (ed. Nicole). 本书在附录三中进一步讨论了这些规定，以及固定利率等问题。

21. Macri, op. cit. pp. 66–7, 79; *D. C.* p. 725; 另见 Bury, *Imperial Administration*, p. 145 所附的菲罗西奥斯位次列表。
22. 详见地图。
23. Cameniates, *De Excidio*, pp. 490 et seq.
24. 著名的底比斯丝绸手工业是何时发端的，我们不得而知，或许它要等到11世纪。
25. See Nicholas Mysticus, *Letters*, e. g. Ep. CXLVI.
26. 934年，科林斯和帕特雷的都主教供养了四名全副武装的骑兵参战——出资超过其他所有人（*D. C.* p. 243）。
27. Ferradou, *Les Biens des Monastères en Byzance*, pp. 26 et seq. 进入修道院成为修士的人往往会预先抛弃一切财产，在他入修道院时，他的妻子将收回她带来的嫁妆，他的儿女将得到赠礼。
28. Ibid. pp. 72, 91 et seq.
29. 860—960年任职的九位牧首之中，有两位皇子（斯蒂芬和狄奥菲拉克特），两位由当权者选出的傀儡（阿马西亚的斯蒂芬和特里丰），此外，安东尼·考利亚斯（Anthony Cauleas）颇有德行但记述较少，尤菲米奥斯则是出众的圣人，而佛提乌、枢密尼古拉斯和普利尤克特（Polyeuct）则都是才智过人而强势。
30. *Vita Basilii*, pp. 227 et seq.
31. In vol. x of Sathas's Μεσαιωνική βιβλιοθήκη, quoted in Diehl's *Figures Byzantines*, I.
32. Theoph. Cont. p. 459.
33. *Les Exploits de Digénis Akritas* (ed. Le Grand), pp. 4–5 (esp. lines 108–12), 52 et seq.
34. *D. C.* pp. 726–7. 环带女贵族和牧首、恺撒、至贵者、宫廷总管和皇父一样，可以与皇帝同桌饮食。狄奥多拉的母亲，狄奥克提斯特·弗罗丽娜就受封为环带女贵族。
35. 见 Bury, *Imperial Administration*, p. 145 中的菲罗西奥斯列表。
36. 狄奥菲拉克特·利卡潘努斯据说就是阉人（Maçoudi, *V. P.* p. 35; 然而马库迪并不太了解皇室的情况）。
37. 例如迪尔教授（*Camb. Med. Hist.* IV, p. 756）。
38. 我完全清楚"原住民"的说法并不准确，我只是将其作为简单的套语来用。小亚细亚的居民混杂着不计其数的各种部族，比如弗里吉亚人、赫梯人、吕底亚人、斯基泰人、希腊人、罗马人、高卢人、犹太人、亚美尼亚人和阿拉伯人，这只是提及了其中一部分。亚洲的显赫家族，比如科穆宁家族，通常自称有罗马的血统——往往无法追溯。
39. Rambaud, *L'Empire Grec*, pp. 531–40.
40. 不过单考虑这个比例很容易产生误解。残酷的废黜，往往发生在较短时期内快速的皇位更替过程中，除此之外，大部分时期的皇帝的执政都很漫长，且和平地结束。

41. 比如913年对杜卡斯阴谋的处理。

第二章

1. 详见第七章。
2. 我认为所谓的"奥列格入侵"基本肯定是捏造，马扎尔人对塞萨洛尼基周边地区的入侵也并非重大事件。
3. "大汗"此时已经变成了斯拉夫语的"Kniaz"（大公）。
4. 有关保加尔人皈依基督教的影响，最易于获得的资料是 Zlatarsky, 'The Making of Bulgaria', in *Slavonic Review*, IV (1925-6)。
5. Zlatarsky, *Istoriya*, I, 2, pp. 246 et seq.
6. Liudprand, *Antapodosis*, p. 87.
7. 督主教约翰、长老格里高利、修士扎比尔（Chrabr）均奉西美昂之命写作。督主教约翰描绘了鼎盛时期的普雷斯拉夫（pp. 46-7）。
8. Theoph. Cont. pp. 357 et seq.; Zlatarsky, op. cit. pp. 283 et seq.; Bury, *The Treatise De Administrando Imperio*, pp. 565-6.
9. 在君士坦丁七世执政时期，西保加利亚的商人可以确定是通过塞萨洛尼基做贸易的（*D. A. I.* p. 177）。
10. 后来亚历山大拒绝支付的岁贡（Theoph. Cont. p. 380）明显是起始于此时的。See Zlatarsky, op. cit. pp. 320 et seq.
11. 德·博尔称婚礼发生在882—883年，而我们可以确定的是婚礼发生在888年之前。
12. Leo, *Novellae*, Const. xc, p. 604.
13. 亚历山大的妻子似乎从未被承认为皇后。或许亚历山大在"黑眼"佐伊加冕之前根本没有结婚。
14. 有关这一事件（所谓"四婚"事件），见 Theoph. Cont. pp. 360 et seq. Passim; Nich. Myst. Ep. XXXII, pp. 197 et seq.; 以及最重要的资料，*Vita Euthymii* (ed. de Boor), passim。

第三章

1. *Vita Euthymii*, p. 29; Lampros in *Byz. Zeitschrift*, 1895, p. 92.
2. Theoph. Cont. p. 379; *D. C.* p. 230.
3. Nich. Myst. Ep. XXXII, p. 217.
4. Theoph. Cont. pp. 377 et seq.; *Vita Euthymii*, pp. 61 et seq.
5. *Vita Euthymii*, p. 68.
6. Theoph. Cont. p. 379. 出现的是哈雷彗星。
7. Ibid. p. 380.
8. Ibid. p. 378.
9. 即帝国军队总指挥官。

10. Theoph. Cont. p. 380; *Vita Euthymii*, pp. 69, 70.
11. Theoph. Cont. p. 380. 斯拉夫语版本的财政官编年史（p. 125）遗漏了约翰·埃拉达斯，但是下一页就提到他也是摄政者之一。
12. E. g. Cedrenus, II, p. 279.
13. Theoph. Cont. pp. 175, 354.
14. *Vita Euthymii*, p. 71.
15. Theoph. Cont. pp. 381–5; *Vita Euthymii*, pp. 70–71，书中声称佐伊是在杜卡斯叛乱之后被逐出宫的，认为两件事有关联。无论佐伊是何时被放逐（总归必定是在亚历山大逝世后不久），她肯定不可能牵涉叛乱，这种关联全无根据。
16. Theoph. Cont. p. 385.
17. Ibid. loc. cit. 保加利亚和拜占庭帝国联姻的提议究竟是何时提出的，目前难以确定。尼古拉斯的信件 No. XVI（p. 112）造成了一种明确的印象，即西美昂已许诺联姻，并认为对方背约。如果双方有约定，那么应当是在此时约定的，毕竟佐伊肯定听不到这样的消息，而且她不会想让尼古拉斯用约定来约束自己。亚历山大的尤提西奥斯（*V. P.* p. 22）提到西美昂希望君士坦丁的姐姐与自己的儿子成婚。这一说法应当有误，君士坦丁唯一未夭折的姐姐只有奥古斯塔安娜，而她此时几乎可以确定已过世了，而且这样的联姻对实现西美昂的目的而言作用也很有限。
18. 随从卫队长负责指挥宫廷卫队。
19. Theoph. Cont. pp. 381 et seq.; *Vita Euthymii*, p. 73.
20. Theoph. Cont. loc. cit.; *Vita Euthymii*, pp. 73 et seq.; Nich. Myst. Ep. XLVII, p. 236.
21. 参见本书第七、第八、第九章。
22. Theoph. Cont. p. 387.
23. Theoph. Cont. p. 388.
24. Ibn-al-Asir (*V. P.* p. 105).
25. Cedrenus, II, p. 355.
26. Ibn-al-Asir, loc. cit.
27. Theoph. Cont. p. 387.
28. Theoph. Cont. loc. cit. et seq. 罗曼努斯·阿尔吉罗斯被称为"Strategeuse"，或许是指安纳托利亚军区将军，即地位最重要的军区将军。
29. 罗曼努斯早年的情况见下一章。
30. 舰队应当是在陆军出动之前先行出发。
31. 一些史学家（如伯内斯库对兹拉塔尔斯基《保加利亚史》的评述，见 *B.Z.* XXVI, p. 114）嘲笑那些声称这次战斗发生在一条名叫阿海洛奥斯（Achelous）的河流旁的人，试图证明 Achelous 就是 Anchialus（安西亚洛斯）。然而希腊西部有一条阿海洛奥斯河，这个事实并不意味着其他地方就不能有同名的河流，也不能让我们认同吉本认为这一战发生在希腊西部的错误说法。

32. Theoph. Cont. pp. 388 et seq.; Cedrenus, II, p. 286; Zonaras, III, p. 465.
33. Theoph. Cont. pp. 390. 编年史记述者对 917 年 8 月 20 日（安西亚洛斯之战）至 919 年 3 月 24 日（罗曼努斯驶入布科莱昂港）之间发生的事均未标明日期。
34. 参见上文。尼古拉斯暗示了佐伊不同意联姻，而尤提西奥斯（其记载不可靠）则坚称佐伊拒绝联姻的提议。
35. 这一婚姻的提议没有确切的记录，不过我采信此事存在的理由如下：（1）记载提到内廷总管的妹妹于近期去世（Nich. Myst. Ep. XLVII），她可能就是利奥·福卡斯的妻子。（2）柳特普兰德的父亲在不久之后抵达君士坦丁堡，他的记述中明确认定皇父头衔所指的是皇帝的"继父"而非"岳父"；并且为了证明罗曼努斯占有头衔的合法性，他还捏造罗曼努斯与佐伊私通，他在下文还提到利奥·福卡斯也希望成为皇父（Antapodosis, p. 87）。（3）狄奥多尔的贸然行动以及此后的举动表明当时他大为警惕，而且和直接敌对佐伊一样，他也直接敌对利奥·福卡斯和内廷总管。然而佐伊的利益和她的儿子休戚相关，除非她能靠成为新皇帝的妻子来保住奥古斯塔的头衔。约 45 年之后类似的情况出现，佐伊的孙媳、摄政的皇太后狄奥法诺，就靠着和利奥·福卡斯的侄子、禁军统帅尼基弗鲁斯·福卡斯成婚来解决难题。这一婚姻设想，在我看来，是解决这一复杂政治危机的办法。
36. Theoph. Cont. pp. 291 et seq.
37. 919 年这个年份有必要加上一些证明。一些史学家按《狄奥法内斯续篇》中提到的七年的说法，认定君士坦丁七世首次执政的时期为 913 年（亚历山大逝世）至 920 年。但《狄奥法内斯续篇》也提到罗曼努斯执政时期延续了 26 年。而我们知道他在 944 年 12 月失势。因此我们可以认定这两个时期都多了一年，特别是续篇作者提到罗曼努斯的妻子狄奥多拉是在小纪第 8 年（920 年）1 月 8 日加冕，而罗曼努斯是在前一年的 12 月加冕。很难想象佐伊的政府能勉强存续到 920 年。
38. 整个故事见 Theoph. Cont. pp. 392 et seq。
39. Theoph. Cont. pp. 397–8.

第四章

1. 关于他的姓氏利卡潘努斯（Lecapenus/Lacapenus）的来源，我没有找到有说服力的说法。或许是源自亚美尼亚语。南意大利的编年史称罗曼努斯为 "de Eliopolim"（*Annales Cavenses*, p. 188）或 "Heliopolitanus"（*Chron. Vulturnense*, p. 332）。因此他应当是出生在一座名为赫利奥波利斯的城市。鉴于他们不可能在他成为皇帝之前就听说过他，他们只会得知他的出生地而非原姓氏。
2. Georgius Monachus, p. 841.
3. *D. A. I.* p. 88. 君士坦丁七世非常鄙视他缺乏教育。

4. Liudprand, *Antapodosis*, pp. 83 et seq.
5. Theoph. Cont. p. 377.
6. Liudprand, loc. cit. 或许和尼古拉斯假称自己是由利奥六世下令复职一样，罗曼努斯也更希望别人说他是由利奥任命的。和放荡不敬神的亚历山大扯上关系是有损名声的。
7. 柳特普兰德（*Antapodosis*, p. 91）声称他们是在罗曼努斯即位之后出生的，但他觉得罗曼努斯是亚历山大的直接继任者。狄奥菲拉克特基本可以肯定在 917 年初出生（Cedrenus, II, p. 332）。罗曼努斯其他的儿子都无法被称作"生于紫室者"，若他们的母亲已经是皇后的话，他们本可如此。此外，狄奥多拉加冕两年后亡故。
8. Theoph. Cont. p. 399; Cedrenus, II, pp. 342-3.
9. *D. T.* p. 54. 伯里教授解释过这个问题，见 *Eng. Hist. Review*, IV (1891), p. 152。
10. Theoph. Cont. p. 398.
11. Ibid. loc. cit. 编年史家把两次加冕典礼混为一谈，然而事实上狄奥多拉明确是在 920 年加冕的，一年过去之后，克里斯多夫在 921 年 5 月 20 日的圣灵降临节加冕。自然，罗曼努斯在加冕自己儿子这种决定性的问题上能等待一年时间。
12. Ibid. p. 398; *D. C.* p. 186; Nich. Myst. Ep. XXXII, pp. 186 et seq.
13. *D. A. I.* p. 241; Theoph. Cont. p. 400.
14. Theoph. Cont. p. 398.
15. Ibid. p. 400.
16. Ibid. p. 400. 这一执政时期的钱币证据（见 Regling, *Ein Gold-solidus des Romanus*, I, pp. 280 et seq.; Wroth, *Imperial Byzantine Coins in the British Museum*, II, pp. 453 et seq.）显示，起初他的刻像居于钱币上的显眼位置，然而君士坦丁的名字依然在他之前；而在克里斯多夫加冕之前的某个时刻，他明确把自己的名字放到了第一位。
17. Ibid. p. 400. 参与阴谋的包括财政大臣即铸币总管阿纳斯塔修斯（Anastasius）、内侍狄奥多勒托斯（Theodoretus）、皇帝书记官迪米特里奥斯（Demetrius）以及尼古拉斯·库巴泽斯（Nicholas Cubatzes）。上文提及的狄奥多托斯或许早已被解职。
18. Ibid. p. 402; Nich. Myst. Ep. CLVI, p. 384.
19. Theoph. Cont. p. 409.
20. Ibid. loc. cit. and p. 410.
21. Ibid. p. 414.
22. Theoph. Cont. pp. 401, 406 et seq. 此处的教长约翰必然不是之前的教长约翰·拉扎勒斯，不过朗博（*L' Empire Grec*, p. 19）和伯里（*Imp. Adm.* p. 115）认为他们是同一人。约翰·拉扎勒斯是亚历山大的宠臣，后为摄政者，在亚历山大死后很快死去，命运同等（Theoph. Cont. p. 379）。此处的约翰名声更大，之后他再次出现在公众视野中，作为外交代表与保加利亚的约翰大公联系（ibid. p. 419）。
23. Ibid. pp. 406, 410-1.
24. Ibid. p. 411.
25. Ibid. p. 400.
26. 在哈尔迪亚叛乱时，ibid. p. 404。
27. Ibid. p. 428. 首席持剑卫士曼努埃尔写下了总共八章的约翰·库尔库阿斯传记，如今全部散佚。
28. 我指的是和罗马教廷和解，以及承认保加利亚教会独立地位的问题，详见第五章和第八章。
29. Theoph. Cont. p. 410.
30. Theoph. Cont. p. 399 记载了伦塔西奥斯（Rentacius）事件。
31. Ibid. pp. 403-4.
32. Ibid. p. 404.
33. Ibid. p. 417.
34. 这或许就是在 927 年和约承认彼得的沙皇身份之后，拜占庭帝国又不可思议地剥夺其皇帝头衔的原因。详见下文。
35. Theoph. Cont. p. 421.
36. *D. A. I.* pp. 220 et seq.; *Vita S. Lucae Minoris*, in *M. P. G.* CXI, pp. 465 et seq. 我认为此事发生在 934—935 年，这样就可以将其与伯罗奔尼撒军区不愿调兵出境作战（见下文）联系起来，但确认具体的时间则根本不可能。迪尔在讨论圣路加的文章 *Choses et Gens de Byzance*（pp. 4-5）中认为这次叛乱发生在 943 年，以与他对圣路加生平的编年相契合。但圣路加的说法也未必意味着这一事件的发生时间就如此之晚，按《论帝国管理》的记载，这一事件明显发生得更早，毕竟平乱与回复两部族的要求之间必然存在时间差，而罗曼努斯当时依然是皇帝。这个事件存在两个疑点：其一，圣路加生平记录仅仅提到克里尼特斯从希腊军区调到伯罗奔尼撒，而《论帝国管理》仅仅提到克里尼特斯从伯罗奔尼撒调回希腊。但两者历史背景的逻辑没有问题，克里尼特斯应当是暂时担任伯罗奔尼撒将军——更何况希腊将军的地位要高于伯罗奔尼撒将军。其二，一个更难解释的问题是，《论帝国管理》之中声称米伦吉部被罚要支付十倍的岁贡，但伊泽里特部只需要支付两倍的岁贡。君士坦丁七世对这个数据似乎颇有信心，不认为抄写有误。他应当只是收到了错误的信息。
37. *D. A. I.* p. 243. 这次所说的远征应当是科斯马斯和伊皮法尼奥斯的远征。伯罗奔尼撒当地人不肯出境作战，通常被解释为他们不愿远行，进而被解读为胆怯或懒惰。在我看来，本地的纷扰或许才是更大的原因。帝国政府不可能基于胆怯懒惰之类的原因而同意他们的要求。
38. Theoph. Cont. p. 388. 没有记载提及哈瑟斯事件之后的审判，不过哈瑟斯是亚历山大委任的官员，因此皇太后没有兴趣支持他。920 年的卡拉布里亚事件并没有这样引人注目（毕竟此地因于位置原因常常出现纷乱），然而记述更充分（见第九章）。

39. Liudprand, *Antapodosis*, p. 83. 另见第六章。
40. Theoph. Cont. p. 417, 详见第十一章。
41. Ibid. p. 430. 他修造的建筑中依然存留的只有米雷莱翁教堂, 即今博德鲁姆清真寺（由埃贝索尔特与梯也尔鉴别, *Les Eglises de Constantinople*, pp. 145–6）。他也在波诺斯（Bonus）建造了一座宫殿（Cedrenus, II, p. 343），在哈尔基岛建造了一间礼拜室。
42. Cedrenus, II, p. 332 说明了狄奥菲拉克特的年龄问题（见前文），其中声称他是在小纪第14年（956年）去世, 自16岁担任牧首, 任职23年——也就是说, 从933年正式任职开始算起。
43. Theoph. Cont. p. 421–2（其中仅仅提到特里丰任期结束）; Cedrenus, II, p. 313 也没有给出更好的理由, 但在罢黜一事上提供了更多细节, 据说是特里丰因被人挑衅讥讽为文盲而在白纸上写下了自己的名字, 随后罗曼努斯一世在白纸上补上了退职许诺。
44. Theoph. Cont. p. 422; Liudprand, *Legatio*, p. 209. 罗马教廷祝福的重要外交意义, 我将在第九章详细讨论。
45. Eutychius of Alexandria, *V. P.* p. 22.
46. Theoph. Cont. p. 444; Cedrenus, II, p. 332.
47. Theoph. Cont. p. 420.
48. Zonaras. III, p. 474, 其中提到如果他还活着, 罗曼努斯一世本打算将他的位次排在"生于紫室者"之前。
49. Theoph. Cont. p. 471.
50. Ibid. p. 422.
51. Ibid. p. 423.
52. 所有的编年史家当中, 只有佐纳拉斯提到罗曼努斯给了两个儿子优先地位（III, p. 474）。但两人从未在硬币上有位次, 而公文上（比如934年的土地法令）的署名顺序也是"罗曼努斯, 君士坦丁, 斯蒂芬和君士坦丁"。鉴于斯蒂芬·利卡潘努斯年龄比君士坦丁·利卡潘努斯大, 前一个君士坦丁肯定指的是君士坦丁七世。Theoph. Cont. p. 435 提到罗曼努斯在遗嘱中让君士坦丁七世居于前位, 以示忏悔。

第五章

1. 有充足的证据说明西美昂的野心：（1）仅仅给付岁贡, 并没有让他满意（913年）；（2）他希望把自己的女儿嫁给小皇帝——这是登上皇位的绝佳跳板, 罗曼努斯一世此后证实了这一点；（3）在罗曼努斯执政之后, 他提出的和约条款都只要求罗曼努斯逊位；（4）最终, 他本人自封了这个头衔。他把军力集中在色雷斯, 同样也支持这一假设。
2. Bury, *History of the Eastern Roman Empire*, pp. 338–9.
3. 没有这一地区的详图, 或者没有亲身前去调查的话, 很难说明这条道路的具体位置。这条路的存在基本是确定的, 因为事实上拜占庭帝国陆海军在许多次作战之中都是协同行动，而鉴于德维尔托斯频繁出现在记述之中，也可以确定这座城市位于某条重要道路上。
4. Nich. Myst. Epp. V, VI, VII, pp. 45–60, esp. pp. 53, 57. 德维尔托斯作为保加利亚的海港，自然会用来接收拜占庭帝国的岁贡。然而似乎此时西美昂本人就在德维尔托斯，因而他可能沿海岸线入侵色雷斯。
5. Nich. Myst. Ep. IX, pp. 72, 76.
6. *Vita S. Lucae Minoris*, in *M. P. G.* CXI, p. 449. 迪尔在 *Choses et Gens de Byzance*, pp. 3–4 中认为，西美昂入侵希腊北部是在安西亚洛斯之战后，即西美昂逝世之前 10 年，因为资料中提到圣路加在帕特雷居住了 10 年以躲避保加尔人的侵扰，直到西美昂死后才返回。但此处 10 年的说法当然不可能绝对准确。917 年，西美昂应该没有时间入侵希腊；918 年，保加尔人或许正忙于在塞尔维亚作战。因此更恰当的推测是将此次入侵与塞萨洛尼基人在安西亚洛斯之战之前所记述的进攻联系起来。
7. 见第三章。
8. 见第三章。
9. 编年史家均暗示是罗曼努斯而非博加斯在争执中举止糟糕，因而罗曼努斯的行为需要受到调查。这个阶段的罗曼努斯并不肆无忌惮。
10. 见第三章。
11. Theoph. Cont. pp. 389–90. 卡塔斯尔泰之战就在安西亚洛斯之战后不久，或许发生在 917 年 10 月。
12. *D. A. I.* p. 157. 这一战没有标注日期，我们了解的只有拜占庭帝国和大公彼得的阴谋大约在安西亚洛斯之战时取得了成功。鉴于保加尔军队在 917—918 年的冬季依然留在色雷斯，似乎可以确定对塞尔维亚的征战是在之后春季发生的——这也是西美昂放弃在次年再度进攻色雷斯的唯一合理解释。或许西美昂有其他的烦扰。尼古拉斯的信件（IX, p. 69）写于安西亚洛斯之战后，其语气带着可怜的歉然；然而此后的一封信（X, p. 80）语气就自得多，仿佛取胜了一般。
13. Nich. Myst. Ep. XVIII, pp. 121 et seq.
14. Ibid. Ep. XI, p. 84，这封信的写作时间或许是在 919 年秋，保加尔人进入色雷斯时。
15. Ibid. Ep. XIV, p. 100.
16. Ibid. Ep. XVIII, p. 124.
17. Ibid. Ep. XVIII, pp. 121 et seq.
18. Ibid. Ep. XCV, p. 301，写给已经成为恺撒的罗曼努斯（919 年 9—12 月）。
19. *D. A. I.* p. 157. 君士坦丁七世声称此事发生在彼得被废黜之后三年，不过他记述塞尔维亚历史时，时间间隔全都是三年，可能没有多准确。
20. Nich. Myst. Ep. XVII, pp. 113 et seq.
21. Theoph. Cont. p. 400.
22. Nich. Myst. Ep. XIX, pp. 125 et seq.
23. Theoph. Cont. pp. 401–2.

24. Ibid. pp. 402–3. 其中没有记述时间。但从其在编年史中的位置来看，应当是发生在 922 年秋季。
25. Ibid. p. 404.
26. *D. A. I.* p. 157，记载称发生在扎哈里亚斯叛乱的三年之后。因此，考虑各种因素之后，923 年应当是最可能的时间。
27. Theoph. Cont. p. 405; Nich. Myst. Ep. XXIII, p. 156.
28. Nich. Myst. Ep. XXIII, p. 149.
29. Theoph. Cont. p. 404.
30. Nich. Myst. Ep. XXIII, p. 149, Ep. XXVII. p. 176.
31. Ibid. Ep. XXIII, p. 152, Ep. XXVI, p. 169.
32. Ibid. Ep. XXVII, p. 173.
33. Nich. Myst. Ep. XXVIII, p. 176. 这或许发生在 924 年的春季，见第九章。
34. 我推断西美昂与罗曼努斯一世重大会面的这个年份的理由，见附录一。
35. Cedrenus, II, p. 356. 仅有他提及此事，但没有说明日期；然而几乎可以肯定此事发生在 923 年。见下文第九章。瓦西列夫教授也认为西美昂和阿拉伯苏穆尔或塔尔苏斯有联系（*V. P.* II, p. 222）。但他将多瑙河畔的保加尔人和伏尔加河的黑保加尔人混淆了。详见下文第六章。
36. Ibn-al-Asir, *V. P.* p. 106. 见下文第七章。
37. Theoph. Cont. pp. 405 et seq.
38. Nich. Myst. Ep. XXXI, p. 189.
39. 更早的编年史家（如 Georgius Monachus, p. 901）的记载中没有最后一句。
40. 尼古拉斯用类似的方式，提醒西美昂他已经年迈（60 岁以上），而且死亡将临。皈依基督教不久的西美昂依然迷信，这样的警告或许会给他深刻印象（Nich. Myst. Ep. XXIX, p. 181）。
41. Theoph. Cont. p. 409, Rambaud, p. 337，展开写了一段布道。
42. Ep. Rom. Sakk. I, pp. 658–64, II, pp. 40–5; Zlatarsky, *Pismata na Romana Lacapena*, pp. 8 et seq., 10 et seq. 黑海的堡垒应当是指阿加索波利斯和索佐波利斯，可能也包括德维尔托斯和安西亚洛斯；不过后两座城被保加尔人控制了约 80 年。墨森布里亚从未被西美昂夺取。
43. 按照 *Vita S. Lucae Minoris*, p. 453 的记述，保加尔人在希腊北部停留到西美昂逝世。
44. Nich. Myst. Epp. XXX, XXXI, pp. 185 et seq. 尼古拉斯从未谈到建立保加利亚牧首区，此事应该发生在他去世一年后；不过很有可能他听说了此意图的流言，这可以解释他的语气变化。
45. Ep. Rom. ibid. loc. cit. Zlatarsky, loc. cit. pp. 486 et seq.
46. Farlati, *Illyricum Sacrum*, III, p. 103. 马达尔贝特在出使返回途中参与了第二次斯帕拉托会议（927 年），促成了克罗地亚人和保加尔人的和谈。Šišić, *Priručnik*, pp. 221–2.
47. 我们不清楚牧首区创立的准确时间，只清楚是在西美昂执政时期创立的，见本章下文。考虑马达尔贝特的出访，最可能发生在 926—927 年。

48. Zlatarsky, *Ist.* I, 2, p. 500，认为这一战的原因是拜占庭-克罗地亚结盟。但我不相信克罗地亚的托米斯拉夫和帝国宫廷有任何的外交协议：君士坦丁七世根本没有听说过他，详见下文第十章的论述。另外，如果双方已有盟约，克罗地亚这样的地区强权早可以借机进攻，而不必等候保加利亚人侵。我认为西美昂的自大才是这场战争的主要动因。
49. *D. A. I.* p. 158; Georgius Monachus, p. 904. 到了《狄奥法内斯续篇》，此事的记载已经混杂了。其中（p. 411）提到西美昂远征克罗地亚，他在927 年 5 月 27 日战败，在不久之后逝世。
50. Farlati, loc. cit. 因此基本可以肯定，大约在保加尔人惨败于克罗地亚时，马达尔贝特在保加利亚，代表教宗确认了西美昂的头衔，而后他在经克罗地亚返回途中为两国主持了和谈。基本可以确定发生在 926 年。另见 Zlatarsky, *Ist.* I, 2, p. 501 以及 Šišić, *Geschichte der Croaten*, pp. 132 et seq。
51. Georgius Monachus, loc. cit.
52. Theoph. Cont. pp. 411–2.
53. Ibid. loc. cit.; Liudprand, *Antapodosis*, p. 88.
54. Theoph. Cont. loc. cit.
55. Ibid. pp. 412 et seq. 有趣的是彼得从未获准入城——就像 913 年西美昂被挡在城外一样，不过他的儿子们入城得到了款待。
56. Theoph. Cont. p. 413.
57. 904 年时，贝罗亚仍由希腊人控制（John Cameniates, p. 496），然而在巴西尔二世执政时，已经是保加尔人控制已久的堡垒了（Cedrenus, II, p. 452）。
58. 见本章前文。
59. *D. T.* p. 47. 君士坦丁七世在欧洲军区的问题上往往疏忽大意，时而出现错误，但色雷斯军区的记述总归很难出错。
60. *D. A. I.* p. 79 讨论了罗斯人沿海岸线航行君士坦丁堡的路线："从科诺帕斯向康斯坦提亚（康斯坦察）航行，再从康斯坦提亚驶向瓦尔纳（Varna），并继续驶向迪兹纳河，这些地方都是保加利亚人的领地。从迪兹纳河出发，他们抵达墨森布里亚地区。"位于布尔加斯湾一端的德维尔托斯被罗斯人略过了，或许此时依然在保加尔人的手中，但这也说明墨森布里亚此时并非拜占庭帝国的孤立飞地，而是与帝国控制的迪兹纳河以南的土地相连。Zlatarsky, *Ist.* I, 2, p. 525 声称边境的情况在利奥六世执政时期（896 年和 904 年时）基本不变，拜占庭仅仅失去了德维尔托斯、索佐波利斯、阿加索波利斯。这一说法没有证据证实，在我看来不应采信。最后，也没有拜占庭人收复这些滨海城市的记载。
61. Leo Diaconus, pp. 61, 80; Cedrenus, II, p. 346.
62. *D. A. I.* p. 88.
63. 参见提出这个观点的 Golubinski（p. 33）。
64. Theoph. Cont. p. 415 谈到玛丽亚时使用了瓦西琉斯头衔。
65. Liudprand, *Legatio*, p. 186.
66. 此时彼得已经获得了"瓦西琉斯"的头衔（参见前文）。但《论帝国礼仪》之中提到皇帝迎接他的教孙，保加利亚"执政官"时，有一些客套称呼（*D. C.* p. 681——其中提到的"Canarti"和"Butias Tarcan"应当都是保加利亚代代相传的头衔）。这明显指的是罗曼努斯和他的孙女婿彼得。伯里（*The Ceremonial Book*, p. 226）认为这指的是利奥六世和他教子的儿子，即鲍里斯之子弗拉基米尔。但鲍里斯的教父是米海尔，他和利奥名义上没有任何联系，因此谈到拜占庭皇帝，就总要考虑是同一个人，而谈到保加利亚大公，就要考虑辈分，未免太不合理。更重要的是，利奥并没有数个作为共治皇帝的儿子，但此处客套语中提到保加尔人要答复几位皇子。巴西尔一世有这样的几个儿子，然而直到他逝世，保加利亚的统治者依然是鲍里斯。罗曼努斯是此后第一位给不止一个儿子加冕为共治皇帝的大皇帝。君士坦丁（*D. C.* p. 690）进一步提到近期采用了新的客套语，其中保加利亚的统治者得到了"瓦西琉斯"的头衔；但君士坦丁和罗曼努斯（二世）也使用特定的客套语，其中仅仅称保加尔人君主为"执政官"。按这个说法，伯里（loc. cit.）认为皇帝的名字或许被篡改过。朗博（pp. 340 et seq.）和兹拉塔尔斯基（Ist. I, 2, p. 526）都研究过这一问题，但都没有得出满意的结论。也有可能，君士坦丁七世为了让彼得在他妻子所属的利卡潘努斯家族失势时保持中立，而把瓦西琉斯头衔还给他作为回报。

第六章

1. Theoph. Cont. p. 422.
2. Ibid. p. 419.
3. Ibid. p. 420.
4. *D. A. I.* pp. 158 et seq.
5. 见第五章。
6. *D. A. I.* pp. 164, 168 et seq.
7. Ibid. loc. cit. Anon Hung. pp. 16 et seq. Joannes de Thwrocz, pp. 132 et seq. 许多生动的传说记述了这段历史。庞大的摩拉维亚王国的迅速崩溃引人注目。
8. Anon Hung. p. 42.
9. Anon Hung. p. 46. 内斯托尔也记载了这次袭掠（p. 19），声称袭掠者抵达了塞萨洛尼基近郊。
10. Theoph. Cont. p. 422.
11. Thwrocz, p. 147.
12. Petrus Ranzanus, Index IV, p. 581.
13. Anon Hung. p. 42; 但这似乎和希腊人帮助摩拉维亚人的故事相关。
14. Maçoudi (Barbier de Meynard), II, p. 58.
15. Marquart, *Streifzüge*, pp. 60 et seq.
16. 见第五章。如果德维尔托斯是由保加尔人控制，这个问题就更难解答了。

17. Theoph. Cont. p. 430.
18. 现在的词源学词典质疑了英语中的"ogre"（食人魔）源自"Ougre"的说法（如 New English Dictionary），因为"ogre"出现在文学作品之中的时代不早于 17 世纪。不过口耳相传的词汇也不一定一出现，就会留在文学作品中，而且目前也没有更可信的解释。
19. 此事或许发生在 948 年，延长五年的和约时。然而伯里教授认为这发生在利奥六世执政时期，马扎尔人抵达匈牙利之后不久。但在我看来，当帝国与佩切涅格人之间的保加利亚还强大时，皇帝不太可能会希望和佩切涅格人开战；而且尽管在《论帝国管理》成书时，帝国和佩切涅格人保持和平已经成了国策，我们也没有理由认定君士坦丁七世会在执政的最初几年中遵从此政策。
20. D. A. I. pp. 164 et seq.
21. D. A. I. pp. 68 et seq.
22. 见第三章。
23. Nestor, p. 35.
24. Theoph. Cont. p. 196.
25. Nestor, passim; D. A. I. pp. 74 et seq. 有关罗斯贸易（其主要是毛皮与奴隶贸易）的详细信息，参见 Kluchevsky, I, chap. vi，其中描述了每年收集货物的情况。
26. Nestor, pp. 22 et seq. 内斯托尔记载的早年历史，包括奥列格与伊戈尔的生平故事，都只能算是传说。
27. Nestor, loc. cit.
28. Ibid. pp. 32, 33. 在 912 年之后不久，罗斯人还曾经对可萨人发动远征，一路突入到阿塞拜疆（Maçoudi, II, p. 21）；见 d'Ohsson, p. 105。
29. Theoph. Cont. p. 423 声称有 1 万艘船；Zonaras（III, p. 476）则声称："并非此前记述的 1 万艘，而是 1.5 万艘"；Nestor, p. 33。
30. Liudprand, Antapodosis, pp. 137 et seq.，其中记述了生动的细节。
31. Soloveiv, I, pp. 111–2.
32. Liudprand, pp. 137 et seq.; Theoph. Cont. pp. 423 et seq.; Cedrenus, II, p. 316; Zonaras, III, p. 476.
33. 鉴于这次袭掠只有罗斯冒险者参与的事实，我不愿相信朗博的判断，即他认为这是贸易战争。事实上在我看来，罗斯人发动这次袭掠，更有可能只是为了提醒希腊人继续支付岁贡。
34. Nestor, p. 35; Maçoudi, II, p. 21.
35. Nestor, loc. cit.
36. 有关可萨人，详见伊本·法兹兰对他们的最完整记述（Frähn 译）。
37. 薇薇安·德·圣马丁认为可萨人源自芬兰系，而统治家族则是突厥系。
38. Ibn Foszlan, p. 18.
39. Harkavy, pp. 338, 366–7.
40. d'Ohsson, pp. 72–5.

41. d'Ohsson, pp. 77 et seq., 引述了伊本·法兹兰的说法；*Camb. Med. Hist.* IV, pp. 192 et seq。
42. Maçoudi, II, p. 16.
43. Ibn Foszlan, *De Bulgaris*, passim.
44. Maçoudi, loc. cit. 瓦西列夫认为这次袭掠由西美昂主导。"菲尼迪亚"的位置尚无令人满意的考证。
45. *D. A. I.* p. 81.
46. Ibid. p. 80.
47. d'Ohsson, pp. 80–2.
48. 或许其后数年确实如此。923 年伏尔加保加尔人的袭掠发生在帝国与保加利亚交战期间，或许他们因为族裔关系而和保加利亚结盟。
49. *D. A. I.* pp. 244 et seq., 讲述了克尔松的漫长历史。

第七章

1. *D. A. I.* p. 182; Vivien de Saint-Martin, p. 235.
2. *D. A. I.* pp. 226–7.
3. Theoph. Cont. p. 277. 奇里乞亚山口的边境城镇或许是帕丹多斯，938 年双方曾在这里交换俘虏。
4. Ibn-al-Fakih, quoted in 'Arabic Lists of the Byzantine Themes'(Brooke, *J. H. S.* XI, p. 75).
5. *D. T.* p. 36.
6. Leo, *Tactica*, Const. XVII, pp. 913 et seq.; Nicephorus Phocas, *De Velit.* pp. 936–7.
7. Ibn-al-Asir, *V. P.* p. 104; Theoph. Cont. p. 388.
8. Tabari, *V. P.* p. 19.
9. Ibid. loc. cit. (copied by Ibn-al-Asir, ibid. p. 104).
10. Ibid. p. 19.
11. Ibn-al-Asir, *V. P.* pp. 104, 105; Sibt-ibn-al-Djauzi, *V. P.* p. 125.
12. Vasiliev, p. 312, 此处没有指明出处。
13. John Catholicus, p. 125 and notes p. 414. 他自 859 年成为亚美尼亚的"万君之君"或者说是阿拉伯人的主要代理人，然而 885 年时阿拉伯人给他重新启用了一个自安息王朝起已不使用的头衔。
14. 见下页。
15. John Cath. pp. 199 et seq., notes p. 417; *Hist. des Ardzrouni*, p. 229 and notes; Chamich, II, pp. 33 et seq.
16. John Cath. p. 233.
17. John Cath. p. 239.
18. Ibid. p. 240.
19. Ibid. pp. 253, 258.

20. Ibid. p. 260.
21. John Cath. p. 362 提到皮奥拉坎（Piourakan）围攻战发生在亚美尼亚纪年的 332 年（公元 883 年），我推测这一战应该发生在约 922 年。
22. Ibid. p. 265. 尼古拉斯的信件没有在其他记述中出现，但不必因此质疑其可信性。
23. Ibid. pp. 267 et seq.
24. Ibid. p. 268.
25. John Cath. p. 282. 狄奥多尔也主导了首都与塔隆之间的一系列商议。
26. 我推测的这一时间，和圣马丁所说的 921 年、后世群羊般的史学家纷纷因袭的说法不同，我的解释详见附录二。
27. Theoph. Cont. loc. cit.; John Cath. p. 283.
28. John Cath. p. 292.
29. Arib, V. P. p. 56; Ibn-al-Asir, V. P. p. 104; Ibn Haldin, V. P. p. 171. 阿里布认为这一战发生在 915 年 11—12 月，但没有提到西斯曼苏尔被攻破的事。伊本·阿西尔提到了三次征战，指出第一次希腊人夺了西斯曼苏尔，第二次塔尔苏斯的部队被击败，第三次则是"亚美尼亚人梅利克"袭掠了马拉什。伊本·哈尔丁也提到了"梅利克"的袭掠。我认为或许总共发生了两次袭掠，第一次发生在夏季，攻破了西斯曼苏尔，而后希腊人带着战利品撤走；第二次发生在秋末，在塔尔苏斯的部队被击败后，美索不达米亚地区再度遭到袭掠，而其间希腊军队得到了一位亚美尼亚领主率领的亚美尼亚部队，或者是"亚美尼亚人梅利亚斯"的部队（这一可能性更大）的支援。
30. John Cath. p. 290.
31. Ibid. p. 293.
32. Ibid. p. 293.
33. 我认为阿索吉克记载的 921—922 年的征战（Asoghic, p. 23）实际上发生在这一年。见附录二。
34. John Cath. pp. 295 et seq.
35. Ibid. p. 299.
36. John Cath. p. 329. 详细的情况将会在后文论述。
37. Theoph. Cont. p. 388，以及其他的希腊编年史；Arib, V. P. p. 56; Maçoudi, V. P. p. 40；接待典礼详情见阿里布作品以及 Sibt-ibn-al-Djauzi, V. P. p. 126。
38. Ibn-al-Asir, V. P. p. 105.
39. D. A. I. p. 228.《论军区》（第 32—33 页）声称这个军区由利奥六世创建，但《论帝国管理》的说法则是利奥仅仅创建了边境防区。
40. Nich. Myst. Ep. II, p. 36. 我认为这封信应当是出现在此时的，不过必须承认，信中的含糊措辞几乎放到任何时期都合适。但佐伊在和东西两面的阿拉伯人都和谈时，没有理由漏掉克里特岛，毕竟那里是距离最近、烦扰最多的穆斯林基地。
41. 或许是 919—920 年的哗变。公教长约翰（第 331 页）声称来自埃及和阿拉伯的突厥雇佣军洗劫了哈里发在巴比伦的宫殿。
42. John Cath. p. 335.
43. Ibid. p. 337.
44. Ibid. p. 338.
45. Ibid. pp. 342 et seq.
46. 见第五章。
47. Ibn-al-Asir, *V. P.* p. 106.
48. John Cath. p. 365. 他对抗亚美尼亚王公们的远征（包括在塞凡湖的一次水战）似乎以失败告终。
49. Theoph. Cont. p. 404.
50. Ibn-al-Asir, *V. P.* p. 106.
51. Theoph. Cont. p. 405.
52. Ibn-al-Asir, *V. P.* p. 106.
53. 见第六章。
54. Maçoudi, *V. P.* p. 41.
55. Preface to John Cath. p. xliv.
56. Ibn-al-Asir, *V. P.* p. 106.
57. 我认为基本可以肯定，阿拉伯编年史家所谓的"亚美尼亚人梅利克"，指的就是梅利亚斯，他是为拜占庭帝国指挥一支亚美尼亚分遣队的著名亚美尼亚人（*D. T.* p. 33; *D. A. I.* p. 227），而且他必然会协助库尔库阿斯进攻梅利泰内。
58. Ibn-al-Asir, *V. P.* p. 107; Sibt-ibn-al-Djauzi, *V. P.* p. 128; Kitabu'l, *V. P.* p. 152. Theoph. Cont. p. 415 这一部分的记载虽然没有标明年代，应当是发生在这一年，因为库尔库阿斯在这一年暂时占据梅利泰内。
59. Ibn-al-Asir, *V. P.* p. 107.
60. Al-Makin, *V. P.* p. 142.
61. Chamich, II, p. 73, 声称在 926—927 年，加吉克向罗曼努斯和当时的牧首特里丰（其实特里丰是在 928 年成为牧首）写信，讨论教会统一的问题，但没有收到回复。我不清楚这一说法的可信度如何，但明显他拥有的资料比欧洲学界接触到的资料或译为某一欧洲语言的资料要多。有关尼古拉斯关于教会统一的信件，见第八章。
62. Ibn-al-Asir, *V. P.* pp. 107–8. 穆尼斯通常从美索不达米亚出兵，而苏穆尔通常从塔尔苏斯出兵，因此我认为这是两场袭掠。
63. Ibid. p. 108. 奥斯提甘的驻地"迪比尔"，所指的应当就是多文。
64. Ibid. p. 108. Kitabu'l (*V. P.* p. 152) 在叙述希腊军队占据萨莫萨塔之时，声称希腊人在当年提议签署和约。
65. Ibn-al-Asir, *V. P.* p. 109.
66. Ibid. p. 109.
67. Samuel of Ani, p. 435; Chamich, II, p. 74.
68. Ibn-al-Asir, loc. cit.

69. Arib, *V. P.* p. 57.
70. 《论帝国管理》之中，叙述埃尔祖鲁姆围攻战的部分（pp. 200 et seq.）没有说明日期。但从埃尔祖鲁姆的战略意义来看，我认为库尔库阿斯会尽可能迅速地将其解决；而 930 年时，库尔库阿斯第一次明显没有忙于其他方向的事务。朗博对这一事件的记载（p. 422）出现了混乱，认为发生在 928 年。但很明显，库尔库阿斯进军多文途中（927 年）破坏这一地区，应当是与围城战不同的另一行动。
71. 其中一条道路从埃尔祖鲁姆沿阿拉斯河进入亚美尼亚，另一条路穿越山地抵达曼兹科特。
72. *D. A. I.* pp. 200 et seq. 从地理上来考虑令人困惑，埃尔祖鲁姆位于阿拉斯河以北，但可以确认的是伊比利亚人没有再得到这座城市。有关此后对埃尔祖鲁姆的进攻，见本章下文，以及 Yachya of Antioch, *V. P.* p. 65。
73. Arib, *V. P.* p. 57; Ibn-al-Asir, *V. P.* p. 109.
74. Ibn-al-Asir, *V. P.* p. 110; Zahabi, *V. P.* p. 163.
75. Ibn-al-Asir, *V. P.* pp. 110–1.
76. Arib, *V. P.* p. 58.
77. Zahabi, *V. P.* p. 163.
78. Arib, *V. P.* p. 58.
79. Ibn-al-Asir, *V. P.* p. 111; Vartan, p. 113; Asoghic, p. 37; Theoph. Cont. p. 416.
80. 这几乎是亚美尼亚史学家关注的希腊–阿拉伯诸战争中的唯一事件。
81. Ibn-al-Asir, loc. cit.
82. 瓦西列夫教授（p. 240）认为希腊人夺取萨莫萨塔是在这一时期。但可以确定的是，938 年时萨莫萨塔依然被穆斯林控制着，直到 959 年才彻底被希腊人控制。然而该城似乎已沦为帝国的附庸（或许是在库尔库阿斯 942—943 年的远征期间），一个证据是哈姆丹家族在 944 年攻击并洗劫了该城。
83. Thomas Ardzrouni, p. 241.
84. Maçoudi, *V. P.* p. 41; Ibn-al-Asir, *V. P.* p. 113; Sibt-ibn-al-Djauzi, *V. P.* p. 129; Al-Bizari and Ibn-Kesir, *V. P.* p. 169. 穆斯林总共赎回 6200 人。
85. Kitabu'l, *V. P.* p. 153.
86. Ibn-Zafir, *V. P.* p. 82. 阿拉伯人同年对亚美尼亚南部的袭掠将在下文讨论。
87. Ibn-Zafir, *V. P.* p. 83; Sibt-ibn-al-Djauzi, *V. P.* p. 130; Asoghic, p. 37.
88. Abu'l-Makhasin, *V. P.* p. 182.
89. Theoph. Cont. pp. 423–4.
90. Ibn-al-Asir, *V. P.* p. 113（1.5 万俘虏）; Sibt-ibn-al-Djauzi, *V. P.* p. 130（1 万俘虏）。
91. Ibn-al-Asir, *V. P.* p. 113.
92. Yachya of Antioch, *V. P.* p. 61; Sibt-ibn-al-Djauzi, *V. P.* p. 130; Kitabu'l, *V. P.* p. 153.
93. Const. Porph. *De Imag. Ed.* p. 429.

94. Yachya of Antioch, *V. P.* pp. 61–2; Ibn-al-Asir, *V. P.* p. 113; Theoph. Cont. p. 432; Const. Porph. *De Imag. Ed.* p. 448.
95. Yachya of Antioch, *V. P.* p. 63; Al Hamdan, *V. P.* p. 78; Ibn-al-Asir, *V. P.* p. 114 声称希腊人在和游牧的阿拉伯人作战之后离开了拉斯艾因。禁军统帅带着 8000 人随行。Al-Makin, *V. P.* p. 143 声称希腊人在那里停留了两天, 掳走 1000 人。
96. Yachya of Antioch, *V. P.* pp. 61–2; Ibn-al-Asir, *V. P.* p. 113; Theoph. Cont. p. 432; Const. Porph. *De Imag. Ed.* p. 448.
97. Zahabi, *V. P.* p. 164.
98. Theoph. Cont. p. 429.
99. Ibn-al-Asir, *V. P.* p. 114; Kemaleddin, *V. P.* p. 136; Zahabi, *V. P.* p. 164.
100. Theoph. Cont. pp. 435 et seq.
101. 克里特岛、塞浦路斯岛（巴西尔曾短暂收复）以及卢隆（在 832 年被穆斯林占据, 在 877 年被巴西尔收复）之类的一些边境堡垒例外。
102. 巴西尔吞并了保罗派控制的特弗里克周边地区, 本质上是平息异端叛乱。在他们在特弗里克起兵之前, 这个地区的归属就已存在争议。利奥吞并了特克斯, 而佐伊控制了大量边境地区, 足以将利坎多斯边防区升级为军区。
103. *D. T.* p. 36. 946 年的一次俘虏交换就是在拉姆斯河进行的（Maçoudi, *V. P.* p. 41; Theoph. Cont. p. 443）。
104. *D. A. I.* p. 227. 君士坦丁七世没有标明日期。
105. Ibid. loc. cit. 坎兹特的主要城市克尔布特在 940 年 11 月被攻破, 而对周边地区的征服应当发生在此后不久。
106. 见本章上文。
107. *D. A. I.* pp. 191 et seq. 他们或许是在库尔库阿斯 931 年的远征之后沦为附庸。在关于赛义夫 939—940 年的远征的记载中, 伊本·扎菲尔给读者的印象是克拉特是希腊人控制的土地, 而赛义夫向南撤退到阿尔赞越冬。
108. Ibid.
109. Ibid. pp. 200 et seq. 见本章上文。
110. Theoph. Cont. p. 427. 编年史家还提到他也把边境线推进到了底格里斯河, 这也是事实。
111. *Les Exploits de Digénis Akritas*（见参考文献）。这篇作品应当是在 10 世纪后半叶开始流传的。
112. 背教者库尔德·沙哈克（Kurd As-Sahhak）拥有皇帝赐予的城堡, 他或许也是这种半独立的边境领主之一（迪吉尼斯就是一个背教的阿拉伯人之子）。因此, 我倾向于认为, 此人就是亚美尼亚人梅利克斯, 他时常率领部队支援约翰·库尔库阿斯。无论希腊还是阿拉伯的编年史家, 都认为他（我认为他是阿拉伯人记载的"亚美尼亚人梅利克"）的地位和库尔库阿斯相当, 即使库尔库阿斯是帝国陆军的全权指挥官。

第八章

1. 两支是在 8 世纪分家的，都可以追溯至 771 年去世的阿索特大公，即阿索特一世的高祖。
2. *Hist. des Ardzrouni*, p. 166; *Histoire de la Siounie*, p. 170; John Cath. passim; Brosset, *Hist. de la Géorgie*, p. 174. 阿布哈兹的王后，君士坦丁的第一位妻子，是殉道者森姆巴特的亲属，或许是他的姐妹。
3. John Cath. passim. *Camb. Med. Hist.* IV, p. 158.
4. John Cath. p. 129.
5. John Cath. p. 144.
6. Ibid. pp. 173, 184.
7. Ibid. pp. 175, 185.
8. Ibid. pp. 199–200.
9. John Cath. pp. 226–33.
10. 见第七章。
11. John Cath. p. 303.
12. Ibid. pp. 295, 320.
13. Ibid. pp. 304, 328.
14. *D. A. I.* p. 194.
15. John Cath. pp. 303, 329.
16. John Cath. p. 369; Preface to John Cath. p. xliv; Chamich, II, p. 73.
17. Nich. Myst. Ep. CXXXIX, p. 361. 这封信是尼古拉斯在一位公教长逝世（或许是 924 年逝世的约翰）之后所写（因此早于 925 年 5 月），其中请"万王之王"派新人选来接受他（尼古拉斯）的任命。或许这封信是写给加吉克·阿尔茨鲁尼的，而查米赫的"926 年教会统一商议"的记述（II, p. 73）也是源自此信。但查米赫的说法中，牧首是特里丰，而且君士坦丁堡没有回复；而且我个人认为，此时君士坦丁堡还没有把"众执政官之执政官"的头衔授予加吉克。另一方面，也有可能是政策上一向含糊地倒向希腊的阿索特意图讨好占上风的一方，因而提出希望教会统一。
18. Ibn-al-Asir, *V. P.* p. 110.
19. *Hist. des Ardzrouni*, p. 241.
20. Ibn-Zafir, *V. P.* p. 83.
21. Vartan, p. 112; Samuel of Ani, p. 437; Asoghic, p. 26. 一位名叫贝尔（Ber）的"阿布哈兹国王"（阿索吉克记载）或"高加索的萨尔马提亚人大公"（瓦尔坦记载）要求卡尔斯大教堂使用东正教仪式，但被阿巴斯击败并刺瞎。Brosset, *Hist. de la Georgie*, pp. 171–2 无视了阿索吉克的记载，声称只有查米赫称他为阿布哈兹国王，因此此人或者是萨尔马提亚（高加索）的统治者，或者是个格鲁吉亚的将军，毕竟"Ber"在格鲁吉亚语里的意思就是"长老"。阿布哈兹国王或者格鲁吉亚将军被刺瞎的大事，在格鲁吉亚的反响却不及亚美尼亚，实在是不可思议。

22. Samuel of Ani, p. 483.
23. John Cath. p. 126; *Hist. des Ardzrouni*, p. 263.
24. John Cath. p. 287.
25. Ibid. pp. 199 et seq. 索菲在加吉克继位之前不久亡故（*Hist. des Ardzrouni*, p. 217）。
26. John Cath. p. 309.
27. Ibid. pp. 333, 334.
28. *Hist. des Ardzrouni*, p. 241. 时间得以确知，是因为加吉克于936年逝世，而且在这一战之前他还得到了公教长伊基克（Eghiche）的祝福，而此人到936年才继任公教长。
29. Ibid. p. 235; Chamich, II, p. 73.
30. Ep. Rom. (Sakkelion), II, p. 406 (see also Ep. p. 407); Vasiliev, II, pp. 264–5; Dölger, Cap. 630, 635, p. 78. Marc 指出这封信的收信人有误，应当是写给一位亚美尼亚王公。我将希腊头衔"众执政官之执政官"译为"万王之王"是出于便利，不过在拜占庭帝国看来，自称国王就是僭越了。
31. *D. A. I.* p. 187.
32. *D. C.* p. 687.
33. 托马斯·阿尔茨鲁尼的记载在加吉克逝世后不久结束，而亚美尼亚的史学家们几乎没有提过"德伦尼克"。
34. Rambaud, p. 510 认为瓦奥佐尔（或称 Baitzor）是希萨甘，但《苏尼亚史》提到森姆巴特是这两个地区的统治者。
35. 他的妻子和母亲曾在该城据守抵抗优素福（John Cath. p. 235）。*Histoire de la Siounie*, p. 116 提到是森姆巴特的妻子索菲在埃伦查克守城，然而此后记载也提及她在亚美尼亚建造了教堂（Ibid. p. 148），因此她不太可能被押往波斯。
36. *Histoire de la Siounie*, p. 170.
37. John Cath. p. 340.
38. Ibid. pp. 279 et passim.
39. Ibid. p. 301.
40. John Cath. p. 291. 可以确定莫赫的领主向加吉克纳贡。
41. Laurent in *Rev. des Etudes Arméniennes*, II, p. 183.
42. Ibn Miskawiah trans. Huart in *Rev. des Etudes Arméniennes*, I, p. 419.
43. *Hist. des Ardzrouni*, p. 273; John Cath. p. 181.
44. John Cath. pp. 304 et passim.
45. Ibid. pp. 175 et passim.; Rambaud, pp. 510–1.
46. Saint-Martin, p. 86.
47. John Cath. p. 209. 他是苏尼亚统治家族的庶子。
48. *D. C.* p. 688; John Cath. p. 209; Brosset, *Hist. de la Géorgie*, p. 488.
49. Vartan Vartabied, p. 429.
50. *D. A. I.* pp. 182 et seq. 确定日期的理由仅有阿索特二世也曾参与抗议格里

高利获取薪俸一事。
51. Ibn-Zafir, V. P. p. 83.
52. 君士坦丁七世在《论帝国礼仪》之中（p. 687）列举的亚美尼亚附庸有：巴格拉提德家族（有众执政官之执政官头衔）、时任众执政官之执政官的瓦斯普拉坎领主、科科维特领主、塔隆领主、莫赫领主、奥赞（Auzan，Rambaud, p. 509 认为所指的是"Koukarkh"地区的"Autzoun"，而我认为这里应当是安泽瓦齐，当地的领主有一定的影响力）领主、苏尼亚领主、瓦奥佐尔（没必要认为这一地区就是希萨甘地区）领主、卡吉内斯（Artsakj, Saint-Martin, I, p. 149, 参见 Vartan Vartabied, p. 419；卡吉内斯执政官或许是指高加索阿尔巴尼亚的国王）领主以及塞沃尔蒂各部领主（占据乌迪地区）。
53. 公教长约翰在 918 年推举他的侄辈特尔·哈各布（Ter Hacob）担任苏尼亚主教（Histoire de la Siounie, p. 148）。
54. 阿索特二世和加吉克的尝试都失败了。如前文所述。
55. 约翰时常被发现和穆斯林有友好交往，即使是在阿拉伯人征服最危急的时刻，他也不愿到君士坦丁堡避难，因为担心被强行改宗（John Cath. p. 204）。
56. Laurent, in 'Les Origines Médiévales de la Question Arménienne', Rev. des Etudes Arméniennes, I, pp. 35 et seq. 提到（p. 47）亚美尼亚后裔从未彻底融入希腊人，无论他们在帝国有何等高位，依然保留着本民族的语言、习俗以及教派。这样的说法在我看来是胡说八道。
57. John Cath. p. 189.
58. 有关拜占庭帝国在亚美尼亚的影响，见 Rambaud, pp. 521 et seq.。
59. Maçoudi (Barbier de Meynard), II, p. 3. 他估计有 72 个部族（ibid. p. 2）。
60. 我倾向于怀疑卡特利的巴格拉提德家族是否信仰东正教，毕竟那里距离亚美尼亚太近了。陶地区的东正教信仰更为纯粹，事实上当地的一位公主（Dinar）就因为让她丈夫的赫勒斯（Hereth）公国放弃异端信仰，皈依东正教而知名。或许阿布哈兹国王入侵卡特利的部分原因，乃至直接借口，就是当地的巴格拉提德家族放弃了东正教信仰，因而被臣民厌弃。
61. John Cath. p. 172.
62. 他控制着古加尔克地区的一小片领地，914 年时公教长约翰曾在此避难（John Cath. p. 262）。
63. John Cath. pp. 312 et seq. et passim.
64. D. A. I. pp. 211 et seq. Theoph. Cont. p. 402 声称此事发生在 922 年。Brosset 从格鲁吉亚资料中考证此事发生在 923 年（Hist. de la Géorgie, p. 273）。
65. Brosset, op. cit. p. 155.
66. 君士坦丁七世仅仅记载了三个儿子，但其中一人（大卫）或许先于他父亲离世，不过他留下一个遗腹子（Brosset, loc. cit.）。
67. D. A. I. pp. 206 et seq. 应当注意，（1）第 206 页末和第 207 页记载的事情，其日期在第 208 页及之后所说的君士坦斯出使事件之后；（2）君士坦丁在记述时，不曾区分陶和卡特利的支系（见附录四），或许他本人也不怎么清楚。这样，这段记述就可以理解了。
68. *D. A. I.* pp. 200 et seq. 我没法考据科泽姆的位置，若是清楚其位置，就可以推测是哪一个支系了。
69. *D. C.* p. 688，君士坦丁将其与亚美尼亚和阿尔巴尼亚的公教长一并提及，而这两个地区的教会都是异端教派。John Cath. p. 265 提到公教长也管辖至少一部分伊比利亚人。
70. *D. C.* p. 182; Vivien de Saint-Martin, II, pp. 234–5.
71. John Cath. p. 189.
72. 按公教长约翰的说法，格奥尔吉（古尔根）在他父亲在世时一直统治着卡特利（e.g. pp. 325, 326, 327），而古尔根在世时，他的儿子君士坦丁统治这一地区。见下文。
73. John Cath. pp. 197–8.
74. Ibid. p. 209. 我认为所提及的格鲁吉亚国王是指君士坦丁，而不是指宫廷总管阿达尔内斯，后者一直被称为伊比利亚国王。
75. Nich. Myst. Ep. LI, p. 241. 尼古拉斯也给格奥尔吉写信，为格奥尔吉父亲去世表示吊唁（ibid, Ep. XLVI, p. 236），建议他追随他父亲（对帝国而言）值得赞美的举动。
76. Brosset, *Hist. de la Géorgie*, p. 175.
77. *D. C.* p. 688.
78. d'Ohsson, p. 19; Vivien de Saint-Martin, II, p. 244.
79. d'Ohsson, pp. 19–20; Vivien de Saint-Martin, II, p. 246 称"Khaïdac"这个名称是道松编造的。
80. d'Ohsson, p. 18; Vivien de Saint-Martin, II, p. 246.
81. d'Ohsson, p. 21; Vivien de Saint-Martin, II, p. 245.
82. Vivien de Saint-Martin, II, p. 247 称"Azia"就是指奥塞梯，但是君士坦丁七世不太可能把阿兰关口和里海口关弄混。d'Ohsson, p. 22.
83. d'Ohsson, p. 25; Vivien de Saint-Martin, II, p. 247 认为这里就是卡萨拉谷地。
84. Vivien de Saint-Martin loc. cit.
85. Vivien de Saint-Martin loc. cit. 坚定反对莫卡斯就是穆甘的说法，即使君士坦丁七世声称这个部族位于"麦奥提德湖"（应该就是里海）附近。他认为他们居住在内陆的莫拉卡尼地区（Morakani），该地位于库尔河和阿拉斯河之间。
86. 阿拉伯地理学家还提到了几个基督教部族，比如"Schekis"和"Somekhis"（d'Ohsson, pp. 18–9），但它们没什么重要性。
87. John Cath. p. 173; d'Ohsson, p. 13.
88. Vivien de Saint-Martin, II, pp. 268–9.
89. d'Ohsson, p. 12.
90. Ibid. p. 17.
91. *D. C.* loc. cit.
92. Nich. Myst. Ep. LII, p. 243.

93. Maçoudi, *V. P.* p. 24.
94. *D. A. I.* p. 80. 阿兰尼亚的准确区域难以确定。它泛指阿兰关口以北地区——或许地域并不大，但人口稠密。马库迪强调了这一点，声称一只公鸡的鸣叫最终会唤醒整个地区的公鸡（Maçoudi, p. 45）。

    我在此没有讨论高加索不同部族的民族学问题，它格外复杂，从未得到适当阐明。实际上，据说每个已知的印度-雅利安部族在高加索地区都有体现。
95. 讨论东部边境时，还应当注意，事实上帝国有时和远在印度和阿拉伯半岛南部的诸国都有外交联系（*D. C.* p. 688）。然而这种联系必然很少。

第九章

1. Ibn-al-Asir, *V. P.* p. 103.
2. Gay, *L'Italie Mér.* p. 158.
3. Ibn-al-Asir, loc. cit.
4. 见盖伊作品的地图。
5. *D. T.* p. 60.
6. 盖伊（pp. 128—9）没能确定奥特朗托地区到底是归属朗格巴迪亚军区还是卡拉布里亚军区。宗教上，加利波利归属于圣塞韦里纳的卡拉布里亚都主教区，不过奥特朗托似乎构成了单独的大主教区（George of Cyprus, p. 57）。
7. 这里是这一地区希腊教会修士和隐士居住的核心区域。
8. *D. T.* p. 10.
9. 唯一的例外是达尔马提亚军区，其严格来说算是附庸政权的集合。
10. Theoph. Cont. p. 321.
11. Gay, p. 231.
12. *Chronicum Salernitanum*, p. 551. 盖伊（p. 209）提到盖特尔格里玛是阿滕诺尔夫二世的女儿，然而在我看来，可以肯定她是阿滕诺尔夫一世的女儿，更重要的是，同一记载也提到阿滕诺尔夫二世迎娶了盖马尔的女儿罗西尔达。他可能迎娶自己的侄辈，但肯定不可能迎娶自己的孙辈。
13. *Anom. Salern. Chron.* (in Muratori, II, pt II), pp. 272 et passim; Gay, pp. 152 et passim.
14. 格里高利（898—915 年在位）的后继者依次为约翰二世（915—919 年在位）、马林努斯一世（919—928 年在位）、约翰三世（928—963 年在位）。
15. Gay, pp. 240 et seq. 922 年时他们曾用拜占庭出产的长袍赎回被匈牙利人掳走的人（*Chron. S. Monasterii Casinensis*, p. 328）。
16. 卡普亚的兰多尔夫迎娶了格里高利的妹妹盖玛（*Chronicum Salernitanum*, p. 547）。
17. Gay, pp. 247 et seq.
18. Ibid. pp. 251 et seq.
19. *D. C.* p. 690. 事实上，阿马尔菲的统治者曾获得帝国的显贵头衔，保持使用的时间比他们的两个邻邦更久（Gay, p. 250）。
20. 狄奥多拉大约在 915 年去世。马洛齐娅大约在 925 年才完全掌权，不过约 915 年之后，身为阿尔贝里克的妻子，她在罗马的影响力就已经相当可观了。
21. 从拜占庭帝国的角度来看，威尼斯历史更适合归到拜占庭的达尔马提亚历史中讨论。
22. Ibn-al-Asir, *V. P.* p. 103.
23. Nich. Myst. Ep. CXLIV, p. 372.
24. Liudprand, *Antapodosis*, pp. 61–2; Leo Ost. I, pp. 50 et seq. Gay, p. 161 支持 915 年而非 916 年的说法，916 年说基于利奥提到约翰任职时间时所用的 "triennio" 一词；不过鲁珀斯（Lupus Protospath. ann. 916; *M. P. L.* CLV, p. 126）也认为是 916 年，而盖伊没有引述这一资料。然而盖伊也指出，*Cod. Casin.* 和 *Annales Beneventani* 提到的是 915 年，而且更贴合叙述情况。
25. Gregorovius, III, pp. 265 et seq. 认为加里亚诺之战发生在 916 年，这意味着贝伦加尔也为胜利出了力。但在我看来这不可能。
26. *Cambridge Chronicle*, Amari, p. 281.
27. 乌尔西利昂在 921 年任军区将军，就现存资料来看，应当是皮辛利的直接继任者。
28. Cedrenus, II, p. 355.
29. Amari, *Mussul. in Sicilia*, II, p. 153.
30. Gay, p. 202.
31. *Cambridge Chronicle*, Amari, p. 282。另见下文注释。
32. 柳特普兰德的记载（*Antapodosis*, p. 57）中提到这些部队是为了平息他所称的东方叛乱——应当是指与保加尔人的战争——而被调走的。
33. Nich. Myst. Ep. XXXII, LIII, LIV, LVI, LXXV, LXXVII, LXXXVIII, pp. 196 et seq., 248 et seq., 252, 253, 256, 273 et seq., 280, 289. 其中，LVI 号信件可以确定是在 921 年（尼古拉斯重新任牧首九年之后）写的。
34. Cedrenus, II, p. 354; *Cambridge Chronicle*, Costa Luzzi, pp. 42–72; *Life of Saint Elias*, 54; Gay, p. 203. 凯德莱努斯声称卡拉布里亚人寻求 "丹多尔夫"（兰多尔夫）的帮助，但他或许是把卡拉布里亚叛乱和阿普利亚叛乱混淆了。奇怪的是，没有人将尤斯塔西奥斯的和约、雷焦的袭掠、卡拉布里亚的叛乱以及之后的阿拉伯人袭掠依次联系起来。尽管没有记载明确断言，但各事件的发展过程应当是足够明显的。
35. Lupus Protospath. ann. 921, *M. P. L.* CLV, p. 126; Gay, p. 203.
36. Nich. Myst. Ep. LXXXII, LXXXV, pp. 285, 289.
37. Ibid. loc. cit.
38. Liudprand, *Antapodosis*, pp. 57–8.
39. *Cambridge Chronicle*, Costa Luzzi, p. 42; Ibn-Adari, *V. P.* p. 148.
40. Gay, p. 206.
41. Cedrenus, II, p. 356.

42. Gay, p. 207.
43. *Cambridge Chronicle*, Costa Luzzi, p. 42; Amari, p. 283; Ibn-Adari, *V. P.* p. 148; *Ann. Bar.* and Lupus Protospath. ann. 925, *M. P. L.* CLV, pp. 125–6. 见下文注释。
44. *Ann. Bar.* ann. 928; Lupus, ann. 926, *M. P. L.* CLV, pp. 125–6.
45. *Cambridge Chronicle*, Costa Luzzi, p. 42; Amari, p. 282; Ibn-al-Asir, *V. P.* p. 106 (925); Kitabu'l, *V. P.* p. 153. 值得注意的是这些袭掠均发生在希腊人控制的奥特朗托。当时驻在奥里亚的军区将军是卡拉布里亚将军还是朗格巴迪亚将军？我相信是卡拉布里亚将军，不过没有办法证明。
46. *Cambridge Chronicle*, Amari, p. 284; Ibn-Adari, *V. P.* p. 148; Nuweïri, *V. P.* p. 159.
47. *Cambridge Chronicle*, Amari, p. 284.
48. *Cambridge Chronicle* loc. cit., Ibn-Adari, *V. P.* p. 149 声称这座城市是泰尔莫利，但萨比尔不太可能只带着四艘舰队去这么远的地方冒险。
49. Liudprand, *Antapodosis*, p. 57.
50. *D. C.* p. 689.
51. Gay, p. 209.
52. Lupus Protospath. ann. 929, *M. P. L.* CLV, p. 126; Liudprand, *Antapodosis*, p. 108; *Legatio*, VII, p. 179; Gay, p. 209 认为这次叛乱发生在 926 年，应当是认为此事和放弃头衔发生在同一年。但这也意味着柳特普兰德提到的"七年"应当在 934 年结束，而科斯马斯的少量远征部队实在不可能在这么短的时间内收复该省区的所有土地，那样的话，伊皮法尼奥斯的出使就毫无意义了。尽管鲁珀斯记载时间很马虎，但在没有其他资料的情况下质疑他的说法，似乎也没有必要。
53. Liudprand, *Antapodosis*, loc. cit.
54. *Chronicum Salernitanum*, pp. 549–50.
55. Liudprand, *Antapodosis*, p. 69 n., p. 81 n.
56. Ibid. pp. 95, 96; Gregorovius, *Rome*, III, pp. 278 et seq. 他们之间还有教宗利奥六世（928—929 年在位）和斯德望七世（929—931 年在位）。
57. Liudprand, *Antapodosis*, pp. 96 et seq.; Gregorovius, *Rome*, III, pp. 286 et seq.
58. Liudprand, *Legatio*, 62, p. 210; Theoph. Cont. p. 422.
59. Liudprand, *Legatio*, 7, p. 179; *D. C.* p. 661; Gay, p. 211.
60. *D. C.* p. 660; Cedrenus, II, p. 353.
61. *D. C.* p. 661. 936 年距离 929 年正好七年（见前文）。
62. Gay, p. 211, quoting *Ann. Benev.* 936 年因为匈牙利人一路抵达坎帕尼亚的袭掠（Lupus Protospath. ann. 936, *M. P. L.* CLV, p. 126）而愈发复杂。
63. Lupus Protospath. ann. 940, *M. P. L.* CLV, p. 126. 鲁珀斯称这位将军为"Imogalapto"，还加上了含糊的一句"et necavit Pao in mare"。其讹误太多，语义难以考辨。
64. 即马里安诺斯·阿尔吉罗斯的远征。

65. Nich. Myst. Ep. CXLV, p. 372.
66. Gay, p. 246 引述了这份协议。
67. Liudprand, *Antapodosis*, p. 143.
68. Flodaord, ann. 931, *M. P. L.* CXXXV, p. 441. 穆斯林在 935 年能够袭掠撒丁岛、科西嘉岛和热那亚（Ibn-al-Asir, *V. P.* p. 112; Ibn-Adari, *V. P.* p. 149; Nuweïri, *V. P.* p. 159）。
69. Ibn-Adari, *V. P.* p. 149 (937); Ibn-al-Asir, *V. P.* p. 112（938 年末的叛乱，称阿格里真托于 941 年 9 月被攻破）; *Cambridge Chronicle*, Costa Luzzi, p. 44. 阿格里真托在 11 月 20 日被攻破。
70. Liudprand, *Antapodosis*, pp. 135, 139.
71. Gay, p. 222, quoting Benedict Soracte. 阿尔贝里克实际上是和于格唯一的婚生女成婚。
72. Du Chesne, *L'Etat Pontifical*, p. 175（来源不明）。
73. Liudprand, *Antapodosis*, p. 137.
74. Theoph. Cont. p. 431; Liudprand, *Antapodosis*, p. 141.
75. 有关罗曼努斯的强制收购的法令，见 Brandileone in *Cent. Nasc. Amari*, I, p. 38。
76. *D. C.* p. 689；萨克森的奥托于 955 年在莱希费尔德之战中击败了匈牙利人之后，君士坦丁堡派遣使团前去祝贺。此前，在德意志加洛林王朝的最后统治者执政期间，因为西里尔和美多德传教，以及加洛林王朝干预克罗地亚政治，双方关系一度冷淡。
77. *D. C.* p. 664; Notice sur. Abou Iousouf Hasdai, p. 5.
78. 比如在 935 年时（Ibn-al-Asir, *V. P.* p. 112），科西嘉岛也同样遭到袭掠。
79. *D. C.* p. 690.
80. Besta, *La Sardegna Medioevale*, pp. 48–50 引述了撒丁岛教堂中的三段希腊语铭文，他认为其年代大约在 930 年、965 年、1000 年。三段铭文中，当地的统治者都被称为"Turcotorius"，第二段铭文上还有头衔"首席持剑卫士"，第三段则是"皇帝持剑卫士"。
81. *D. C.* p. 686.
82. 我必须再次插话反对克罗地亚史学家（如希希奇、马诺伊洛维奇等）的研究，他们认为斯帕拉托的会议结果是罗马教宗和君士坦丁堡牧首之间达成的共识，这样的想法明显荒谬。详见第十章。

第十章

1. *D. A. I.* pp. 128, 147. 君士坦丁在另一处提及德卡特拉/卡塔罗（ibid, p. 139），似乎表示它也属于该城市群，但他没有提到这座城市和另外七城一样向斯拉夫人支付岁贡，或许说明该城由拉古萨管辖。当然在宗教上，两城市关系密切。
2. *D. A. I.* p. 159.

3. Ibid. loc. cit. p. 159.
4. 西美昂召集塞尔维亚各王公，承认他任命的泽斯特拉夫（Ibid. p. 158，详见下文）。
5. Ibid. p. 155–6.
6. Farlati, III, p. 87. 我认为，此处所说的就是尤尼乌斯·雷斯提乌斯（Junius Restius）的《拉古萨编年史》中提及的，波斯尼亚的幼儿国王提西米尔被特雷沃尼亚之外的所有邻国的联军废黜（*Chron. Rag. Jun. Rest.* p. 26）。该页页边给出的年份是 925 年，法拉提也持这一说法，然而我认为没有理由选择 925 年而不是其他年份，我偏向于更早的年份，对我来说这更合适。法拉提提到的彼得在 925 年去世。
7. *D. A. I.* pp. 153 et seq. 另见第五章，我给出了确定年份的理由。
8. 见地图。
9. Drinov, p. 45.
10. *D. A. I.* p. 145.
11. Lucius, II, pp. 65, 67.
12. *D. A. I.* p. 151.
13. Šišić, *Geschichte der Croaten*, pp. 72–120，其中注明了所有文献出处。
14. *D. A. I.* pp. 149–51. 君士坦丁七世也提到（loc. cit. p. 126）克罗地亚王公们都属于同一个家族。
15. Thomas Archidiaconus, p. 321; Farlati, III, p. 92.
16. Presbyter Diocleae, p. 290. 其中提到托米斯拉夫继承了他的兄长弗拉迪斯拉夫之位，执政 13 年，不过没有给出具体的年份。
17. Farlati, III, p. 84.
18. Thomas Archidiaconus, loc. cit.
19. Drinov, p. 44.
20. Šišić, op. cit. pp. 121 et seq., passim.
21. Bury, *The Treatise De Administrando Imperio*, p. 574. 他认为达尔马提亚的章节写于 951 年。
22. 记载提及米海尔于同年背叛，向西美昂报告拜占庭和塞尔维亚筹划联军的消息（*D. A. I.* p. 156），但君士坦丁或许是从塞尔维亚或保加利亚的资料中获取这些信息的。
23. 不少克罗地亚历史学家把托米斯拉夫当作君士坦丁记载之中的"特皮米尔"。最早提出这一假说的是德里诺夫，尽管拉西奇（Rački, Doc. 399）和希希奇反对，但马诺伊洛维奇又恢复采信这一说法（*Sbornik Kralja Tomislava*, introduction, passim）。然而这一说法并没有证据支持，君士坦丁七世通常在名字的考据上小心慎重。
24. 见本章下文。
25. 教宗也给他写信讨论斯帕拉托会议。见下文。然而，大辅祭托马斯声称德尔日奇斯拉夫才是第一位国王（p. 320）。这种明显的差异的一个解释是，托马斯身为斯帕拉托的忠实市民，只有在斯帕拉托的宗主拜占庭帝国皇帝承认克罗地亚统治者的国王头衔时才能承认头衔：直到德尔日奇斯拉夫在位，托马斯才如此。
26. 见第五章。
27. 德里诺夫声称他还从加洛林王朝手中夺走了潘诺尼亚南部（我不清楚他有何种证据）和波斯尼亚部分领土，在 926 年时让克罗地亚与塞尔维亚相邻（p. 45）。但两国相邻的原因也可以是因为塞尔维亚征服了提西米尔的领土。目前我们还没有确信的证据。
28. *D. A. I.* pp. 129, 146, 163.
29. *Vita Basilii*, p. 293; Lucius, II, 2, p. 64.
30. Dandolo, XIII, 6, p. 198.
31. *D. A. I.* p. 160.
32. Dandolo, X, p. 198.
33. *D. A. I.* p. 156.
34. Lupus Protospath. (ann. 926) and *Annales Barenses* (ann. 928), pp. 125–6; *Annales Beneventani* (ann. 926); Manoïlovitch, op. cit. p. xxi 声称此举是协助拜占庭帝国进攻伦巴第人——他所编造的拜占庭-大克罗地亚同盟的一个成果。
35. 见下文。
36. Farlati, III, p. 86 声称米海尔于 932 年去世。
37. *D. A. I.* p. 161.《论帝国礼仪》（p. 691）中，君士坦丁七世分别记载了卡纳勒执政官与特雷沃尼亚执政官，然而在《论帝国管理》之中，他又声称特雷沃尼亚和卡纳勒是同一个地区。
38. *D. A. I.* p. 162.
39. Ibid. p. 147. 扎拉支付 110 诺米斯玛，特罗、阿尔巴、维格利亚和奥泽罗各支付 100 诺米斯玛给克罗地亚人。
40. *Vita Basilii*, p. 289. 从这一叙述来看，似乎这些城镇谨遵拉古萨的领导。
41. *Chron. Rag. Jun. Rest.* p. 27.
42. *D. C.* p. 697. 他是由当地财政支付薪酬的军区将军之一。
43. Lucius, I, p. 50; II, p. 81.
44. *Vita Basilii*, p. 293; *D. A. I.* pp. 231 et seq.
45. *Vita Basilii*, p. 293; *D. A. I.* pp. 131 et seq.
46. 如大辅祭托马斯拒绝承认托米斯拉夫的国王头衔。
47. 君士坦丁七世声称记述了达尔马提亚"直到如今"的一些情况（*D. A. I.* p. 137）。我认为不应按字面意思理解。
48. Šišić, *Priručnik*, pp. 195, 199 et seq.; *Geschichte der Croaten*, pp. 110, 115 et seq.
49. Farlati, III, pp. 92 et seq.; Šišić, *Priručnik*, pp. 211 et seq.——两者都全部引用了那些信函和法令；另见 Šišić, *Geschichte der Croaten*, pp. 132 et seq.; 希希奇认为两次会议分别在 925 年与 928 年举行。我不清楚推定这两个年份的原因。第二次会议举行时，马达尔贝特已经离开了保加利亚，而西美昂应当依然在世，也就是说，此次会议在 927 年 5 月之前；而且，尽管马达贝尔特大概没有在利奥六世继任教宗（928 年 6 月）之前抵达罗马，但也有可能会议是在新年之前召开。我认为这些信件和法令的可信性，如今不应置疑。见上文文献出处。

50. Farlati, III, p. 109.
51. 今波斯尼亚与黑塞哥维那境内（波斯尼亚、扎库卢米亚、特雷沃尼亚），东正教徒的数量是天主教徒的两倍，然而天主教徒受鲍格米勒派影响更深，因此在土耳其统治下改宗伊斯兰教的更多。
52. *Camb. Med. Hist.* IV, chap. XIII.
53. 当时其利益范围无法界定，但早在 829 年，威尼斯商人就已经把圣马可的遗骨从亚历山大里亚带回了。
54. 禁止威尼斯和穆斯林进行武器与木材贸易。
55. Dandolo, X, p. 198.
56. Ibid. loc. cit.
57. Ibid. XI; *D. A. I.* p. 121 认定"查士丁尼城"是威尼斯人的城市。
58. *Camb. Med. Hist.* IV, chap. XIII. p. 401.
59. Dandolo, X, XI, XII, XIII, p. 198.

第十一章

1. 见附录三。
2. Theoph. Cont. p. 319.
3. *Leunclavius Novellae Constitutiones*, pp. 9–12; Zachariae, III, pp. 234 et seq.; Dölger, p. 72. Bury, Appendix XII, in Gibbon, *Decline and Fall*, v, pp. 530 et seq.
4. Theoph. Cont. p. 417.
5. *Leunclavius Novellae Constitutiones*, p. 37; Dölger, p. 77; Bury, loc. cit.

第十二章

1. Theoph. Cont. p. 435.
2. Ibid. p. 431.
3. Ibid. p. 433. 他们在君士坦丁七世执政时期又返回了君士坦丁堡，然而不久之后一人死去，另一人不能幸免。
4. Theoph. Cont. p. 432; *De Imagine Edessena*, p. 448; Symeon Magister, p. 470; Cedrenus, II, p. 321.
5. Theoph. Cont. p. 434. 另一方面，柳特普兰德则宣称他们叛乱是因为厌烦了父亲的严厉。从关于他们的影响力的叙述来看，这似乎不大可能。
6. 如《狄奥法内斯续篇》和其他编年史所言，应该是指他，而不是君士坦丁·利卡潘努斯之子罗曼努斯。只有财政官编年史的斯拉夫语版本称他是"生于紫室者"之子。若这个相关者是利卡潘努斯家族之人，则整件事就没有意义了，除非此人或许指的是克里斯多夫之子；但此子已去世。此外我们知道老罗曼努斯在为"生于紫室者"之子物色新娘。无论这个小罗曼努斯是谁，两年后，他仍在可以成功受阉割的年龄。
7. Theoph. Cont. pp. 426, 429.
8. 赛义夫·道拉在944年12月于阿勒颇附近大胜。
9. Theoph. Cont. pp. 433–4.
10. Maçoudi (Barbier de Meynard), II, pp. 8, 9; Chamich, II, p. 84.
11. Theoph. Cont. p. 429.
12. Zonaras, III, pp. 478–9.
13. Theoph. Cont. p. 435.
14. Ibid. pp. 435, 438; Cedrenus, II, pp. 32 et seq.; Logothete (Slav), p. 42.
15. Liudprand, *Antapodosis*, V, pp. 142 et seq.——他从普罗旺斯的使节、主教西格弗里德那里得知此事的第一手信息。
16. 他是罗曼努斯的宿敌利奥·福卡斯的兄弟，然而他在罗曼努斯执政时期依然任职，例如在941年参与抵御罗斯人。
17. Theoph. Cont. p. 436.
18. Logothete (Slav), p. 42; Cedrenus, II, pp. 323–4.
19. Liudprand, ibid. pp. 43–4. 他声称君士坦丁收到了迪亚沃利诺斯泄露的早餐会阴谋的情报，在后者建议下紧急召集了忠实的马其顿部队协助。他无疑是把此事和947年斯蒂芬的阴谋混淆了。
20. Liudprand, loc. cit.; Theoph. Cont. p. 437.
21. Theoph. Cont. p. 438.
22. Ibid. p. 426.
23. Theoph. Cont. pp. 438, 479.
24. Ibid. p. 441.
25. 年份未见资料记述，但最可能的情况还是946年，毕竟推断为945年太早，而且此事显然离947年斯蒂芬的阴谋还有些时日。
26. Theoph. Cont. pp. 439–40. 能够广泛召唤如此多的修士前来，意味着罗曼努斯应该仍被视为尊贵人物。
27. Ibid. pp. 400–1.
28. Ibid. loc. cit.
29. Theoph. Cont. p. 444; Cedrenus, II, p. 324.
30. Cedrenus, II, p. 346.
31. Ibid. pp. 325–6.

第十三章

1. 比如对利奥·福卡斯施以瞽刑。
2. 我没有算入希腊人和穆斯林反复争夺的一系列边境城堡，比如最终由巴西尔夺取的卢隆。

3. Liudprand, *Antapodosis*, p. 145.

附录一

1. 与北非穆斯林的交易也含糊不定。西美昂和他们未能成功的结盟活动或许发生在 923 年，但鉴于此事到底发生在当年何时，以及谈判与西美昂入侵之间到底隔了多久，都没有确切的记述，我们只能转而依靠其他证据。
2. Theoph. Cont. pp. 405, 407; Symeon Magister, pp. 735, 736; Georgius Monachus, pp. 898, 899; Leo Grannaticus, pp. 310, 311; Theodosius Melitenus, pp. 219 et seq.; Georgius Hamartolus, pp. 824 et seq.; Logothete (Slav), p. 134; Nestor, p. 26; Nich. Myst. Ep. XXX, XXXI, pp. 185 et seq.; Krug, *Kritischer Versuch*, pp. 155–60; Muralt, *Essais de Chronographie Byzantine*, p. 502; Zlatarsky, *Zbornik*, XIII, pp. 200 et seq. n.11; Dölger, p. 74.

附录二

1. 第 233 页记述森姆巴特之死，第 283 页记述阿索特前往君士坦丁堡，第 292 页记述阿索特返回，而全书于第 369 页终结。
2. Theoph. Cont. p. 387; Georgius Monachus, p. 879; Logothete (Slav), p. 127 etc.; Tabari, *V. P.* p. 19; Arib, *V. P.* p. 56; Ibn-al-Asir, *V. P.* pp. 104–6; John Cath. pp. 283, 292 et passim; Samuel of Ani, p. 435; Asoghic, pp. 23–5; Vardan, p. 111; *Histoire de la Siounie*, pp. 116, 117; Chamich, II, pp. 49 et seq.; Saint-Martin, notes to John Catholicus, p. 420; *Mémoires*, pp. 361–2; Rambaud, pp. 503, 504; Vasiliev, II, pp. 216, 217; Dölger, I, I, p. 69.

附录三

1. *Le Livre du Préfet*, passim; Bury, Appendix XIII, in Gibbon, *Decline and Fall*, v, pp. 533–4, and Macri, *L'Economie Urbaine*, pp. 35 et seq. passim.

附录四

1. 拜占庭主要家族，如马其顿王朝家族或福卡斯家族的世系，在 Du Cange, *Familiae Augustae Byzantinae* 一书中有充分介绍（不过作者奇怪地缩减了阿尔吉罗斯家族的世系，明显让人无法接受）。因此我只介绍了利卡潘努斯家族。
2. 我没有尝试介绍克罗地亚君主的世系，因为我认为他们的关系乃至承继顺序都太过模糊不清，无法讲明。

参考文献

文献名缩写

B. Z.	*Die Byzantinische Zeitschrift.* Leipzig, 1892–.
Camb. Med. Hist.	The Cambridge Medieval History. Cambridge, 1911–.
C. S. H. B.	*Corpus Scriptorum Historiae Byzantinorum.* Bonn, 1828–97.
D. A. I.	Constantine Porphyrogenitus, *De Administrando Imperio*—see below.
D. C.	Idem, *De Ceremoniis Aulae Byzantinae*—see below.
D. T.	Idem, *De Thematibus*—see below.
E. H. R.	*The English Historical Review.* London, 1886–.
H. Z.	*Die Historische Zeitschrift.* Munich, 1860–.
I. R. A. O.	*Imperatorskoe Russkoe Archaeologicheskoe Obschestvo, trudi.* St Petersburg, 1861–98.
J. H. S.	*The Journal of Hellenic Studies.* London, 1881–.
M. A. I.	L. A. Muratori, *Antiquitates Italicae Medii Aevi.* Milan, 1738–42.
M. G. H.	*Monumenta Germaniae Historiae, scriptores,* ed. G. H. Pertz, etc. Hanover, 1826–96.
M. P. G.	J. P. Migne, *Patrologia Cursus Completus, series Graeca.* Paris, 1857–66.
M. P. L.	Idem, *Patrologia Cursus Completus, series Latina.* Paris, 1844–55.
M. R. I. S.	L. A. Muratori, *Rerum Italicarum Scriptores.* Milan, 1723–51.
R. E. A.	*La Revue des Etudes Arméniennes.* Paris, 1921–.
R. E. G.	*La Revue des Etudes Grecques.* Paris, 1887–.
S. N. U.	*Sbornik za Narodni Umotvorenia.* Sofia, 1889–.
S .R. H.	*Scriptores Rerum Hungaricarum, veteres ac genuini.* Vienna, 1746.
Theoph. Cont.	Theophanes Continuatus—see below.
Viz. Vrem.	Vizantyiski Vremennik, *Byzantina Chronica.* St Petersburg, 1894–1916.
V. P.	A. A. Vasiliev, *Vizantia i Arabyi*, vol. II, *Prilozhenia*—see below.
Z. K. T.	*Zbornik Kralja Tomislava u spomen Tišučugod isnjiče Hrvats-*

koga Kraljevtsva. Pošebna djela Jugoslavenske Academije Znanosti i Umjetnosti, Knjiga XVII. Zagreb, 1925.

1. 原始资料

A. 希腊语和斯拉夫语资料

Cameniata, Joannes. *De Excidio Thessalonicae. C. S. H. B.* 1838.

Cedrenus, Georgius. *Synopsis Historiae. C. S. H. B.* 1838–9.

Codinus, Georgius, Curopalata. *De Officialibus Palatii Constantinopolitani et de Officiis Magnae Ecclesiae. C. S .H. B.* 1839.

Constantine of Rhodes. *Works.* Ed. E. Le Grand. *R. E. G.* vol. IX.

Constantine Porphyrogenitus. *De Ceremoniis Aulae Byzantinae; De Thematibus; De Administrando Imperio.* 3 vols. *C. S. H. B.* 1829–40.

—— *Narratio de Imagine Edessena. M. P. G.* vol. CXIII.

Digénis Akritas. Publ. E. Le Grand. (Bibliothèque Grecque Vulgaire.) Paris, 1902.

Georgius Hamartolus. Ed. Muralt. St Petersburg, 1859.

Georgius Monachus Continuatus. *Chronicon. C. S. H. B.* 1838.

Glycas, Michael. *Annales. C. S. H. B.* 1836.

Joel. *Chronographia. C. S. H. B.* 1837.

Leo Diaconus. *Historia. C. S. H. B.* 1828.

Leo Grammaticus. *Chronographia. C. S. H. B.* 1842.

Leo Sapiens, Imperator. *Opera. M. P. G.* vol. CVII.

Liber de Re Militari, Incerti Scriptoris Byzantini Saeculi X. Ed. Vari. Leipzig, 1901.

Livre du Préfet, Le. Ed. J. Nicole. Geneva, 1893.

Manasses, Constantinus. *Synopsis Historica. C. S. H. B.* 1837.

Nicephorus Phocas, Imperator. *Velitatio Bellica. C. S. H. B.* 1828.

Nicholaus Mysticus, Patriarcha. *Epistolae. M. P. G.* vol. CXI.

Philotheus. *Cleterologium.* In Bury, *Administrative System*—see below.

Romanus Lecapenus, Imperator. *Epistolae.* Ed. Sakkelion, Deltion, vol. II. Athens, 1883.

Symeon, Logothete. *Epitaph on Stephen Lecapenus.* Ed. Vasilievsky. *Viz. Vrem.*vol. III.

Symeon, Magister. *Chronicon. C. S. H. B.* 1838.

Theodosius Melitenus. *Chronographia.* Ed. Tafel. Munich, 1859.

Theophanes Continuatus. *Chronographia. C. S. H. B.* 1838.

Vita Sancti Euthymii. Ed. C. de Boor. Berlin, 1888.

Vita Sancti Lucae Minoris. M. P. G. vol. CXI.

Zonaras. *Epiome Historiarum. C. S. H. B.* 1841–97 .

Chrabr, Monach. On the Alphabet. In Kalaidovitch, op. cit. below.

John, Exarch. *Shestodnnie.* In Miklosich, *Chrestomathia Palaeo-Slovenica.* Vienna,

1861.

Nestor, Chronique dite de. Ed. and trans. L. Leger. Paris, 1884.

Simeon, Logothete. *Lietovnik.* Ed. Sreznevsky. St Petersburg, 1905.

B. 拉丁语资料

Annales Barenses. M. P. L. vol. CLV.
Annales Beneventani. M. G. H. vol. III.
Annales Casinates. M. G. H. vol. III.
Annales Cavenses. M. G. H. vol. III.
Annales Fuldenses. M. G. H. vol. I.
Annales Quedlinburgenses. M. G. H. vol. III.
Anonymi Historia Ducum Hungariae. In *S.R.H.*
Chronicum Amalphitanum. M. A. I. vol. I.
Chronicum Salernitanum. M. G. H. vol. III.
Chronicum Sancti Monasterii Casinensis. M. R. I. S. vol. IV.
Chronicum Vulturnense. M. R. I. S. vol. I, pt. II.
Dandolo, Andrea. *Chronicum Venetum. M. R. I. S.* vol. XII.
Flodoardus. *Annales. M. P. L.* vol. CXXXV.
Joannes Diaconus. *Chronicum Venetum. M. G. H.* vol. VII.
Leo Ostiensis. *Chronicon Monasterii Casinensis. M. G. S.* vol. VII.
Liudprand. *Opera.* Ed. Bekker (*Scriptores Rerum Germanicarum*). Hanover, 1915.
Lupus Protospatharius. *Annales. M. P. L.* vol. CLV.
Presbyter Diocleaè. *De Regno Slavorum.* In Lucius, op. cit. below.
Ranzanus, Petrus. Indices. In *S. R. H.*
Restius, Junius. *Chronica Ragusina. Monumenta Spectantia Historiam Slavorum Meridionalium, scriptores,* vol. II. Zagreb, 1893.
Thomas Archidiaconus. *Historia Salonita.* In Lucius, op. cit. below.
Thwrocz, Joannes de. *Historia.* In *S. R. H.*

C. 阿拉伯语资料

Cronaca Siculo-Saracena di Cambridge. (With parallel Greek text.) Ed. Costa Luzzi. In *Documenti per Servire alla Stori di Sicilia.* Palermo, 1890.
Eutychius of Alexandria. Trans. in *M. P. G.* vol. CXI.
Ibn Foszlan. *De Chazaris.* Trans. Fraehn. St Petersburg, 1822.
Ibn Shaprut, Hasdai. *Letter to Chazar King.* Trans. in Harkavy, op. cit. below.
Maçoudi. *Les Prairies d'Or.* Trans. Barbier de Meynard. Paris, 1861.
Yachya of Antioch. Trans. Kratchovsky and Vasiliev, in *Patrologia Orientalis,* vol. XVIII. Paris, 1924.
Selections in the Prilozhenia to Vasiliev, *Vizantia i Arabyi,* vol. II—see below—

of the following: Al-Birzali, Al-Hamdan, Al-Makin, Arib, Eutychius of Alexandria, Ibn Adari, Ibn-al-Asir, Ibn Haldin, Ibn Kesir, Ibn Zafir, Kemaleddin, Kitabu'l-Uyun-wal-Hadarik, Maçoudi, Nuweiri, Sibt-ibn-al-Djauzi, Tabari, Yachya of Antioch and Zahabi.

D. 亚美尼亚语和高加索语系资料

Ardzrouni, Thomas. *Histoire des Ardzrouni*. Trans. Brosset, in *Collection d'Historiens arméniens*. St Petersburg, 1874.
Asoghic, Stephen. *Histoire Universelle*. Trans. Dulaurier et Macler. Paris. 1883.
John VI, Catholicus. *Histoire d'Arménie*. Trans. Saint-Martin; ed. Lajard. Paris, 1841.
Orbelian, Stephen. *Histoire de la Siounie*. Trans. Brosset. St Petersburg, 1864.
Samuel of Ani. *Table Chronologique*. Trans. Brosset, in *Collection d'Historiens arméniens*.
The Georgian Chronicle. Trans. in Brosset, *Histoire de la Géorgie*—see below.
Vartan, called the Great. *Vseobschaya Historia*. Trans. Emin. Moscow, 1861.

2. 现代著作

标星号的作品最为重要，或是很有价值的通史，或是充分讨论了重要的特定问题。

Adonts, N. G. *Armeniya*. St Petersburg, 1908.
*Amari, M. *Storia dei Musulmani in Sicilia*. Florence, 1854.
Anderson, J. G. C. The Road-System of Eastern Asia Minor. *J. H. S.* vol. VII.
Andreades, A. *Le Montant du Budget de l'Empire Byzantin*. Paris, 1922.
—— La Population de Constantinople. In *Metron*. Rovigo, 1920.
—— La Vénalité des Offices en Byzance. *Nationale Revue Historique de Droit Français*, vol. IV, 1921.
Armingaud, J. *Venise et le Bas-Empire*. Paris, 1867.
*Baynes, N. H. *The Byzantine Empire*. London, 1926.
Besta, E. *La Sardegna Medioevale*. Palermo, 1908.
Boak, A. E. R. and Dunlap, J. E. *Two Studies in Later Roman and Byzantine Administration*. New York, 1924.
Brooke, E. W. Arabic Lists of the Byzantine Themes. *J. H. S.* vol. XI.
*Brosset, M. F. *Histoire de la Georgie*. St Petersburg, 1849.
—— *Les Ruines d'Ani*. St Petersburg, 1860–1.
*Bury, J. B. Appendices to Gibbon—see below—vols. V and VI.
* —— *History of the Eastern Roman Empire* (802–67). London, 1912.
*Bury, J. B. The Ceremonial Book of Constantine Porphyrogennetos. *E. H. R.* vol. XXII.

* —— *The Constitution of the Later Roman Empire.* Cambridge, 1910.

—— The Great Palace. *B. Z.* vol. XX.

* —— *The Imperial Administrative System in the IX Century.* British Academy, Supplementary Papers, I. London, 1911.

* —— The Naval Policy of the Roman Empire. *Centenario della Nascita di M. Amari.* Vol. II. Palermo, 1900.

* —— The Treatise De Administrando Imperio. *B. Z.* vol. XV.

*Bussell, F. W. *The Roman Empire.* London, 1910.

**Cambridge Medieval History, The.* Vols. III and IV. Cambridge, 1922–3.

*Chamich, M. *History of Armenia.* Trans. Avdall. Calcutta, 1827.

*Dalton, O. M. *Byzantine Art and Archaeology.* Oxford, 1911.

Diehl, C. *Byzance, Grandeur et Décadence.* Paris, 1919.

—— *Choses et Gens de Byzance.* Paris, 1926.

—— *Etudes Byzantines.* Paris, 1905.

—— Figures Byzantines. Paris, 1906–8.

—— *Histoire de l'Empire Byzantin.* Paris, 1919.

* —— *Manuel de l'Art Byzantin.* Paris, 1910.

*D'Ohsson, C. *Les Peuples du Caucase.* Paris, 1828.

*Dölger, F. *Corpus der Griechischen Urkunden des Mittelalters und der Neueren Zeit.* Reihe A, Abteilung I. Munich, 1924.

*Drinov, M. S. *Yuzhnie Slavyane i Vizantiya v X Vieke.* Moscow, 1875.

*Du Cange, C. du F. *Familiae Augustae Byzantinae.* Paris, 1680.

Duchesne, L. *Les Premiers Temps de l'Etat Pontifical.* Paris, 1911.

Dvornik, F. *Les Slaves, Byzance et Rome.* Paris, 1926.

Ebersolt, J. *Le Grand Palais et le Livre des Cérémonies.* Paris, 1913.

—— *Les Sanctuaires de Constantinople.* Paris, 1921.

Ebersolt, J. and Thiers, A. *Les Eglises de Constantinople.* Paris, 1913.

*Farlati, D. *Illyricum Sacrum.* Venice, 1751.

Ferradou, A. *Des Biens des Monastères à Byzance.* Bordeaux, 1896.

Finlay, G. *History of Greece.* Oxford, 1877.

*Freahn, C. M. *De Chazaris Excerpta ex Scriptoribus Arabis.* St Petersburg, 1822.

*Gay, J. *L'Italie Méridionale et l'Empire Byzantin.* Paris, 1904.

*Gfrörer, A. F. *Byzantinische Geschichten.* Graz, 1872–7.

*Gibbon, E. *The Decline and Fall of the Roman Empire.* Ed. J. B. Bury. London, 1909–14.

*Golubinski, E. E. *Kratkyi Ocherk Pravoslavnyikh Tserkvei.* Moscow, 1870.

*Gregorovius, F. *History of Rome in the Middle Ages.* Trans. Hamilton. London, 1894–1902.

Gruber, D. Iz Vremena Kralja Tomislava. In *Z. K. T.*

Harkavy, A. Y. O Khazarakh i Khazarskom Tsarstvie. *I. R. A. O.* vol. XVII.

Hergenröther, J. A. S. *Photius, Patriarch von Konstantinopel.* Ratisbon. 1867–9.
Heyd, W. *Histoire du Commerce du Levant au Moyen Age.* Leipzig, 1885.
*Hirsch, F. *Byzantinische Studien.* Leipzig, 1876.
* —— *Kaiser Konstantin VII Porphyrogennetos.* Berlin, 1873.
Hodgson, F. C. *The Early History of Venice.* London, 1901.
Huart, C. *Histoire des Arabes.* Paris, 1912.
—— *Une Razzia en Arménie au Xme Siècle. R. E. A.* vol. I, pt. I.
Hubschmann, H. Die Altarmenische Ortsnamen. *Indogermanische Forschungen.* Vol. XVII, Strassburg, 1904.
Iorga, N. *Formes Byzantines et Réalités Balkaniques.* Paris, 1922.
Jewish Encyclopaedia, The. Article on Chazars. New York, 1907.
Jireček, C. G. *Geschichte der Bulgaren.* Prague, 1876.
—— *Geschichte der Serben.* Gotha, 1911.
Kalaidovitch, K. F. *Ioann Eksarkh.* Moscow, 1824.
Klaic, V. Prilozi Hrvatskoj Historiji za Narodnik Vladara. In *Z. K. T.*
*Kluchevsky, V. O. *History of Russia.* Trans. Hogarth. London, 1911.
*Krumbacher, K. *Geschichte der Byzantinische Litteratur.* Munich, 1897.
Kukuljević, J. Tomislav, prvi Kralj Hravtski-Sakcinski. In *Z.K. T.*
Kulakovski, Y. A. *Alanyi po Sviedienam Klassicheskikh i Vizantyiskikh Pisatelei.* Kiev, 1899.
—— *Proshloe Tavridyi.* Kiev, 1914.
Laurent, J. *L'Arménie entre Byzance et l'Islam.* Paris, 1919.
—— *Les Origines Mediévales de la Question Arménienne.* Paris, 1920.
Lebeau, C. *Histoire du Bas-Empire.* Ed. Saint-Martin and Brosset. Paris, 1824–36.
Le Quien, M. *Oriens Christianus.* Paris, 1740.
*Lucius, J. *De Regno Dalmatiae et Croatiae.* Amsterdam, 1666.
Luzzatto, P. *Notice sur Abou-Iousouf Hasdaï Ibn-Schaprout.* Paris, 1852.
*Macri, C. M. *L'Economie Urbaine dans Byzance.* Paris, 1925.
Mamboury, E. *Constantinople.* Constantinople, 1925.
Manoilovitch, G. Introduction to *Z. K. T.*
*Marquart, J. *Osteuropäische und Ostasiatische Streifzuge.* Leipzig, 1903.
Mishev, D. *The Bulgarians in the Past.* Lausanne, 1919.
Muir, Sir W. *The Caliphate.* London, 1891.
*Muralt, E. de. *Essai de Chronographie Byzantine.* St Petersburg, 1855.
*Muratori, L. A. *Annali d'Italia.* Milan, 1744.
Neumann, C. Die Byzantinische Marine. *H. Z.* vol. XXXVII.
Oman, C. W. C. *History of the Art of War.* The Middle Ages. London, 1898.
—— *The Byzantine Empire.* London, 1892.
Palauzov, S. N. *Viek Bolgarskavo Tsarya Simeona.* St Petersburg, 1852.
Pierce, H. and Tyler, R. *Byzantine Art.* London, 1926.

Platon, G. Observations sur le Droit de προτίμησις. *Revue Générale du Droit*, vols. XXVII–XXIX. Paris, 1903.

*Popov, N. A. *Imperator Liev VI Mudryi*. Moscow, 1892.

Rački, F. *Ocjena Starijih Izvora za Hrvatsku i Srbsku Povjest Sredjega Vieka Književnik*. Zagreb, 1864.

*Rambaud, A. *L'Empire Grec au Xme Siècle: Constantin Porphyrogénète*. Paris, 1870.

—— *Etudes sur l'Histoire Byzantine*. Paris, 1912.

Ramsay, Sir W. M. *The Historical Geography of Asia Minor*. Royal Geographical Society, Supplementary Papers IV. London, 1890.

Regling, K. Ein Goldsolidus des Romanus I. *Zeitschrit für Numismatik*, vol. XXXIII. Berlin, 1922.

Rostovtsev, M. I. *Iranians and Greeks in South Russia*. Oxford, 1922.

Šafařík, P. J. *Slavische Alterthümer*. Leipzig, 1843.

*Saint-Martin, J. *Mémoires Historiques et Géographiques sur l'Arménie*. Paris, 1818.

Schlumberger, G. L. *Mélanges d'Archéologie Byzantine*. Paris, 1895.

—— *Sigillographie de l'Empire Byzantin*. Paris, 1894.

*Šišić, F. von. *Geschichte der Kroaten*. Zagreb, 1917.

—— *Priručnik Izvora Hrvatskoj Historije*. Zagreb, 1914.

*Soloviev, S. M. *Istoriya Rossyi*. Moscow, 1851.

Srebnic, J. Odnosaji Pape Ivana X prema Bizantu i Slavenima na Balkanu. In *Z. K. T.*

Strzygowski, J. *Die Baukunst der Armenier und Europa*. Vienna, 1919.

Testaud, G. *Des Rapports des Puissants et des Petits Propriétaires Ruraux*. Bordeaux, 1898.

Tournebize, F. *Histoire Politique et Religieuse de l'Arménie*. Paris, 1910.

Uspenski, F. G. *Rus i Vizantiya v X Vieke*. Odessa, 1888.

*Vambéry, A. *Die Ursprung der Magyaren*. Leipzig, 1882.

*Vasiliev, A. A. *Vizantiya i Arabyi*. St Petersburg, 1900–2.

Vasilievsky, V. G. *Russko-Vizantyiskiya Izsliedovaniya*. St Petersburg, 1893.

Vivien de Saint-Martin, L. *Etudes de Géographie Ancienne et d'Ethnographie Asiatique*. Paris, 1850.

Wroth, W. W. *Imperial Byzantine Coins in the British Museum*. London, 1908.

*Zachariae von Lingenthal, K. E. *Geschichte des Griechisch-römischen Rechtes*. Berlin, 1892.

* —— *Jus Graeco-Romanum*. Leipzig, 1856–84.

*Zlatarsky, V. N. *Istoria na Blgarskara Drjava*. Sofia, 1918–27.

—— Izvestiata za Blgaritie v Khronikata. *S. N. U.* vol. XXIV.

* —— Pismata na Imperatora Romana Lakapena. *S. N. U.* vol. XIII.

* —— Pismata na Patriarkha Nikolaya Mistika. *S.N. U.* vols. X–XIII.

出版后记

拜占庭帝国不乏有威名的皇帝，马其顿王朝时就有"保加利亚人屠夫"巴西尔二世、"智者"利奥六世等，而朗西曼爵士却选择为声名不彰的罗曼努斯一世皇帝著书。此人究竟有何特别之处？

罗曼努斯一世出身农民，一步步升至海军元帅之职，在君士坦丁七世年幼时，抓住时机篡权夺位，成为大皇帝。然而当时形势严峻，保加利亚帝国如日中天，野心勃勃的西美昂屡次击溃拜占庭军，直抵君士坦丁堡。罗曼努斯一世固守首都不出，避其锋芒，令西美昂一次次无功而返，并联合塞尔维亚等国袭扰其后方。无疑，他看出西美昂已年迈，耐心等候西美昂死去，保加利亚的霸权遂一朝瓦解。

对付教会的强硬派牧首尼古拉斯，罗曼努斯也采取了等候之策。待尼古拉斯衰老而亡，罗曼努斯就能安插顺从的人选，无形中化解了教会的掣肘。

然而罗曼努斯并非龟缩之辈。他提拔勇将库尔库阿斯，派其去东部边境征战。库尔库阿斯扭转了边境守势，攻下多个穆斯林城镇，包围埃德萨，迫使该城献出基督圣像，赢得了荣耀之胜。另外，他立法约束土地兼并，意图限制封建大家族扩张。

作为篡位者，罗曼努斯却并未谋害君士坦丁七世，反而将女儿嫁给了他。年老多病时，罗曼努斯一世不断忏悔其僭越之罪，立嘱将君士坦丁七世列为第一继承者。作为野心家，他本性不坏。

在罗曼努斯治下，拜占庭帝国挺过了保加利亚的危机，维持了复兴之势，迎来了又一个"黄金时代"。若没有罗曼努斯稳健的执政，或许拜占庭会陷入严重危机。可以说，他实际上为君士坦丁七世守护了帝国。在这位不起眼的皇帝身上，我们看到了复杂的人性，还有精妙的治国之策。

服务热线：133-6631-2326 188-1142-1266

服务信箱：reader@hinabook.com

后浪出版公司

2024 年 1 月

© 民主与建设出版社，2024

图书在版编目（CIP）数据

拜占庭复兴的守护者：罗曼努斯一世皇帝/（英）史蒂文·朗西曼著；李达译. —— 北京：民主与建设出版社，2024.7

书名原文：The Emperor Romanus Lecapenus and his Reign

ISBN 978-7-5139-4618-6

Ⅰ.①拜… Ⅱ.①史…②李… Ⅲ.①罗曼努斯一世—传记 Ⅳ.①K831.987=314

中国国家版本馆CIP数据核字（2024）第097795号

The Emperor Romanus Lecapenus and his Reign: A Study of Tenth-Century Byzantium
by Steven Runciman
Copyright © 1929 The Estate of the late Sir Steven Runciman
This edition arranged with Andrew Lownie Literary Agent
Through Big Apple Agency, Inc., Labuan, Malaysia.
Simplified Chinese edition copyright © 2024 by Ginkgo (Shanghai) Book Co., Ltd.
All rights reserved.

本书简体中文版由银杏树下（上海）图书有限责任公司出版。

地图审图号：GS（2024）0634号
版权登记号：01-2024-2245

拜占庭复兴的守护者：罗曼努斯一世皇帝
BAIZHANTING FUXING DE SHOUHUZHE LUOMANNUSI YISHI HUANGDI

著　　者	［英］史蒂文·朗西曼
译　　者	李　达
责任编辑	王　颂
特约编辑	曹　磊
封面设计	墨白空间·陈威伸
出版发行	民主与建设出版社有限责任公司
电　　话	（010）59417749　59419778
社　　址	北京市海淀区西三环中路10号望海楼E座7层
邮　　编	100142
印　　刷	河北中科印刷科技发展有限公司
版　　次	2024年7月第1版
印　　次	2024年7月第1次印刷
开　　本	880毫米×1194毫米　1/32
印　　张	9.25
字　　数	207千字
书　　号	ISBN 978-7-5139-4618-6
定　　价	76.00元

注：如有印、装质量问题，请与出版社联系。